信息素养教育理论与实践

韩静娴　赵曼娟　编著

内容简介

本书在对信息检索基本知识、信息检索工具及系统进行全面阐述的基础上，重点介绍了国内外重要信息资源数据库、网络信息资源、文献的管理、学术论文的写作等内容。书中列举大量检索实例，体系严谨，内容全面，是一本适用性强的学习信息检索方法、技巧和论文写作方面的参考书。

图书在版编目（CIP）数据

信息素养教育理论与实践/韩静娴，赵曼娟编著.
—广州：世界图书出版广东有限公司，2025.1重印
ISBN 978-7-5100-8721-9

Ⅰ. ①信…　Ⅱ. ①韩…　②赵…　Ⅲ. ①信息学-研究　Ⅳ. ①G201

中国版本图书馆 CIP 数据核字（2014）第 231214 号

信息素养教育理论与实践

责任编辑　梁少玲
封面设计　陈　玲
版式设计　白　杨
出版发行　世界图书出版广东有限公司
地　　址　广州市新港西路大江冲２５号
电　　话　020-84459702
印　　刷　悦读天下（山东）印务有限公司
规　　格　710 mm×1000 mm　1/16
印　　张　13.5
字　　数　272 千字
版　　次　2014 年 10 月第 1 版　　2025 年 1 月第 4 次印刷
ＩＳＢＮ　978-7-5100-8721-9 / G · 1737
定　　价　68.00 元

前　　言

信息素养的本质是全球信息化需要人们具备的一种能力。今天，人类社会正处在一个知识经济、科技创新的网络信息时代，信息资源正以几何级数的速度增加。学习必要的信息检索知识，掌握现代信息检索技术，以培养信息获取能力、信息分析能力和学术研究能力为目标，提高自身的信息素养和学术研究能力，是每一位读者必备的基本信息素养。

为了满足广大读者信息素养教育的需求，紧密结合数字化、网络化信息环境的特点和实际信息检索的需要，本书系统地阐述了信息素养的基本理论和实际技能，深入介绍了网络信息资源的检索与利用及学术论文的写作，为读者学习利用现代信息技术，全方位获取信息和论文写作提供了相关的知识。全书共分十章，第一章主要介绍了信息素养的基本要素及信息素养教育的开展；第二章主要介绍了文献类型、信息检索意义、检索语言和检索策略等；第三章主要介绍了计算机检索原理、计算机检索技术和检索式的构造等；第四、五章主要介绍了国内外重要数据库的检索方法和检索实例；第六章主要介绍了专利、标准、学位论文等特种文献的检索方法；第七章主要介绍了网络信息资源的检索；第八章主要介绍了参考工具书；第九章主要介绍了文献阅读、整理与文献综述的写作；第十章主要介绍了学术论文的选题、写作格式、学术规范、合理利用文献等有关学术论文写作方面的知识。本书紧跟时代，侧重于信息素养教育的基础培养，力求做到以下几点。

一、新颖性。本书紧跟信息技术发展的新形势，把当今最新的信息素养教育内容充实到书中，试图用新颖的编排形式，将知识娓娓道来，增加了知识含量，拓展了知识面。

二、直观性。本书运用了大量的实际生活中的检索案例，并配有大量检索界面和检索结果的示意图，具有较强的实践性和实际指导意义。

三、全面性。本书以数字资源检索为主线，全面系统地介绍了当前主要数字资源检索的检索技术、检索方法和检索案例等。

由于编著者水平有限，加之时间仓促，书中难免有错误和不当之处，恳请同行专家和读者批评指正。

作者

2014 年 5 月

目　录

第一章　信息素养教育基础

谁掌握了知识和信息，谁就掌握了支配它的权力。因此，实施信息素养教育，明确信息素养的内涵及其构成要素，培养自身的信息意识和信息能力，是每一位个体生存、竞争和发展及终身学习的必备素质。

第一节　信息素养概述

一、信息素养的概念

信息素养（information literacy，简称 IL，也译成“信息素质”）是一个含义非常广泛而不断变化发展的综合性概念，不同时期的人们对信息素养赋予了不同的含义。

信息素养一词，最早是由美国信息产业协会主席保罗·泽考斯基（Paul Zurkowski）在 1974 年给美国政府的报告中提出来的：“具有信息素养的人，是指那些在如何将信息资源应用到工作中这一方面得到良好训练的人。有信息素养的人已经习得了使用各种信息工具和主要信息来源的技术和能力，以形成信息解决方案来解决问题。”

简单的定义来自 1989 年美国图书馆学会（American Library Association，ALA），它包括：具有信息素养的人能够判断何时需要信息，并懂得如何去获取、评价和有效地利用所需要的信息。

进入 20 世纪 90 年代后，随着网络技术的发展和以知识经济为主导的信息时代的到来，信息素养的内涵又有了新的解读。布拉格会议将信息素养定义为一种能力，它能够确定、查找、评估、组织和有效地生产、使用和交流信息，来解决一个问题。

二、信息素养的基本要素

信息素养是一种综合能力。信息素养教育的目的是培养学生具有能够认识到何时需要信息，能够有效地检索、评估和利用信息的综合能力；培养学生能够将获取的信息与自己已有知识相融合，构建新的知识体系，解决所遇到的问题与任务；培养学生能够了解利用信息所涉及的经济、法律和社会问题，合理、合法地获取和利用信息。信息素养是在信息化社会中个体成员所具有的各种信息品质，主要包括信息意识、信息知识、信息能力和信息道德四个要素。

1. 信息意识

信息意识即人的信息敏感程度，是人们对自然界和社会的各种现象、行为、理论观点等，从信息角度的理解、感受和评价。通俗地讲，面对不懂的东西，能积极主动地去寻找答案，并知道到哪里、用什么方法去寻求答案，这就是信息意识。信息时代处处蕴藏着各种信息，能否很好地利用现有信息资料，是人们信息意识强不强的重要体现。使用信息技术解决工作和生活问题的意识，是信息技术教育中最重要的一点。

2. 信息知识

信息知识既是信息科学技术的理论基础，又是学习信息技术的基本要求。只有掌握信息技术的知识，才能更好地理解与应用它。它不仅体现着一个人所具有的信息知识的丰富程度，而且还制约着他对信息知识的进一步掌握。

3. 信息能力

信息能力不仅包括信息系统的基本操作能力，即对信息的采集、传输、加工处理和应用的能力，这包括对信息系统与信息进行评价的能力等。这也是信息时代重要的生存能力。身处信息时代，如果只是具有强烈的信息意识和丰富的信息常识，而不具备较高的信息能力，还是无法有效地利用各种信息工具去搜集、获取、传递、加工、处理有价值的信息，也就不能提高学习效率和质量，无法适应信息时代的要求。

4. 信息道德

信息道德是指在信息的采集、加工、存储、传播和利用等信息活动各个环节中，用来规范其间产生的各种社会关系的道德意识、道德规范和道德行为的总和。它通过社会舆论、传统习俗等，使人们形成一定的信念、价值观和习惯，从而使人们自觉地通过自己的判断规范自己的信息行为。

信息素养的四个要素共同构成一个不可分割的统一整体。信息意识是先导，信息知识是基础，信息能力是核心，信息道德是保证。

三、信息素养的标准

国外的信息素养标准很多，其中以美国 ACRL（Association of College & Research Libraries，ACRL）标准、澳大利亚与新西兰 ANZIIL 标准以及英国国家大学和图书馆协会（Society of College, National and University Libraries, SCONUL）标准最为著名。

1. 美国 ACRL 标准

关于大学生的信息素养要求，比较典型的是来自 ACRL 特别工作组的观点。2000 年他们提出高等院校学生应具备的信息素养有以下六大指标。

(1)确定所需信息的性质和范围。

(2)有效地获取所需的信息。

(3)鉴别信息及其来源。

(4)将检索出的信息融入自己的知识基础。

(5)有效地利用信息去完成一个具体的任务。

(6)能理解利用信息所涉及的经济、法律和社会问题,合理、合法地获取和利用信息。

六大指标下还包括 22 个二级指标和 86 个可测评的子项目。

2. ANZIIL 标准

2001 年澳大利亚与新西兰高校信息素养联合工作组(ANZIIL)正式发布了《澳大利亚与新西兰信息素养框架:原则、标准及实践》(简称《框架》),2004 年该工作组又在结合各高校实施反馈意见及学术研讨会的基础上,修正了部分内容。2004 版《框架》确立了 4 条中心原则,并提出了支持个体获得、识别和应用信息的六条核心信息素养标准。该指标体系共由 6 个一级指标、19 个二级指标和 67 个三级指标组成。

3. 英国 SCONUL 标准

英国 SCONUL 在 1998 年提出了信息素养能力模式,内容为高等教育的信息技能意见书,但实际上是一个高校信息素养能力的指标体系,由 7 个一级指标和 17 个二级指标组成。

4. 北京地区高校信息素养能力指标体系

北京地区高校信息素养能力指标体系作为北京市高校学生信息素养评价的重要指标,由 7 个维度、19 项标准、61 个具体指标组成,是我国第一个比较完整、系统的信息素养能力体系。其框架如下。

(1)具备信息素质的学生能够了解信息以及信息素质能力在现代社会中的作用、价值与力量。

(2)具备信息素质的学生能够确定所需信息的性质与范围。

(3)具备信息素质的学生能够有效地获取所需要的信息。

(4)具备信息素质的学生能够正确地评价信息及其信息源,并且把选择的信息融入自身的知识体系中,重构新的知识体系。

(5)具备信息素质的学生能够有效地管理、组织与交流信息。

(6)具备信息素质的学生作为个人或群体的一员能够有效地利用信息来完成一项具体的任务。

(7)具备信息素质的学生了解与信息检索、利用相关的法律、伦理和社会经济问题,能够合理、合法地检索和利用信息。

四、各国信息素养教育概述

自1974年提出信息素养概念以来，信息素养教育在全球得到广泛的推进。1990年后，越来越多的国家如英国、加拿大、澳大利亚、新西兰等和国际性组织开始研究并开展信息素养教育。2000年以来，更多的国家如德国、新加坡、南非、西班牙、瑞典、墨西哥等加入这一行列。在高等教育领域，除美国ACRL的标准外，英国国家和大学图书馆协会SCONUL、澳大利亚大学图书馆员协会(Council of Australian University Librarian,CAUL)等都制定有标准。

1.美国信息素养教育

1974年美国信息产业协会主席保罗·泽考斯基提出信息素养一词时就指出：要在未来10年内，在美国实施普及信息素养的教育目标。1983年，美国科学家霍顿(Horton)认为教育部门应开设信息素养课程。1990年，美国成立了由75个教育部门组成的名为"国家信息素养论坛"(National Forumon on Information Literacy,简称NFIL)的组织，其宗旨为：分析信息素养教育的作用，支持和开展国内外信息素养教育计划，鼓励和促进国家教育部、高等教育委员会等部门制定信息素养教育指南，开展教师教育培训项目，确保他们在教学中与信息素养教育协调。2000年国家信息素养论坛对1999—2000年的活动情况进行了总结，提出了今后工作的发展方向：进一步提高对信息素养教育重要性的认识，促进公共政策或其他方面支持信息素养活动的开展，减少信息贫富不均的现象。

总的来说，20世纪90年代以后，美国大学信息素养教育在教学内容和方法上都有了深入研究，而且在全美大学得到实施，逐渐成为美国大学素质教育的有机组成部分，同时美国大学图书馆在信息素养教育中的重要作用与地位也越发凸显出来，。其中基于web的在线信息素养教育已经逐渐成为美国大学图书馆信息素养教育的主要形式。在线信息素养教育主要具有开放性、形象性、交互性和个性化等特点。其中TILT(Texas Information Literacy Tutorial)是在得克萨斯大学系统数字图书馆的资助下，由得克萨斯大学奥斯汀分校开发的信息素养教育在线指南，其设计形式、内容的创新性和互动性已经得到了普遍认可。截至目前，TILT可以说是最广为使用、评价最好的美国在线信息素养教育指南之一。

从美国信息素养教育的发展来看，美国在信息素养教育方面更注重人文和社会因素，以信息获取和信息组织为基础，以社会道德、法律意识和创造性能力的培养为核心。

2.英国信息素养教育

信息素养教育在英国具有悠久的历史。1981年在牛津召开了第二次国际会议，研讨各级各类图书馆的用户教育，将图书馆用户教育的发展推向新的高度。就信息素养教育这个体系内部来说，英国的信息素养教育在初等教育和中等教育中开展得较好。初等教育阶段就开设了信息教育课，并于 1998 年列为必修课，到高中阶段信息通信技术为必修课，对于学习内容、达到的目标制定有国家课程标准。为了更好地在高等教育中开展信息素养教育，1990 年国家图书馆和大学图书馆协会成立了一个特别工作组，专门研究了高等教育中的信息素养教育问题，最后形成了名为“高等教育信息技能意见书”的研究报告，并提出了信息素养教育中应培养的 7 个基本能力及信息素养的基本模式。2002 年，英国联合信息系统委员会又在曼彻斯特城市大学图书馆和利兹大学图书馆的协助下开展了 THE BIG BLUE 研究项目，为英国的高等教育和 16 岁以上社会成员的信息素养教育提出了 14 条建议，并建立了自己的信息素养教育模式。

3. 日本信息素养教育

日本的信息素养教育工作具有长期稳定性和连续性的特点。1985 年，日本“回应信息化社会的初等、中等教育和各方调研协作会议”就提出了信息素养教育的必要性。日本文部省（文部科学省的前身）自 1986 年开始着手促进计算机在中小学的应用，地方教育当局负责教师训练的任务。1989 年日本教育盯关机构规定在小学和中学都要开展信息素养教育，并且利用计算机和多媒体改进教学，加强信息道德教育。

自 1993 年以来，日本中学的课程开始出现信息素养教育的内容，但分别出现在不同的科目中，在日本的高中阶段，职业学校才有信息科技科目，普通高中只是在数学课上教授些有限的相关知识，而高中生由于准备竞争激烈的高考，无暇顾及非考试科目的信息科目，使信息素养教育的连贯性在高中出现了断层。

1996 年 7 月，日本中央教育审议会首次咨询报告《展望 21 世纪日本的教育发展趋势》，详细论述了信息化教育，将培养学生信息综合能力的必要性放在首位，并把信息教育基础作为学校教育的一大目标来抓。随着网络远程教学越来越普遍，日本政府近两年实施了一项在基础教育领域有重大影响的“百所中小学联网”的试验研究项目。该试验项目力争让学生在全日本乃至全世界范围进行广泛的信息交流，增强他们获取信息、分析信息和处理信息的能力，从而培养出有高度创造性的、能适应 21 世纪激烈的国际竞争的全新人才。

4. 我国信息素养教育

我国的信息素养教育以高校为主，教育过程又以文献检索课为核心。最初的文献检索课可追溯到 20 世纪 70 年代末至 80 年代初的医学文献检索课。1981 年 10 月，国家教委（1998 年 3 月更名为教育部）颁发了《中华人民共和国高等学校图书馆工作条例》，第一次以文件的形式将文献检索课规定为高校图书馆工作任务之一。1984 年 2 月印发了《关于在高等学校开设文献检索与利用课的意见》的通知。1985 年 9 月颁发《关于改进和发展文献课教学的几点意见》，提出了文献检索课程

“要逐步实现分层次连续教育”的教学指导思想。1992 年 5 月，国家教委印发了《文献检索课教学基本要求》，对文献检索课的课程性质、教学目的要求、课程组织计划、教学检查评估有了更细致而全面的规定，成为各文献检索课教学单位制订教材和评估教学效果的参考标准。1998 年教育部颁布的《普通高等学校本科专业目录和专业介绍》中包括 249 个专业，其中有 218 个专业在其“业务培养要求”中明确规定“掌握文献检索、资料查询的基本方法”或“掌握资料查询、文献检索及运用现代信息技术获取相关信息的基本方法”，对文献检索课提出了更高的要求，文献检索课逐渐变成了信息检索课，也使其呈现出良好的发展前景。1999 年 6 月中共中央、国务院作出《关于深化教育改革全面推进素质教育的决定》，该决定指出，为了适应现代社会终身教育的必然要求，现代高等教育的一个重要目标就是要培养大学生的信息素养。在高等教育领域，除北京地区进行了高校信息素养能力示范性框架研究和台湾“中华资讯素养学会”制定了信息素养能力的指标体系以外，至今仍没有建立一个全国性完整的信息素养标准。

香港和台湾地区非常重视信息素养教育。香港中文大学的信息素养认证考试由 5 项内容组成：面向图书馆的教育，数据库搜索方法和技巧，与专业（例如经济、教育、工程、物理等）有关的、特定主题的电子资源，网络免费电子信息资源的获取，有关香港或其他有重大影响的事件。而台湾的国立新竹教育大学实施的信息素养教育课程内容分为三阶段：第一阶段为基本信息素养能力的培养，要求学生至少修满 6 学分；第二阶段为信息科技融入学习领域，要求学生至少修满 2 学分；第三阶段为项目设计与创作，要求学生至少修满 2 学分。再加上在任何阶段自己选修 6 学分，须修满 16 学分，才可以取得信息素养课程的认证。

第二节　信息素养教育

一、信息素养教育的意义

1. 它是时代发展的需要

新的世纪，信息社会化已成为必然，信息已是当今社会必不可少的重要资源。美国著名的未来学家阿尔温·托夫勒在《权力的转移》一书中指出，“谁掌握了知识和信息，谁就掌握了支配他人的权力”，可见，在信息社会中，人们利用现代信息技术获取自己需要的信息的能力，已是人们在信息社会中不被淘汰的必备素养。

2. 它是终身学习的需要

在信息时代，知识更新加快，知识和信息的时效性越来越强，半衰期日趋缩短，大学所学的知识很快会过时。所以，增强自学能力和终身接受教育是每个人必须具备的基本素养。正因为如此，我国的高等教育在进行改革时，就强调了以信息素养教育为主要内容的素养教育。变“授人以鱼”为“授人以渔”，使大学生在思想上变“学会知识”为“会学知识”。通过信息素养教育而获得良好信息素养的学生，才能够主动地去获取各种知识和信息，才能够不受时空的限制顺利实现终身教育的目的，才能在激烈的竞争环境中立于不败之地。

3. 它是创新能力培养的需要

高速发展的信息时代要求人们成为具备敏锐的信息意识、良好的信息能力和合理的知识结构的信息人。在信息化环境下，信息的获取、选择及信息技术的掌握应用，直接影响知识的生产，科技的创新，成果的转化。信息素养已成为衡量一个国家和地区信息化程度的重要指标。当前与发达国家比较，我国较低的信息能力将使我国在21世纪的国际竞争中处于不利的地位。

二、提高信息素养的途径

1. 加强数字图书馆建设，优化网络信息环境

数字图书馆可为用户打破获取资源时存在的时间和空间的障碍，使得信息资源更易被获取和利用。数字信息资源建设已成为数字图书馆资源建设的重要内容，它包括了光盘、电子书刊、数据库、多媒体等类型。馆藏资源数字化以计算机与扫描仪等硬件为依托，以计算机软件的智能管理为途径，把文字、图像、声音、动画等多种形式的信息存储在非纸质载体上，并通过网络通信或终端方式再现，实现信息资源查询的一体化管理。

数字化校园与数字图书馆构成了高等学校重要的信息化环境，这个环境一方面改变了高等教育的人才培养方式、管理模式及信息资源存取、利用形式，有助于大学生信息素质与整体综合素质的提高；另一方面，这个环境要求大学生通过学校的培养与自身的努力去提高自身的信息素质水平，从而适应这个学习化的环境，进而实现学习的目标。

2. 将信息素养教育融入课程建设

信息素养教育与专业课程整合，培养专业信息素养。专业信息素养培养目的是要使大学生在掌握专业知识的同时，提高信息利用及交流能力、信息重组及创造能力和信息评价及处理能力。实现这一目标的最有效途径就是将信息素养教育与学科课程进行整合。根据“课程整合理论”，整合并不是将两门或两门以上的课程或者内容简单地进行相加，而应该是根据需要整合课程的形式、内容等来进行有机的、动态的融合，在学科课程教育的基础上突出信息素养教育的特色。

通过挖掘专业课程与信息素养教育的结合点，可以更好地实现二者的整合。通过对我国现有课程标准进行分析，我们发现现有的学科课程领域中已经含有一些信息素养的成分，它们存在于各个学科的知识和技能结构体系中。这些已有的信息素养成分为我们将信息素养教育融入专业课程提供了知识上和技能上的结

合点。

3.开展多层次的信息素养教育

新生入馆教育应让新生对图书馆有一个感知、理解和利用的认识过程。入馆教育的结束,并不能意味着对新生图书馆教育工作的终结,图书馆还应该保持延续性和系统性,进行多层次的教育,如加强宣传与咨询,安排咨询人员及时解答新生利用图书馆时碰到的各种问题;在图书馆主页设置新生专栏,集中解答新生遇到的常见问题;利用电话、博客、QQ 等多种方式与新生进行互动;及时安排后续专题培训工作,如馆藏文献资源与服务、数据库检索与利用、文献检索与创新等活动,让新生感受到图书馆还有丰富的数字资源可以利用。

苏州市职业大学图书馆进行的新生入馆立体式教育实践活动值得借鉴。首先,图书馆编制图文并茂的《图书馆使用指南》(以下简称《指南》),并在新生报到时由系部发放给新生。在系部进行新生入学教育之时,图书馆穿插介绍图书馆基本情况(10 分钟左右时间),并要求学生利用业余时间学习《指南》,准备一周后由各系部统一组织的入馆教育考试。考试通过者,图书馆为其办理借书证。图书馆还拍摄有一定情节的 MTV,放在图书馆网站上供所有读者观看学习。相对于单一的入馆教育形式,多层次教育方式从多个角度对新生进行感官刺激,给学生留下的印象更为深刻,学习效果更加明显。

开设适应时代发展的信息教育必修课程,作为信息能力的基础,起到基石的作用。因为信息素养是利用信息技术进行信息检索和交流信息的能力,另外,信息技术教育课程的开设,不仅要求掌握计算机基础知识,而且要求利用计算机进行学习。

利用游戏或动漫形式,开展形式新颖、亲和力强的各类体验式活动,是近年来一些高校图书馆进行新生入馆教育的辅助方式。

清华大学图书馆制作的"爱上图书馆视频及排架游戏"充分发挥了游戏吸引读者的特点,让读者在玩游戏过程中了解图书排架的知识。复旦大学图书馆在文科馆二楼书库门口的宣传栏里,精心设计了一系列关于书库借阅、预约图书、赔书、休闲区使用、书库常见问答等内容的漫画,让新生在轻松氛围中了解图书馆利用知识。上海交通大学图书馆的"如何借还图书(漫画版)"引导读者出神入化地进入到了阅读境界,将枯燥乏味的借还书事件生动灵活地加以展现。

面向不同层次的读者、以满足不同信息需求为目的的培训讲座,也是进行信息素养教育的重要内容。每学期之初,进行以如何利用图书馆、介绍馆藏资源为主的概述性讲座。对于更高层次的科研人员,则需要专业的学科信息素养教育。这是基于学科的专业信息素养教育,主要由图书馆员通过专题讲座、现场培训、一对一辅导等形式开展,对象是以研究生为代表的科研人员。对于科研人员而言,面对海量的实体文献资源和网络虚拟资源，选择何种方法，快速而有效地获取自己课题研究所需的文献资料，是他们高质量完成科学研究的第一步。专业信息素养教育正是使用户掌握这一方法的重要手段。

第二章　信息检索基础

文献信息检索是一项实践性很强的活动，但它并不是单纯的技术性、业务性的活动，它需要有理论的指导，同时，文献信息检索经过人们的概括和总结，逐步掌握文献检索的规律，也在不断地升华为理论，并指导人们的实践活动。本章着重介绍文献信息检索有关的文献类型、检索语言、检索途径及检索策略等理论知识。

第一节　文献信息基本知识

一、基本概念

不同的时代、不同的学科、不同的专家对信息、知识、情报与文献有不同的解释，截至目前，对它们的定义尚无统一的定论。在日常生活和传媒中，信息、知识、情报与文献这四个术语经常被替代使用，那么，它们之间有什么联系和区别呢？

1. 信息

信息是自然界、人类社会以及思维活动中普遍存在的现象，是一切事物自身存在方式以及它们之间相互关系、相互作用等运动状态的表达。信号、消息、报道、通知、报告、情报、知识、见闻、资料、文献、指令均是信息的具体表现形式。

2. 知识

知识是人类认识活动的智慧和结晶，是人们对客观事物运动规律的认识。知识的概念随着人类历史的不断演变而发展。人们在接收许多信息后，经过大脑思维活动及生产实践活动，对信息进行加工、分析、提炼与综合，最终形成知识。

3. 情报

情报是“在特定时间、特定状态下对特定的人提供的有用知识”，是“激活了的、活化的知识”。我国的《辞海》对情报的解释是：“关于某种情况的消息和报告。”

4. 文献

在《中华人民共和国国家标准·文献著录　第1部分总则》(GB/T 3792.1—2009)中，文献被定义为“记录有知识的一切载体”，即文献一定要承载具体的知识内容，必须通过载体来存储和传递。文献由三个基本要素构成：第一，构成文献内核的知识信息；第二，记录知识的物质载体，如纸张、胶片、磁带、光盘等；第三，存储和传递知识的记录方式，如文字、图表、视频符号、音频等。

文献是人类文明的记录，是人类社会宝贵的财富和推动社会发展的资源，是社会文明进步的重要标志。随着科技的发展，文献载体、记录的手段都在不断地丰富和多样化，因而对文献定义的表述也在不断发展，但构成文献的三个基本要素仍是定义文献概念的核心。

5. 信息、知识、情报与文献之间的关系

知识来源于信息，是理性化、优化和系统化的信息；情报是解决特定问题的知识和智慧，是被激活的那部分知识；文献是它们的载体。信息、知识、情报、文献四者之间的关系如图 2-1 所示。

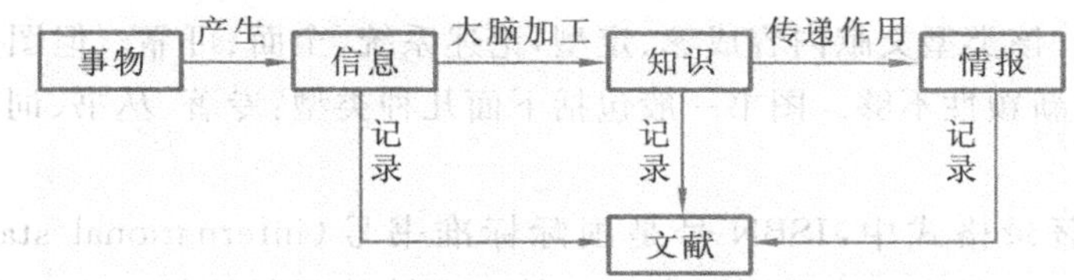

图 2-1 信息、知识、情报、文献四者之间的关系

20 世纪 90 年代初，情报学界提出了信息与情报同义的观点，主张用信息一词取代情报，其理由为：①因为情报一词往往容易使人产生误解；②信息、情报的英文单词均为“information”，改为信息一词有利于交流；③ 在收集、加工处理、传递、检索过程中，信息和情报所遵循的原理和方法及采取的技术完全相同，在检索实践中根本不存在上述定义域的区分。自 1992 年 9 月国家科委提出将情报改称信息后，大部分的机构、团体和学者也逐渐摒弃了情报的叫法，而正名为信息。

当本书讨论检索活动涉及信息一词时，基于文献（或出版物）是信息的重要载体，而且本书所述的信息更特指文献中所包含的信息，即文献信息，因此常常把信息检索视为文献检索。如此混同的另一原因是往往将索取到与检索提问相关的原始文献作为检索的终点。在本书中，将“信息检索”、“文献检索”、“文献信息检索”视为同一概念。

二、文献的基本特征

文献特征主要分为外部特征和内容特征两类。文献特征既是编制文献检索工具的著录依据，也是读者检索文献的有效途径。

1. 文献的外部特征

与文献信息主题内容没有关系或关系不大的信息称为文献信息的外部特征，如文献名称（如图书的书名、期刊的刊名、报纸的报纸名称等）、作者（如著者、编者、译者等）、专利号、出版发行项（包括出版者、出版地、出版日期及印刷地、卷期等）、国际标准书号（ISBN）或刊号（ISSN）等。

2. 文献的内容特征

与文献信息主题内容密切相关的信息称为文献信息的内容特征。文献信息内容特征主要有各种形式的主题词和分类号。主题词包括关键词、单元词、标题词和叙词等。

三、文献的分类

1.按信息的出版形式分类

1)图书

图书大多是对已发表的科技成果、生产技术知识和经验通过选择、比较、核对、组织而成的。该类型文献内容成熟、定型,论述系统、全面、可靠。但图书出版周期较长,知识的新颖性不够。图书一般包括下面几种类型:专著、丛书、词典、手册、百科全书等。

在图书著录格式中,ISBN 号是国际标准书号(international standard book number)的简称,是专门为识别图书等文献而设计的国际编号。ISO 于 1972 年颁布了 ISBN 国际标准,并在西柏林普鲁士图书馆设立了实施该标准的管理机构——国际 ISBN 中心。现在,采用 ISBN 编码系统的出版物有:图书、小册子、缩微出版物、盲文印刷品等。当前,ISBN 号有 10 位数字(2007 年之前使用的号码)和 13 位数字(2007 年之后使用的号码)两种。

2)期刊

期刊一般是指具有固定题名,定期或不定期出版的连续出版物。期刊上刊载的论文大多数是原始文献,包含有许多新成果、新动向,其特点是出版周期短,报道文献速度快,内容新颖、发行及影响面广。据估计,从期刊上得到的信息资源约占信息来源的 65% 以上。

在期刊著录格式中,ISSN 号是国际标准刊号(international series standard number),由八位数字分两段组成,前 7 位是期刊代号,末位是校验号。例如:期刊《自动化与仪表》的 ISSN 号为:1001-9944。

因为很多数据库均设有 ISSN 号的检索字段,只要输入几个简单的数字,便可以得知是否有该期刊以及该期刊的名称和馆藏状况等信息。

3)专利文献

专利文献是指由专利局公布出版或归档的所有与专利申请有关的文件和资料。中国专利文献的种类有:发明专利文献、实用新型专利文献和外观设计专利文献。

4)标准文献

标准文献是指按规定程序制订,经公认权威机构(主管机关)批准的一整套在特定范围内必须执行的规格、规则、技术要求等规范性文献。按使用范围,标准可分为:国际标准、区域性标准、国家标准、行业标准和企业标准等。

5)学位论文

学位论文是高等学校、科研机构的毕业生、研究生为获得学位所撰写的论文。

学位论文探讨的问题往往比较专深，一般具有一定的创造性。根据学位的不同可分为学士学位论文、硕士学位论文、博士学位论文。在学位论文标注中，PhD Thesis 指博士论文；MS Dissertation 指硕士论文。

6)会议文献

会议文献是指在国内外重要学术会议上发表的论文和报告，此类文献代表某学科领域的最新成就，反映该学科领域的发展趋势。会议文献分为会前文献（论文预印本和论文摘要）和会后文献（会议录）。

7)科技报告

科技报告是指科技人员围绕某一专题从事研究取得成果以后撰写的正式报告，或者是在研究过程中每个阶段进展情况的实际记录。其特点是内容详尽专深，有具体的篇名、机构名称和统一的连续编号（即报告号），一般单独成册。

科技报告的种类有：技术报告、札记、论文、备忘录、通报等。科技报告是在第二次世界大战期间及战后迅速发展起来的，目前全世界每年都有大量科技报告产生，其中以美国政府研究报告（如 PB、AD、NASA、DOE）为主。

8)政府出版物

政府出版物是指政府部门及其所属机构所颁发出版的文献。该文献对于了解某国的科技、经济等方面的政策和事件有一定参考价值。

9)科技档案

科技档案是指单位在技术活动中所形成的技术文件、图纸、图片、原始技术记录等资料，包括任务书、协议书、技术指标、审批文件、研究计划、方案、大纲、技术措施、调研材料等，它是生产建设和科研活动中用以积累经验，吸取教训和提高质量的重要文献。科技档案具有保密和内部使用的特点，一般不公开。

10)产品样本

产品样本是国内外生产厂商或经销商为推销产品而印发的企业出版物，用来介绍产品的品种、特点、性能、结构、原理、用途和维修方法、价格等。据不完全统计，全世界每年出版的产品样本有 70 万～80 万种。

2. 按信息的加工深度分类

1)一次文献

凡是著者在科学研究、生产实践中，根据科研成果、发明创造撰写的文献，称为一次文献（又称为原始文献）。一次文献是文献的主体，是最基本的信息资源，是文献检索的对象。诸如专著、报刊论文、会议文献、学位论文、专利说明书、科技档案、技术标准、科技报告等，多属一次文献。

2)二次文献

二次文献是将分散的、无序的一次文献，按照一定的原则进行加工、整理、提炼、组织而成的便于存储、检索的系统文献。二次文献主要有目录、题录、文摘、索引等。

3)三次文献

三次文献是在利用二次文献的基础上,选用一次文献的内容,进行分析、概括、综合研究和评价而编写出来的文献。它又可分为综述研究类和参考工具类两种类型。前者如动态综述、学科总结、专题述评、进展报告等;后者如年鉴、手册等。三次文献源于一次文献,又高于一次文献,属于一种再创性文献。三次文献一般来说具有系统性好、综合性强的特点,其内容比较成熟,常常附有大量的参考文献,有时可作为查阅文献的起点。

从一次文献到二次文献、三次文献,每个环节都不断融入了著者及文献工作者的创造性劳动,使信息资源得到鉴别、提纯,不断满足人们的各种需求。信息资源经过加工、整理、浓缩,从一次文献到三次文献的变化,是信息资源由分散到集中、由无序到有序化的过程。

除了一、二、三次文献的概念外,还有零次文献和灰色文献的说法。所谓零次文献是指通过交谈或听报告等所得到的信息,它们通常未经记载或仅仅是一些零乱的笔记。灰色文献是指非公开出版的内部文献,它们往往是通过正规销售途径得不到的资料(常以交换或赠送而获得)。

作者向刊物投稿时,所撰写论文的参考文献有各种文献类型,其著录格式要按照规定的格式进行标注,具体标注见 GB/T 7714—2005《中华人民共和国国家标准·文后参考文献著录规则》中的规定。文献类型、标志代码及英文名称见表 2-1 所示。

表 2-1 文献类型、标志代码及英文名称

文献类型	标志代码	英文名称
普通图书	M	monograph
期刊	J	journal
专利	P	patent
标准	S	standard
学位论文	D	dissertation
会议文献	C	conference
科技报告	R	report
报纸	N	newspaper
数据库	DB	database
计算机程序	CP	computer program
电子公告	EB	electronic bulletion board
联机网络	OL	online

3.按信息的载体形式分类

1)印刷型文献

印刷型文献又称纸质文献、印本文献，是以手写、打印、印刷等为记录手段，将信息记载在纸张上形成的文献。它是传统的文献形式，也是现代文献信息资源的主要形式之一。其优点是便于阅读与流传，符合人们的阅读习惯；缺点是存储的信息密度低，收藏和管理需要较大的空间和人力。

2)缩微型文献

缩微型文献是以感光材料为载体，采用光学缩微技术将文字或图像记录、存储在感光材料上而形成的文献，如胶卷、缩微胶片。缩微型文献具有存储密度高、体积小、便于保存和传递等特点，但也存在在阅读上不太方便等缺点。

3)视听型文献

视听型文献又称音像型文献或声像型文献，它们是采用磁录技术和光录技术(如录音、录像、摄像等)手段，将声音、图像等多媒体信息记录在磁性材料、光学材料上形成的文献，主要包括唱片、录音带、录像带、电影胶片、幻灯片及激光视盘等。其主要特点是：存储信息密度高，用有声语言和图像传递信息，内容直观，表达力强，易于接受和理解，尤其适用于难以用文字、符号描述的复杂信息和自然现象，但也需要专门设备对其进行制作和阅读。

4)机读型文献

机读型文献又称电子型文献、数字信息资源。它是一种通过编码和程序设计，把文字、资料转化成数字语言和机器语言，并以磁性材料为存储介质，采用计算机等高新技术为记录手段，将信息存储在磁盘、磁带或光盘等载体中而形成的多种类型的电子出版物。其优点是存储密度高，存取速度快，查找方便，寿命长；不足之处是必须配备计算机等设备才能使用，相应设备的投入较大，短期内难以更新。机读型文献按其载体材料、存储技术和传递方式不同又可分为联机型文献、光盘型文献和网络型文献。网络信息资源是机读型文献中非常重要的一种文献类型。

第二节　信息检索概述

一、信息检索的概念

“检索”一词源自于英文“retrieval”，其含义是“查找”。“信息检索”一词由莫尔斯(Calvin W. Mooers)于1949年首次提出。

信息检索(information retrieval)是指将信息按照一定的方式组织和存储起来，并能根据信息用户的需要找出其中相关信息的过程，是一种有目的的和组织化的信息存取活动。其中包括“存”和“取”两个基本环节。存——主要指面向来自各种渠道的大量信息资源而进行的高度组织化的存储;取——要求面向随机出现的各种用户信息需求所进行的高度选择性的查找,并且尤其强调查找的快速与便利。

对信息用户而言,信息检索主要是指信息资料的查找与获取。检,即查找;索,即获得与索取。也就是说,检索者利用检索工具按照文献编排的特点,采取一定的途径、方法和步骤,将所需信息资料查找出来,并加以利用。

信息检索实质就是把表达用户信息需求的检索提问特征与信息检索系统中的信息特征标识进行匹配,从中找出一致或基本一致的信息。检索提问特征与信息特征标识都包括反映文献内容特征和外部特征的信息。

二、信息检索的类型

文献信息检索依据不同的标准可以划分为以下不同的类型。

1. 按检索方式分类

1)手工检索

手工检索简称“手检”,是指人们通过手工的方式检索信息。其使用的检索工具主要是书本型、卡片式的信息系统,即目录、索引、文摘和各类工具书。检索过程是由人工以手工的方式完成的。

2)计算机检索

计算机检索简称“机检”,是指人们利用数据库、计算机软件技术、计算机网络及通信系统进行的信息检索,其检索过程是在人机的协同作用下完成的。

3)综合检索

综合检索是指在信息检索的过程中,既使用手工检索方式,又使用计算机检索方式,也就是同时使用两种检索方式。

2. 按检索内容分类

1)文献型信息检索

文献型信息检索是指利用检索工具或检索系统查找文献的过程,包括文献线索检索和文献全文检索。文献线索检索是指利用检索工具或检索系统查找文献的出处,检索结果是文献线索。它包括书名或论文题目、著者、出版者、出版地、出版时间等文献外部特征。用于检索文献线索的检索工具有书目、索引、文摘及书目型数据库和索引、题录型数据库。文献全文检索是以文献所含的全部信息作为检索内容,即检索系统存储的是整篇文章或整部图书的全部内容。检索时可以查到原文及有关的句、段、节、章等文字,并可进行各种频率统计和内容分析。全文检索主要是用自然语言表达检索课题,较适用于某些参考价值大的经典性文章,如各种典籍、名著等。文献全文检索是当前计算机信息检索的发展方向之一。

2)事实型信息检索

事实型信息检索是以特定客观事实为检索对象,借助于提供事实检索的检索工具与数据库进行检索。其检索结果为基本事实。如某个字、词的查找,某一诗词文句的查找,某一年、月、日的查找,某一地名的查找,某一人物的查找,某一机构的查找,某一事件的查找,某一法规制度的查找,某一图像的查找,某一数据、参数、公式或化学分子式的查找等。一般来说,事实型检索多利用词语性和资料性工具书,包括字典词典、百科全书、类书、政书、年鉴、手册、名录、表谱、图录等;也利用某些线索性工具书,如索引、文摘、书目,以及利用学科史著作、科普读物等。

3)数据型信息检索

数据型信息检索是一种确定性检索,是以数值或图表形式表示的数据为检索对象的信息检索,又称"数值检索"。检索系统中存储的是大量的数据,这些数据既包括物质的各种参数、电话号码、银行账号、观测数据、统计数据等数字数据,也包括图表、图谱、市场行情、化学分子式、物质的各种特性等非数字数据。

二、信息检索的意义

文献是人类文化发展到一定阶段的产物,并随着人类文化的不断发展而发展。文献是记载人类知识的重要手段,是人与人进行信息交流的重要媒介,它为传递和交流知识成果提供了条件。知识有两种:一种是我们已知道其内容的知识;另一种是我们知道在哪里可以找到其内容的有关线索的知识。在知识经济的今天,我们不可能要求大家去记忆所有的知识,但要求大家必须学会如何去寻找知识。无怪乎美国有所大学图书馆的门口写着"知识的一半就是知道到哪里去寻找它"。信息检索就是在众多的文献中迅速、准确地查找出符合研究需要的信息的方法,是一种寻找知识、获取知识的途径。信息检索的意义表现在以下几个方面。

1.借鉴前人经验,避免重复研究

科学研究具有连续性和继承性,没有继承就没有创新。正如伟大的科学家牛顿所说:"如果我比别人看得远些的话,那是因为我站在巨人的肩膀上。"这句名言极其深刻地概括了科学研究的连续性和继承性的道理。

在现代通信条件和网络环境下,学术界存在的问题一般已为大多数研究者所共知,因而类似课题的探索会有相当多的学者同时在进行。谁能最先取得研究成果或发表研究论文,谁就是成功者;谁迟来一步,就会成为无效劳动的落伍者。科研选题、立项也一样,必须通过文献信息检索(即查新、预查新)来掌握国内外同类研究的动态和进展。通过文献信息检索,可获得大量同类研究的相关报道,并从中吸收有益的启示或参考数据,从而有助于缩短科研周期,或得到更多、更有价值的论证依据。

据欧洲专利局2004年统计,世界上80%以上的科技信息首先在专利文献中出现。善于利用专利文献,可减少60%的研发时间和40%的科研经费。1982年,江西、福建两省科研机构准备协作研究甲型流感病毒膜蛋白的结构和功能,研究之前的关键在于了解国外是否有同类研究。在文献检索中发现1981年《病毒学杂志》22卷11期刊有该病毒膜蛋白的结构的论文,通过分析,该课题已引起国外重视,并取得了初步成果,我国起步较晚,没有必要花更多的钱和时间去研究这个课题。

2.跟踪研究动态,拓宽创新视野

充分占有文献,了解前人的研究方法,开拓研究者的思路,深化对问题的认识,启发深层次的思考。经常查阅文献可占有文献的制高点,站在研究领域的最前沿,拓宽创新视野,跟踪了解国内外的最新研究成果和方法,并从中得到启发,寻找解决问题的可能答案,使所研究的课题站在更高的起点上。

我国著名科学家、中文激光照排系统的发明人王选在回顾研究与发明时,这样说:"我按照习惯,做一件事情,总是先研究国外的状况,熟悉一下最新的进展是什么,所以我就急着看文献";"我看到的那些资料,基本上我都是第一读者——借杂志都有登记的,所以我知道从来没有人借过。看了以后马上就知道了美国当时流行的是第三代,数字存储的,而中国随便一家都是落后的、过时的,也看到正在流行的第四代——用激光扫描的方法"。

3.进行调查研究,提供决策依据

在日常工作和生活中,人们经常要做决策,一些重大决策关系到国家的兴衰、团体的成败和个人的前途,为此,必须进行科学决策。信息在决策中起重要作用,它是决策的前提和基础。正确的决策受多种因素的影响和制约,其决定因素在于决策者对决策对象有确切的了解和把握,对未来的行动和后果有正确的判断,这就取决于及时、准确、全面地掌握信息。

知识和信息日益成为科学、民主、合理决策之源泉。而信息检索则是获取信息的重要途径,是科学决策的必要前提和重要依据。

4.提高自学能力,培养科研素养

古语云:"授人以鱼,三餐之需;授人以渔,终生之用。"21世纪是经济信息化、社会信息化的时代,终身教育、开放教育、能力导向学习成为教育理念的重要内涵。作为21世纪新型人才,应该具备有信息技术应用能力、信息查询与获取能力、信息组织加工和分析能力。因此,信息检索是当代人才必备的能力,是信息素质教育的重要内容。

微软公司曾做过一个统计:在每一名微软员工所掌握的知识内容里,只有大约10%是员工在过去的学习和工作中积累得到的,其他知识都是在加入微软后重新学习的。这一数据表明,一个缺乏自学能力的人是难以在微软这样的现代企业中立足的。学习信息检索,对于增强学生的信息素养,提高学生的自学能力,培养学生的科研素养,能起到很好的作用。

第三节 检索语言及其类型

一、检索语言概述

人们在社会生活中必然要学习运用自然语言，学计算机必须掌握程序设计语言，同时，学信息检索就必须对信息检索语言有较为深入的了解。

所谓的信息检索语言就是信息组织与信息检索时所用的语言。信息资源在存储过程中，其内部特征(分类、主题)和外部特征(书名、刊名、题名、作者等)按照一定的语言习惯加以表达，检索文献的提问也按照一定的语言来表达，为了使检索文献过程快速、准确，检索用户与系统需要统一的标识系统，这种在文献的存储和检索过程中，共同使用、共同理解的统一的标识，就是检索语言。

二、检索语言类型

目前，世界上的信息检索语言有很多，依其划分方法的不同，其类型也不一样。按照标识的性质与原理分类，检索语言主要有两大类:分类检索语言和主题检索语言。

1. 分类检索语言

分类检索语言是以学科为基础按类分级编排的一种直接体现知识分类等级概念的标识系统，一般以数字、字母或字母与数字结合作为标识。著名的分类检索语言有《中国图书馆分类法》、《杜威十进分类法》、《美国国会图书馆图书分类法》、《国际专利分类法》等。

2. 主题检索语言

主题检索语言是用能反映信息内容的主题概念的词语作为标识的标识系统，一般以词语为标识。著名的主题检索语言有《汉语主题词表》、《Subject Headings for Engineering，简称 SHE》(EI 数据库的配套词表)。主题检索语言可分为标题词、单元词、叙词、关键词等几种检索语言。

1)标题词检索语言

标题词检索语言是指从自然语言中选取并经过规范化处理，表示事物概念的词、词组或短语。标题词是主题语言系统中最早的一种类型，它通过主标题词和副标题词固定组配来构成检索标识，只能选用“定型”标题词进行标引和检索，反映文献主题概念必然受到限制，不适应时代发展的需要，目前已较少使用。

2)单元词检索语言

单元词检索语言是指能够用以描述信息所论及主题的最小、最基本的词汇单位。经过规范化的能表达信息主题的单元词集合构成单元词语言。单元词检索语言是通过若干单元词的组配来表达复杂的主题概念的检索语言。单元词检索语言多用于机械检索,适于用简单的标识和检索手段(如穿孔卡片等)来标识信息。

3)叙词检索语言

叙词检索语言是指以概念为基础、经过规范化和优选处理的、具有组配功能并能显示词间语义关系的动态性的词或词组。一般来讲,选作检索所用的叙词具有概念性、描述性、组配性。经过规范化处理后,还具有语义的关联性、动态性、直观性。叙词法综合了多种信息检索语言的原理和方法,具有多种优越性,适用于计算机和手工检索系统,是目前应用较广的一种语言。CA、EI 等著名检索工具都采用了叙词法进行编排。

4)关键词检索语言

关键词检索语言是指出现在文献标题、文摘、正文中,对表征文献主题内容具有实质意义的语词,对揭示和描述文献主题内容是重要的、关键性的语词。关键词法主要用于计算机信息加工抽词编制索引,因而称这种索引为关键词索引。在检索中文医学文献中使用频率较高的 CMCC 数据库就是采用关键词索引方法建立的。

3.分类检索语言与主题检索语言的区别

分类检索语言和主题检索语言都是从文献的主题出发,只是它们是从不同的角度揭示文献内容。分类检索语言的类目和主题检索语言的标题某种意义上都可以说是主题。两者既有相同的共性方面,又有各异的特性方面。

1)在主题概念表达上

分类检索语言的一个显著特点是用码号(如字母或数字)作为文献的标识,标引和检索时都必须使用分类号;主题检索语言则是直接以自然语言中的词语作为标引和检索的标识。

2)在主题概念的组织上

分类检索语言主要是按学科体系或逻辑体系组织的,由于分类体系不是显而易见、易于掌握的,因此读者在使用分类检索工具或检索系统时,往往难以确定新主题、细小主题以及复杂主题在体系中的准确位置;主题检索语言按照语调的字顺来组织主题概念,因而可以直呼其名,依名检索。

3)在主题内在关系的显示上

分类检索语言中,主题内在关系主要通过上下位类、同位类以及交替类目、参见类目和类目注释来显示,因而分类法系统的系统性、等级性强,便于进行浏览性检索,并可以根据检索的需要进行扩检和缩检;主题检索语言中,主题内在关系主要通过建立词间参照系统的方式来显示,此外也通过辅助索引进行分类显示,所以,在主题词表中,相关主题之间的关系难以直接地、一目了然地展示出来,因而在族性检索，尤其是较大范围课题的检索中，不如分类检索语言方便。

4）在标引方法上

使用分类检索语言标引时，主题分析的重点是辨别确定文献主题的学科性质，以便进一步确定所属类目；使用主题检索语言标引时，主题分析的重点是辨明文献主题各构成因素之间的关系，区别论述对象的中心部分和次要部分，以便选定中心主题概念。分类检索语言表现的是族性，主题检索语言表现的是特性。

4. 分类检索语言和主题检索语言的优缺点

1）分类检索语言的优缺点

优点：系统性强，适合族性检索，便于按学科、专业直接检索比较广泛的课题；查全率较高；它既能组织藏书排架，又能编辑目录索引检索工具。

缺点：缺乏专指性，查准率不高，不能满足专深课题以及新兴学科、交叉学科和边缘学科知识的检索；使用起来不方便，必须借助于专门的分类表之类的工具书。

2）主题检索语言的优缺点

优点：直接性强，表达概念较为准确和灵活；与课题有关而分散在各个学科中的信息资源可集中起来；有利于查全和查准，便于扩大或缩小检索范围。

缺点：不能从学科体系来探索问题；新生概念没有适合的主题词，使用主题词检索具有一定的局限性。

三、中国图书馆分类法介绍

我国公共图书馆和大学图书馆多以《中国图书馆分类法》（以下简称《中图法》）为图书分类的依据，下面简单介绍一下《中图法》的分类情况。

1.《中图法》概述

图书分类是根据图书内容的学科属性或外部特征，依据一定的分类法，将图书分门别类地、系统地组织起来，同时给予与之相适应的标记符号，即分类号，以便按分类号分类组织藏书和编制分类目录。《中图法》是以科学分类为基础，结合图书资料的内容特点，分门别类组成的分类法。

2.《中图法》的体系结构

《中图法》的类目体系是一个层层展开的分类系统，其基本大类以科学分类为基础，结合文献的需要，在五大类的基础上展开，《中图法》采用拉丁字母与阿拉伯数字相结合的混合编码制，依据学科门类，将图书分成五个基本部类，22 个基本大类（一级类目），下分二、三、四……级类目，类目级别越多，分类越细，类目所表达的内涵越丰富。

1）五个基本部类

部类是整个分类法逻辑体系的反映，这五个部类分别是：

第一部类——马克思主义、列宁主义、毛泽东思想、邓小平理论；

第二部类——哲学；

第三部类——社会科学；

第四部类——自然科学；

第五部类——综合性图书。

2)22 个基本大类(一级类目)

在五个部类的基础上,《中图法》采用拉丁字母将图书分成 22 个基本大类,如表 2-2 所示。

表 2-2 《中图法》基本部类、基本大类

五个基本部类	分类法	二十二个基本大类
马克思主义、列宁主义、毛泽东思想、邓小平理论	A	马克思主义、列宁主义、毛泽东思想、邓小平理论
哲学	B	哲学、宗教
社会科学	C	社会科学总论
	D	政治、法律
	E	军事
	F	经济
	G	文化、科学、教育、体育
	H	语言、文字
	I	文学
	J	艺术
	K	历史、地理
自然科学	N	自然科学总论
	O	数理科学和化学
	P	天文学、地球科学
	Q	生物科学
	R	医药、卫生
	S	农业科学
	T	工业技术
	U	交通运输
	V	航空、航天
	X	环境科学、安全科学
综合性图书	Z	综合性图书

在二十二个基本大类(一级类目)下,又根据各类目知识学科的性质,逐级划分下列类目,二级以下类目采用拉丁字母和数字混合制。

3)类目级别

基本大类是类分图书的第一级类目,随着内容的细分,在一级类目下还有二级类目、三级类目、四级类目……类目级别如表 2-3 所示。在类目之间的关系中,被区分的类称上位类,直接区分出来的小类称下位类,如:G4 是 G42 的上位类,G4 又是 G 的下位类。

表 2-3 类目级别

分类号	内容	类目
G	文化、科学、教育、体育	一级类目
G4	教育	二级类目
G42	教学理论	三级类目
G423	课程论	四级类目
G423.1	教学计划	五级类目

由于工业技术内容丰富,T 类又分 TB、TD 等 16 个类,如表 2-4 所示。

表 2-4 T 类细分

TB 一般工业技术	TL 原子能技术
TD 矿业工程	TM 电工技术
TE 石油、天然气工业	TN 无线电电子、电讯技术
TF 冶金工业	TP 自动化技术、计算技术
TG 金属学、金属工艺	TQ 化工工业
TH 机械、仪表工艺	TS 轻工业、手工业
TJ 武器工业	TU 建筑科学
TK 动力工程	TV 水利工程

了解分类法的编制,有助于我们从科学的角度查询信息:在确定信息所属的主要和次要学科或专业的范围时,在分类表中,被确定的学科或专业范围从大类到小类,从上位类到下位类,层层缩小查找范围,直到找出课题相关类目及分类号。

3. 分类号

《中图法》采用大写拉丁字母与阿拉伯数字相结合的混合制号码,用一个字母标识一个大类,以字母的顺序反映大类的序列,在字母后用数字表示大类下类目的划分。为方便读写,分类号中的阿拉伯数字部分由左至右每隔 3 位加一个圆点“.”,如 G252.7。

按学科分类的图书，有时会有不同的文献类型，如教材、词典、图谱等。为了进一步细分每类图书的不同文献类型，而又不增加分类表的篇幅，在《中图法》中采用了复分处理。

复分的方法是将带有连字符的复分号加于基本分类号之后，形成新的更专指的分类号。如：R5-43 内科学教材；H310.42-44 英语水平考级试题。

四、文献信息的标引

1. 标引的概念

标引是指对文献进行主题分析，用某种检索语言或标识符号把文献的主题概念及其他有检索意义的特征表示出来，以此作为文献存储和检索的依据的过程。

标引可按所使用检索语言的类型区分，使用分类检索语言时，称为分类标引；使用主题检索语言时，称为主题标引。主题标引又分为受控标引与非控标引。受控标引指须在事先指定的叙词表（主题词表）中选用相应规范词，对文献进行标引。非控标引又称自由词标引，指不设规范词表而由标引人员直接选用文献内自然语言词，对文献进行标引。

标引的实质，是按文献的内容特征对其进行主题类属的划分与区分。F. W. 兰开斯特认为，主题标引包括两个很不相同的智力工作步骤，即主题分析与用词的“转换”。所谓用词的“转换”，指选用相应的检索语言规范词标明文献的主题类属。因此，标引是主题分析与用词表达两个步骤的结合。标引的质量，对文献的检索效果有决定性影响。

标引是文献加工中的重要环节。通过标引，文献工作者赋予文献以检索标识，指明其内容特征的主题类属，而后用以配合书目信息编制出各种目录和索引，或存储于计算机内，以实现文献的检索。

2. 计算机自动标引

由于计算机化检索系统的建立和文献数据库的应用，出现了自动标引。自动标引是指利用计算机对文献自动进行标引，以代替人的脑力劳动。自动标引有抽词标引与赋词标引两种形式。无论抽词标引或赋词标引，首先都需要将文献转化为机读形式。抽词标引以文献内词的出现频率作为是否取为标引词（用作检索标识的检索词，亦称索引词）的依据。设定频率阈时，一般以相对频率代替绝对频率效果较好。赋词标引则须将词表存入计算机内，作为计算机对比选用标引词的依据。为了解决汉语文献的自动标引，须解决汉语中词的自动“切分”问题。

3. 衡量标引的质量

衡量标引的质量，一般采用两个客观上可比的指标，即：穷举度与一致性。标引穷举度，指标引时是否将文献所讨论的全部主题反映出来；标引一致性，是指不同标引人员或同一标引人员在不同时期，对同一主题文献标引时，对其主题归属的一致程度。从文献检索的角度看，穷举度高，有利于提高查全率；一致性强，则有利于提高查准率。

第四节　检索途径与步骤

一、检索途径

文献的基本特征为我们提供了多种检索途径，主要有责任者途径、主题途径、题名途径、信息代码途径、分类途径等。

1. 责任者途径

它是根据已知责任者（包括个人及团体著者）的姓名字顺查找信息的途径，通过它可以检索到某一著者被某个检索工具报道的所有信息，如著者索引、著者目录等。国内的检索工具有的无著者索引，即使有也常常是辅助检索途径，如《全国报刊索引》。国外的检索工具对著者的信息报道非常重视，许多文摘和题录都把著者索引作为最基本的索引之一。

某些领域的知名学者或专家，他们的文章一般代表了该领域的最新水平或动向，通过著者线索，可以查寻某著者的最新论著，从而掌握他们的研究进展。著者途径的检索既快速又方便，但获得的信息缺乏系统性和完整性。

2. 主题途径

它是利用信息的主题内容进行检索的途径，即利用从自然语言中抽象出来的，或者经过人工规范化的、能够代表信息内容的标引词来检索。它冲破了按学科分类的束缚，使分散在各个学科领域里的有关同一课题的信息集中于同一主题，使用时就如同查字典一样方便和快捷。其最大优点是把同性质的事物集中于一处，使用户在检索时便于选取，而且将同类事物集中在一起的方法符合人们的工作和生活习惯，直接而准确。当课题所需信息范围窄而具体时，以选用特性检索功能较强的主题途径检索为宜。

3. 题名途径

它是指根据已知的书名、刊名或篇名查找信息的途径，主要有书名目录、篇名索引、刊名索引等。按题名排列信息是我国书目索引的传统特色，既简单易行，又符合一般用户对信息的检索习惯。但有的题名冗长，有的题名雷同或相似，容易造成误检。文摘、题录等检索工具一般不提供题名检索途径。

4. 信息代码途径

这是通过已知信息的专用代码查找信息的途径。信息代码主要有国际标准书号（ISBN）、国际标准刊号（ISSN）、专利号、合同号、标准号、入藏号等，它们是一些信息类型的特有标识。使用这种途径多见于查找专利信息、科技报告、标准等。

5.分类途径

它是按学科分类体系查找信息的途径，主要有分类目录和分类索引。它以学科概念的上、下、左、右关系来反映事物的派生、隶属、平行、交叉的关系，能够较好地满足族性检索的要求。在检索时，若课题所需信息范围较广，应选用分类途径，这样可以比较准确地检索到课题相关领域的资料。

在计算机信息检索系统中，信息的每一个特征，甚至出版社、出版年代等都可作为检索入口。在实际检索时，应根据检索要求、已知条件及相应设备是否齐全等因素，尽量综合利用各种途径，取长补短，优化选择，以提高检索效果。

二、检索步骤

电子信息资源检索中，不同的数据库其检索方法都有着各自的特色，但就计算机检索步骤而言，一般分为7个步骤:分析研究课题→选择检索系统/数据库→确定检索标识→编制检索提问式→确定检索途径→查找文献线索→获取原始文献。具体步骤如下。

(1)分析课题的研究目的，明确检索要求，掌握与课题有关的基本知识、名词术语以及需要检索的文献范围(包括文献类型、所属学科、时间年代、语言种类等)。

(2)根据课题分析所确定的学科范围和文献范围，首先选择合适的检索系统/数据库。

(3)选择检索系统/数据库后，根据不同检索系统的要求，利用主题词表、分类表、索引指南等标引并核对检索标识。

(4)检索提问式是信息检索中用来表达用户检索提问的逻辑表达式。一般一个课题需用多个检索词表达，并且将这些检索词用一定的方法确定关系，以完整表达一个统一的检索要求。常用的检索词间的关系采用逻辑算符、位置算符等方法。

(5)检索途径的选择应根据课题的已知条件和检索系统/数据库的结构等几个方面综合考虑，常用的检索途径有主题/关键词途径、分类途径、作者途径、代码途径和来源途径等。

(6)按照确定的检索标识和检索途径，利用检索系统/数据库的检索界面，进行文献检索。在检索过程中，要根据查找的具体情况不断分析，调整检索标识和检索途径，直到达到满意的效果。

(7)对检索到的文献线索进行研究和筛选，如检索系统提供了原始文献，可以直接根据链接找到原文(如全文型数据库);如检索系统只提供了摘要，可以根据文摘、题录等提供的文献来源，向文献收藏单位(或进行文献传递)获取原始文献(一般图书馆提供文献传递服务)。

第一次利用数据库进行检索的用户，常将检索的课题全部输入到检索框进行检索，结果漏检率很高，有时甚至查不到相关文献。因此，进行课题检索时，一定要对课题进行分析，确定检索标识(一般以关键词为主进行检索)。

第五节 信息检索策略

一、检索策略概述

检索策略是指在分析信息检索需求的基础上，选择适当的数据库并确定检索途径和检索词，确定各词之间的逻辑关系与检索步骤的一种计划或思路。

从广义讲上讲，检索策略是指为实现检索目标而制订的全盘计划和方案；从狭义上讲，是指检索表达式，因此，检索表达式是检索策略的综合体现，通常由检索词和各种逻辑算符、词间位置算符及系统规定的其他连接符号构成。

二、检索策略的制订

面对一个课题，不应该只从现成的课题名称中抽取检索词或词组，应对课题名称进行分词、删除、替换、聚类、补充和组合，生成检索表达式，从而达到最佳检索效果。检索策略一般分为以下几个步骤。

1. 分词

分词是指对课题包含的词进行最小单元的分割，如对课题“超声波在污水处理中的应用研究”进行词的最小单元分割：

超声波　在　污水　处理　中　的　应用　研究

注意有的词分割后将失去原来的意思时，不应分割，如“武汉大学”，不可分割为“武汉”和“大学”。

2. 删除

对过分宽泛或过分具体的词、无实质意义的连词和虚词应予以删除，如上例中的“在”、“处理”、“中”、“的”、“应用“、“研究”等词应删除。

3. 替换

对表达不清晰或容易造成检索误差的词予以替换。

4. 补充

这一步是将课题筛选出的词进行同义词、近义词、隐含词的扩充，补充这些词后，会避免检索过程中的许多漏检情况，如上例中的“污水”还有一个常用的同义词“废水”，若补充“废水”后可能会准确一些。

5. 组合

把检索词用逻辑算符、词间位置算符、截词符号等连接组合成检索表达式，如上例中课题的检索策略可以表示为：

超声波 AND(污水 OR 废水)

检索策略是整个文献检索过程的灵魂，它直接影响检索效果的优劣。好的检索策略往往不能一蹴而就，而是根据检索结果的数量多少及对结果相关性的判断，不断调整检索字段、修改检索词、完善检索表达式得到的。“变”是检索策略的永恒主题，需要经过“检索→阅读→策略调整→再检索……”的过程，随着对课题越来越深入的了解，不断调整，不断完善。

第三章　计算机检索基础

随着信息技术的发展，数字信息资源大量涌现，计算机检索在文献检索中的地位越来越重要，它应该是科研人员查阅文献的基本技能。本章主要介绍与计算机检索有的文献数据库、计算机检索原理、计算机检索技术及检索式的构造与调整等知识。

第一节　文献数据库概述

一、文献数据库的概念

数据库是结构化的数据集合，是至少由一种文档组成并能够满足某种特定目的或特定数据处理系统需要的数据集合。当数据库记录的对象为文献时，就称为文献数据库。

文献数据库起源于二次文献编辑出版的计算机化。20 世纪 60 年代初，各文摘社为克服信息爆炸而带来的困难，纷纷引进了先进的计算机技术，将经过整理、加工的文献信息输入到计算机中，由计算机进行编辑和排版，输出后排版印刷为文摘刊物和各种索引。同时，仍保留在计算机中的机器可读的文献信息，作为二次文献编辑出版的副产品，发展成为文献数据库。早期的文献数据库有 1964 年正式对外发行的美国国立医学图书馆的医学文献分析与检索系统（MEDLARS）、美国化学文摘社的《化学文摘数据库》等。

二、文献数据库的结构

文献数据库通常包含若干个文档，每个文档包含若干个记录，每条记录则包含若干字段。

（1）字段（field）。字段是文献著录的基本单元，反映文献外部特征和内容特征的每个项目，在数据库中叫作字段，这些字段分别都给予一个字段名，如论文的题目字段其字段名为 TI，论文的著者字段其字段名为 AU 等。

（2）记录（record）。记录是由若干不同字段组成的文献单元，每条记录均有一个记录号，与手工检索工具的文摘号类似。一条记录在数据库中往往记录着一篇文献的相关信息，记录越多，数据库的容量就越大。

（3）文档（file）。文档是由若干数量的记录所构成的一类数据的集合，在一些大型联机检索系统中称作文档，只要输入相应文档号就能进行不同数据库的检索。

如DIALOG系统中399文档是美国化学文摘(CA);211文档是世界专利索引(WPI)。文档包括顺排文档和倒排文档。顺排文档以完整记录作为处理和检索的单元,倒排文档以记录中的字段作为处理和检索的单元。根据数据库的内部结构,一个数据库至少包含一个顺排文档和一个倒排文档。

三、文献数据库的类型

1. 按检索方式划分

(1)联机检索数据库(online retrieval database)。联机检索系统通常由大型计算机系统、数据库、通信网和一批检索终端等构成。按地域及检索系统可分为国际联机检索系统和国内联机检索系统。国际联机检索系统主要有:美国DIALOG系统、法国Queste. Orbit系统(原ORBIT系统)、欧洲ESA-IRS检索系统、STN系统等;国内联机检索系统主要有:北京文献服务处、中国化工信息中心CHOICE联机检索系统、中国化工文摘数据库等。

(2)光盘检索数据库(CD-rom retrieval database)。光盘检索是利用光盘存储器、微机、光盘驱动器进行的一种文献信息检索方式。光盘于20世纪70年代末问世,是在激光视频录放技术基础上发展起来的光存储技术,具有存储密度大、成本低、容量大等特点。20世纪90年代,随着光盘塔的问世,光盘检索网络化,使光盘资源实现了共享。

(3)网络检索数据库(network retrieval database)。网络数据库是检索网络信息资源的数据库。20世纪90年代是网络时代,因特网的出现和WWW的广泛使用使信息的存储、检索和利用发生了巨大的变化。无数的科研机构、高等学校、联机检索系统都将自己的资源放到了网上,供人们检索使用。

2. 按内容和功能划分

(1)书目数据库(bibliographic database)。书目数据库是机读的目录、索引和文摘检索工具,检索结果是文献的线索而非原文。如许多图书馆提供的基于网络的联机公共检索目录(OPAC系统)、Medline、CBMDisc等。

(2)文摘数据库(abstracts database)。文摘数据库又称二次信息库。这类数据库中不提供全文,只提供原文的题名、作者、出处、摘要等信息,便于读者快速地了解原文的内容。这是数据库的初级阶段产品,例如世界著名的CA和EI便是这种类型的产品。近年来文摘数据库凭借信息分析、聚类、挖掘技术等强大的分析预测功能受到人们的关注。

(3)全文数据库(full text database)。顾名思义,全文数据库就是收录原始文献全文信息的数据库并提供全文下载,这样大大简化了信息寻找的过程和时间,因此,它成为当今受到欢迎的主流数据库。重要的全文数据库有中国知网(CNKI)、维普数据库、万方博硕论文数据库、Elsevier数据库、ACS数据库等。

(4)数值数据库(numeric database)。数值数据库主要包含的是各种数据,包括调查数据、统计数据等,是一类以数据形式为用户提供信息服务的数据库,如人口统计数据库、发病率与病死率统计数据库、GenBank 基因序列数据库等。

(5)事实数据库(fact database)。事实数据库存储指南、名录、大事记等参考工具书的信息,如美国医生数据咨询库 PDQ(physician data query)。

(6)超文本型数据库(hypertext database)。超文本型数据库存储声音、图像和文字等多种信息,如美国的蛋白质结构数据库(PDB),可以检索和观看蛋白质大分子的三维结构。

3. 按收录文献类型划分

按收录文献类型划分,文献数据库可分为为期刊论文数据库、专利数据库、学位论文数据库、标准数据库、会议文献数据库、产品数据库等。

第二节 计算机检索概述

计算机检索是指,人们在计算机或计算机检索网络的终端机上,使用特定的检索指令、检索词和检索策略,从计算机检索系统的数据库中检索出所需的信息,继而再由终端设备显示或打印的过程。

一、计算机检索原理

为实现计算机信息检索,必须事先将大量的原始信息加工处理、以数据库的形式存储在计算机中,所以计算机信息检索广义上讲包括信息的存储和检索两个方面。

1. 计算机信息存储

用手工或者自动方式将大量的原始信息进行加工,具体做法是将收集到的原始文献进行主题概念分析,根据一定的检索语言抽取出主题词、分类号以及文献的其他特征进行标识或者写出文献的内容摘要。然后再把这些经过“前处理”的数据按一定格式输入计算机存储起来,计算机在程序指令的控制下对数据进行处理,形成机读数据库,存储在存储介质(如磁带、磁盘或光盘)上,完成信息的加工存储过程。

2. 计算机信息检索

用户对检索课题加以分析,明确检索范围,弄清主题概念,然后用系统检索语言来表示主题概念,形成检索标识及检索策略,输入到计算机进行检索。计算机按照用户的要求将检索策略转换成一系列提问,在专用程序的控制下进行高速逻辑运算,选出符合要求的信息输出。计算机检索的过程实际上是一个比较、匹配的过程,检索提问只要与数据库中的信息的特征标识及其逻辑组配关系相一致,则属

“命中”，即找到了符合要求的信息。

二、计算机检索技术

1. 布尔逻辑检索

布尔逻辑检索是指用布尔逻辑算符将检索词(关键词、主题词)、短语或代码进行逻辑组配，凡符合逻辑组配所规定条件的为命中文献，否则为非命中文献。它是信息检索中最常用的一种检索方法。逻辑算符主要有逻辑“与”、逻辑“或”和逻辑“非”三种方式，如表 3-1 所示。

表 3-1　布尔逻辑检索

逻辑算符	表示方法	图解	含义	功能
逻辑“与”	A　AND　B	A　B	检索出“既含有检索词 A 同时含有检索词 B”的文献	用来缩小索检范围，提高检出文献与检索要求的相关性，提高查准率
逻辑“或”	A　OR　B	A　B	检索出“含有检索词 A 或含有检索词 B”的文献	用来扩大索检范围，提高文献的检出数量，防止漏检，提高查全
逻辑“非”	A　NOT　B	A　B	检索出“含有检索词 A 而不含有检索词 B”的文献	用来缩小索检范围，减少文献输出量，提高查准率

2. 截词检索

截词检索是把检索词截断，取其中的一部分片段，再加截词符号一起构成检索式，系统依据检索式将词的片段与数据库里的索引词对比匹配，凡包含这些词的片段的文献均被检索出来。截词检索常用于检索词的单复数、词尾变化、词根相同的一类词、同一词的拼法变异等。

截词检索可以扩大检索范围，提高查全率和检索效率，主要用于西文数据库检索，中文数据库通常不使用这种技术。

截词符号：在不同的检索系统中使用不同的截词符号，常见的截词符号有“*”和“?”两种。“*”常用于无限截词，如 transplant *，可以检索 transplante、transplantation、transplanting、transplantable 等所有词；“?”常用于有限截词，如 colo? r 和 wom? n 等，分别代表可以检索 colour、color 和 woman、women。

截词检索根据截词的位置不同，分为前截断、后截断、中截断。

后截断：前方一致检索，截词符放在被截词的右边。后截断主要用于下列检索：词的单复数检索，如 company 与 companies；年代检索，如 199?（90 年代）；词根检索，如 socio *，可以检索 sociobiology，socioecology，sociology 等 20 多个词汇。

前截断：后方一致检索，截词符放在被截词的左边，可与后截断一同使用。例如输入 * magnetic，可检 electro-magnetic、electromagnetic、thermo-magnetic 等。目前这种检索技术应用已经极少。

中截断：中间一致检索，把截词符放在词的中间。如 organi? ation，可检索 organisation、organization。这种方式查找英美不同拼法的概念最有效。

截词检索根据截断的字符数量不同，分为有限截断和无限截断。有限截断是指限制被截断的字符数量，例如输入 educat * *，表示被截断的字符只有两个，可以检索 educator、educated 两个词；无限截断是指不限制被截断的字符数量，例如输入 educat?，可以检索 educator、educators、educated、educating、education、educational，等等。

3. 词间位置检索

由于布尔逻辑不能表示词与词之间的顺序关系，有时在概念上较难区分。要达到区分的目的，有的采用位置算符加以控制。常见位置算符检索如表 3-2 所示。

表 3-2　位置算符检索

位置算符	含义	示例
(W)	表示该算符两边的检索词按顺序排列，不许颠倒	communication(W) satellite，只能检索出含有 communication satellite 的文献，而不能检索出含有 satellite communication 的文献
(nW)	表示该算符两边的检索词按顺序排列，不许颠倒，并且中间可存在 n 个词(n=1,2,3…)	communication(1W) satellite 可以检索出含有 communication Broadcasting Satellite 等词的文献

续表

位置算符	含义	示例
(N)	表示该算符两边的检索词顺序可以颠倒	communication(N) satellite，既能检索出含有 communication satellite 的文献，也能检索出含有 satellite communication 的文献
(nN)	表示该算符两边的检索词顺序可以颠倒，并且中间可存在 n 个词(n=1,2,3…)	communication(2N) satellite，既能检索出含有 communication bus for satellite 的文献，也能检索出含有 satellite sharing mobile communication 的文献
(S)	表示该算符两侧的检索词必须同时出现在文献记录的同一子字段中(如篇名、摘要中的一个句子等)，词序任意	communication(S) satellite，可以检索出 Constructing a new communication system by integrating the GSM to the satellites infrastructure 的文献

上述词间位置算符按照限制程度由大到小的排序为：W →nW→N→nN→S。

4. 字段限定检索

字段限定检索就是将检索词限定在某一字段中，计算机只对限定字段进行运算，以提高检索效果。常用的字段限定符号有："in"、"="等。字段限定检索分为后缀方式和前缀方式。

(1)后缀方式：将检索词放在后缀字段代码之前。如：machine in TI 等。

(2)前缀方式：将检索词放在前缀字段代码之后。如：AU＝WANG，PY＞＝1996 等。

字段限定检索一般出现在数据库的高级检索或专家检索中，如 Web of Science 数据库的高级检索就是利用前缀方式的字段限定检索。在利用字段的限定检索时，要熟悉一些常见的字段代码，表 3-3 列出了一些常见的字段名称、字段代码和字段中文名称。

表 3-3　常见的字段名称、字段代码和字段中文名称

字段名称	字段代码	字段中文名称
title	TI	题名(篇名)
subject	SU	主题词
keyword	KW	关键词
author	AU	作者姓名
author Affiliation	AF	作者机构

续表

字段名称	字段代码	字段中文名称
abstracts	AB	文摘内容
source	SO	文献来源
publication Year	PY	出版年份
languge	LA	语种
address of author	AD	作者地址
accession number	AN	记录存储号
classification code	CL	分类号
CODEN	CN	期刊代码
ISSN	IS	国际标准刊号

5. 加权检索

加权检索是某些检索系统中提供的一种定量检索技术。加权检索同布尔检索、截词检索等一样，也是文献检索的一个基本检索手段，但与它们不同的是，加权检索的侧重点不在于判定检索词或字符串是不是在数据库中存在、与别的检索词或字符串是什么关系，而是在于判定检索词或字符串在满足检索逻辑后对文献命中与否的影响程度。

加权检索的基本方法是：在每个提问词后面给定一个数值表示其重要程度，这个数值称为权，在检索时，先查找这些检索词在数据库记录中是否存在，然后计算存在的检索词的权值总和。权值之和达到或超过预先给定的阈值，该记录即为命中记录。

采用加权检索可以命中核心概念文献，提高检索结果的准确程度，因此它是一种缩小检索范围、提高检准率的有效方法。但并不是所有系统都能提供加权检索这种检索技术，而能提供加权检索的系统，对权的定义、加权方式、权值计算和检索结果的判定等方面，又有不同的技术规范。

6. 聚类检索

聚类检索是在对文献进行自动标引的基础上，先构造文献的形式化表示——文献向量，然后通过一定的聚类方法，计算出文献与文献之间的相似度，并把相似度较高的文献集中在一起，形成一个个的文献类的检索技术。根据不同的聚类水平的要求，可以形成不同聚类层次的类目体系。在这样的类目体系中，主题相近、内容相关的文献被聚在一起，而相异的则被区分开来。

聚类检索的出现，为文献检索尤其是计算机化的信息检索开辟了一个新的天地。文献自动聚类检索系统能够兼有主题检索系统和分类检索系统的优点，同时具备族性检索和特性检索的功能。因此，这种检索方式将有可能在未来的信息检索中大有用武之地。

第三节　检索式的构造与调整

一、选取关键词

如今，在计算机检索系统中，检索界面友好，功能强大，简单易用，用户无需太多的培训，就能从事计算机检索。但从用户从事计算机检索的实践看，检索的效果远没有人们想象的那么有效。在计算机检索时，检索用词选取得准确与否，往往成为检索成败的关键。检索词的选取规律一般有以下几点。

1. 找出课题中隐性的主题词

所谓隐性主题，就是在题目中没有文字表达，经分析、推理得到的有检索价值的概念。如课题“能取代高残杀菌剂的理想品种”，其主题似乎只有“杀菌剂、(新)品种”，它没有直接表达，但实际隐含有“高效低毒农药”的隐性主题。

(1)利用字顺表查询隐性主题。字顺表中的主题款目包括属分项参见项等，其中属分项可用于查询从属隐性主题，如战斗机属军用飞机分战斗轰炸机，参见项可用于查寻相近隐性主题，如光纤通信参见光学纤维、玻璃纤维、纤维光学。

(2)词族表按词间等级关系成族展开的特点，可用于查询隐性主题，如检索课题“高温合金”，在族首词“合金”下可查到耐热合金、镍铬耐热合金、超耐热合金、镍耐热合金。

(3)利用范畴表查询隐性主题。范畴表具有把相同专业主题词集中的特点，可用于查询隐性主题，如检索课题“飞机舱”，在“航空器”类可查得炸弹舱、座舱、增压座舱、可抛座舱、短舱、吊舱、发动机舱。

2. 运用与选定检索词概念相同或相近的词

同义词和近义词在检索中占有重要地位。同一事物有不同的名称，在汉语中有，在英语中也有。有的是习惯语，有的是科学用语，还有的是别名等。同义词、近义词等同时并存，影响了检索的效果，如“制备”、“制造”、“合成”、“生产”等，每一个关键词下均能找到文献，但若采用其中一个关键词去检索，往往只能找到其中的一部分文献，导致了漏检、误检。

3. 上位词或下位词的选取

上位词、下位词的检索方法有两种。一种是直接采用“扩展检索”，这种方法是考虑主题概念的上位概念词。课题“加氢裂化防污垢的开发与应用研究”，将“加氢裂化”与“防污垢”组配，检索结果为零。概念向上位“石油加工与石油炼制”的概念扩大，再与“防垢剂”组配，即可找到课题相关文献。另一种是直接采用“缩小检索”,这种方法是考虑主题概念的下位概念词。如检索植物油时,概念向下位,如玉米油、花生油、棕榈籽油等。

4. 异称词的选取

(1)学名与俗名。如大豆与黄豆、马铃薯与土豆、乙酰水杨酸与阿司匹林。有商品名或俗名,最好将化学物质名称与它们联合起来使用。例如检索二溴羟基苯基荧光酮的文献,由于该物质商品名为新洁尔灭,所以在检索时也要将这个名称考虑进去,用物质名称与商品名组配检索。

(2)异同与音译。如电动机与马达,逻辑代数与布尔代数,形势几何学与拓扑学,激光器与莱塞、镭射。

5. 简称及全称的选取

值得提醒的是,当检索的全称词里含有简称词时,则只用简称;当简称里不含全称时,检索时必须两者均用。如“肾综合征性出血热”和“出血热”,只查“出血热”即可;而“艾滋病”和“获得性免疫缺陷综合征”,则采用“艾滋病 OR 获得性免疫缺陷综合征”。

6. 翻译要准确

如中文“超分子”,错误译法:super molecular,正确译法:macro molecular;中文“数字通信”,错误译法:number communcation,正确译法:digtial communcation。

二、构造检索式

一个好的检索式是决定检索策略达到预想结果的具体表现形式。

1. 影响查全率的因素,如:检索词是否已扩大到穷尽;是否合理应用逻辑“或”来优化检索;是否对课题检索策略作了必要的扩大。

2. 影响查准率的因素,如:是否尽量选用了专指度较高的检索词;是否尽量采用了逻辑“与”、逻辑“非”和位置算符进行优化检索;是否对所检课题作了范围的有效限制等。

三、调整检索式

1. 多主题概念的课题应以“简”为主

若课题有 A、B、C、D、E、F 等主题概念进行逻辑“与”组配,其中 C 词建库人员未从原始文献中把 C 词挑选出来作为标引词,该 C 主题词则表现为零,则整个检索式等于零,即检出率为零。

例:课题“利用基因工程的手段提高植物中淀粉含量”

不用检索式:基因工程 * 淀粉,而用检索式:基因 * 淀粉

2. 少用或不用对课题检索意义不大的词

(1)词义泛指度过大的词尽量不要出现在检索式中,如:展望、趋势、现状、近

况、动态、应用、利用、用途等;还有如开发、研究、方法、影响、效率等。

(2)词义延伸过多的词尽量不要出现在检索式中,如:制造、制备、生产、加工、工艺等,提炼、精炼、提取、萃取、回收、利用等。

3. 尽量找全同义词和异称词

如:设备的翻译:apparatus、equipment、device;汽车的翻译:car、automobile、vehicle;PVC、聚氯乙烯、PVC 塑料等。

4. 检索字段的调整

根据查全率和查准率的要求,进行检索字段的调整,如关键词、主题词、摘要、全文之间进行调整。

第四节 信息检索效果评价

信息检索效果评价,是指根据检索的结果和检索过程中的相关信息,对信息检索系统的质量、功能和用户使用检索系统的效率、价值和过程所作出的判断。它是检索活动中一个不可分割的环节,用户可以借此调整检索思路、修正提问表达式,使检索逐步达到理想状态,以获取满意的检索结果。

一、信息检索评价参数

对信息检索效果的评估可以从三个方面进行:质量标准、费用标准和时间标准。质量标准主要有:查全率(recall factor)、查准率(也称适中率,pertinency factor)、漏检率(omission factor)、误检率(也叫检索噪音,noise factor)等;费用标准即检索费用,是指用户为检索课题所投入的费用;时间标准是指花费时间,包括检索准备时间、检索过程时间和获取文献时间等。查全率和查准率是判定信息检索效果的主要标准,而费用标准和时间标准相对来说次要些。

设 n 为检索系统中文献总量,m 为检索输出的文献量,a 为 n 中与检索课题有关的文献量,b 为 m 中与检索课题有关的文献量(检准文献量),则 n、m、a、b 之间的关系如图 3-1 所示。

令 R 表示查全率、P 表示查准率、M 表示漏检率、N 表示误检率,则 R、P、M、N 定义如下。

$$R=b/a\times 100\%$$

即, 查全率=(检出相关文献量/文献库内相关文献总量)×100%。

查全率反映检索系统文献库中实有的相关文献在多大程度上被检索出来,如在某个检索系统文献库中共有相关文献为 40 篇,而只检索出来 30 篇,那么查全率就等于 75%。

$$P=b/m\times 100\%$$

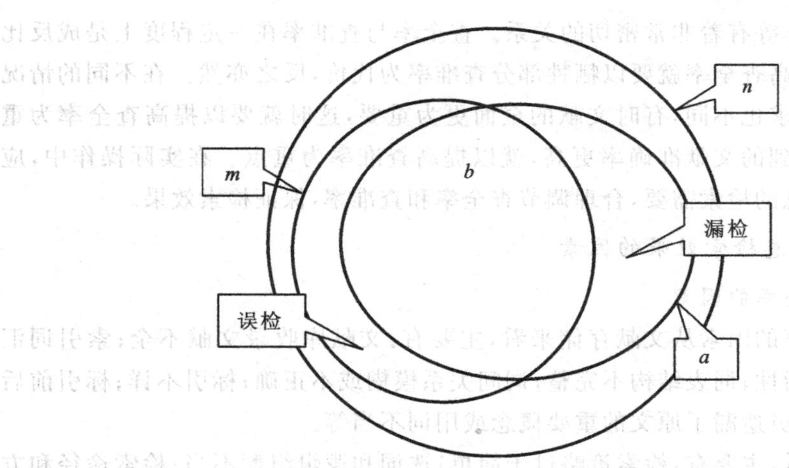

图 3-1 文献总量与检出文献之间的关系图

即，　　　查准率＝(检出相关文献量/检出文献总量)×100％

查准率是衡量信息检索系统检出文献准确性的尺度，如在某个检索系统文献库中检出的文献总篇数为 50 篇，经审查确定其中与项目相关的只有 40 篇，另外 10 篇与该课题无关，那么这次检索的查准率就等于 80％。

$$M=(1-b/a)\times 100\%=100\%-R$$

$$N=(1-b/m)\times 100\%=100\%-P$$

实验表明：R 和 P 之间存在相反的相互依赖关系，即提高 R 会降低 P，反之亦然，检索特性曲线如图 3-2 所示。

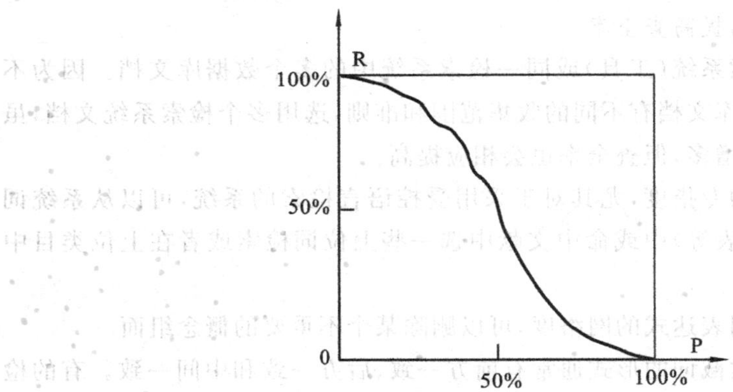

图 3-2 检索特性曲线图

查全率与查准率是评估检索效果的两项重要指标。查全率和查准率与信息的存储和检索两个方面是直接相关的，也就是说，与系统的收录范围、索引语言、标引工作和检索工作等有着非常密切的关系。查全率与查准率在一定程度上是成反比关系的，为了提高查全率就要以牺牲部分查准率为代价，反之亦然。在不同的情况下，对二者的要求也不同，有时文献的全面更为重要，这时就要以提高查全率为重点；有时希望找到的文献准确率更高，就以提高查准率为重点。在实际操作中，应当根据具体信息的检索需要，合理调节查全率和查准率，保证检索效果。

二、影响信息检索效果的因素

1. 影响查全率的因素

影响查全率的因素从文献存储来看，主要有：文献库收录文献不全；索引词汇缺乏控制和专指性；词表结构不完整；词间关系模糊或不正确；标引不详；标引前后不一致；标引人员遗漏了原文的重要概念或用词不当等。

从检索来看，主要有：检索策略过于简单；选词和逻辑组配不当；检索途径和方法太少；检索人员业务不熟练和缺乏耐心；检索系统不具备截词功能和反馈功能，检索时不能全面地描述检索要求等。

2. 影响查准率的因素

影响查准率的因素主要有：索引词不能准确描述文献主题和检索要求；组配规则不严密；选词及词间关系不正确；标引过于详尽；组配错误；检索时所用检索词（或检索式）专指度不够，检索面宽于检索要求；检索系统不具备逻辑“非”功能和反馈功能；检索式中允许容纳的词数量有限；截词部位不当；检索式中使用逻辑“或”不当，等等。

三、改善信息检索效果的措施

1. 扩大检索范围，提高查全率

（1）选用多个检索系统（工具）或同一检索系统中的多个数据库文档。因为不同的检索系统或数据库文档有不同的收集范围和准则，选用多个检索系统文档，虽然检索结果重复现象增多，但查全率也会相应提高。

（2）降低检索词的专指度，尤其对于采用受控语言检索的系统，可以从系统词表（主题分类表、叙词表等）中或命中文献中选一些上位词检索或者在上位类目中检索。

（3）调节检索提问表达式的网络度，可以删除某个不重要的概念组面。

（4）采用截词检索截词的形式通常有前方一致、后方一致和中间一致。有的检索系统提供了截词检索功能，运用这样的检索系统从事网络信息检索时可以采用系统规定的截词算符将某一单元词可能构成的全部复合词进行检索，这肯定有助于增加命中文献的数量。当然，另一方面，采用截词检索也可能导致大量误检。

（5）利用布尔逻辑“或”，连接同义词、近义词或词的不同拼写形式，即增加用

“OR”逻辑连接的相关检索词。在人类语言中词的同义关系普遍存在，这些相关的检索词用逻辑“或”运算符连接，将会增加命中文献的数量。

(6)取消某些过严的限制，适当使用关键字或词在标题、文摘，甚至全文中查找。例如中国期刊网，如果使用关键字或词在关键词字段中检索，效果不理想，可以考虑使用同样的关键字或词在篇名、中文摘要，甚至全文中检索。

2. 缩小检索范围，提高查准率

(1)提高检索词的专指度。如果说降低检索词的专指度，可以提高查全率的话，提高检索词的专指度自然会提高检准率；

(2)提高检索提问表达式的网络度。通常的做法是在检索提问表达式中增加概念组面。

(3)利用逻辑“非”限制一些不相关的概念。

(4)利用某些检索系统所提供的限定检索功能。这是计算机情报检索系统广泛采用的一种检索方法，它可以缩小检索范围，减少无关信息的输出，从而实现缩检的目标。如在维普数据库中，可以利用扩展检索条件，如时间条件、专业限制、期刊范围等进行限度检索。

(5)利用某些检索系统提供的二次检索功能。二次检索是指以任意一次的检索结果的范围为基础，选用新的检索词进一步缩小范围，进行逐次逼近检索。

四、信息检索效果评价实例

以检索课题“超声波技术在污水处理中的应用”为例，详细介绍信息检索效果。

1. 分析课题，找出关键词

人们第一次利用数据库检索时，常将检索课题名称全部输入到检索框中进行检索，结果是漏检率很高，有时甚至查不到相关文献，见表 3-4 中的检索策略①。实际上，一个课题往往包含很多检索词，应先分析课题，将课题进行分词，找出检索词。本课题提供了两个检索词，“超声波”和“污水”，要对这两个检索词使用布尔逻辑运算进行检索才行，见表 3-4 中检索策略⑤。

表 3-4　不同检索字段和不同检索策略查出的文献数

序号	检索策略	检索字段				
		题名	关键词	题名或关键词	文摘	任意字段
①	超声波技术在污水处理中的应用	1	0	1	0	1
②	超声波技术在废水处理中的应用	1	0	1	2	3
③	超声波 * 污水 * 应用	9	1	15	27	51
④	超声波 *（污水＋废水）* 应用	17	3	31	62	101

续表

序号	检索策略	检索字段				
		题名	关键词	题名或关键词	文摘	任意字段
⑤	超声波＊污水	28	50	59	76	112
⑥	超声波＊废水	49	106	130	146	217
⑦	超声波＊(污水＋废水)	77	152	182	211	312
⑧	超声波＊污水＊应用＊技术＊处理	1	0	2	14	26

2.深入分析课题，找出隐含概念词

读者刚刚接触检索课题，在对课题所知甚少的情况下，用“望文生义”的方法是对的，但一定要知道，仅仅用课题的表述作为检索词来查找的检索策略是不完美的。有些课题的实质性内容往往很难从课题的名称上反映出来，课题所隐含的概念和相关的内容需要从课题所属的专业角度作深入分析，才能提炼出能够确切反映课题内容的检索概念。如该课题中“污水”包含“废水”等隐含概念。如果不加分析地进行检索，便会造成漏检。比较表3-4中检索策略⑤和⑦，就会发现检索策略⑤比⑦检索到的文献量少一些，明显漏掉了一部分文献。所以应该分析隐含的概念，才能保证文献的查全率。

3.排除空泛的概念词

若课题有A、B、C、D、E等主题概念进行逻辑与组配，如果建库人员未从原始文献中把C词挑选出来作为标引词时，该C主题词则表现为零，则整个检索式等于零。如本课题中若把“超声波”、“污水”、“应用”、“技术”、“处理”五个概念全部组配起来，则会漏掉一部分文献。对比表3-4中检索策略⑤和⑧，检索策略⑧增加了“应用”、“技术”、“处理”三个词后，检索出的文献量大减，有的检索结果为零(关键词检索字段，这是因为标引人员一般把“技术”、“处理”等词不作为关键词标引词)。在作主题分析时，应注意排除课题中那些检索意义不大而且比较空泛的概念词，如“分析”、“研究”、“利用”、“方法”、“发展”、“展望”、“动态”、“影响”等词。

4.适时调整检索字段(检索项)

检索字段(检索项)指检索途径。检索字段的选择合适与否，直接影响检索结果的好坏。很多学生在检索时，直接在数据库的默认字段下，输入检索词进行检索。针对上述课题，笔者分别用了5个检索字段和8种检索策略，从“题名”、“关键词”、“题名或关键词”、“文摘”到“任意字段”，查出的文献量呈增加趋势，如表3-4所示。在数据库检索中，一般遵循“宽进严出”的原则，并根据检索结果的多少来调整检索字段。“题名”和“关键词”是使用最多的检索字段，这两个字段既能保证查出文献的查全率，又能保证查出文献的查准率；如果用“题名”和“关键词”查出的文献量很少，可以放宽到用“文摘”字段进行检索；一般不用“任意字段”进行检索，因为查出的文献相关度太低，很多文献与检索课题无关。

5. 考虑同义词和近义词

目前，计算机信息检索系统，还不具备智能思考的能力，还不会对所输入的检索词以及涉及的所有词进行自动、全面的检索，因此，必须在概念分析的基础上列出与概念有关的词，从中做出选择。同义词和近义词在检索中占有重要地位，如“计算机”、“微机”、“电脑”等，每一个关键词下均能找到文献，但若只采用其中一个关键词去检索，往往只能找到其中的一部分文献，导致了漏检、误检。所以，我们必须尽一切可能把同义词和近义词找全。另外，一些词的简称也应该考虑，如检索“聚氯乙烯”的文献时，要考虑其简称“PVC”，把“聚氯乙烯”和“PVC”两个词进行逻辑“或”的运算，这样，就提高了查全率。

第四章　国内重要数据库检索

由于语言等方面的原因，中文文献一直是我国科研人员检索文献的重要来源。目前由于中文数据库比较多，不可能详尽介绍所有的中文数据库，本章将重点介绍有影响的三大中文文献数据库——中国知识资源总库、万方数据资源系统和维普数据库。

第一节　中国知识资源总库及其检索

一、中国知识资源总库概述

中国知识资源总库（原中国期刊网）是中国知识基础设施（China National Knowledge Infrastructure，简称 CNKI）工程的成果。CNKI 工程是以实现全社会知识资源传播共享与增值利用为目标的信息化建设项目，由清华大学、清华同方股份有限公司发起，始建于 1999 年 6 月。

中国知识资源总库（以下简称 CNKI 数据库）是一个大型动态知识库、知识服务平台和数字化学习平台，总库包括中国期刊、中国优秀博硕士学位论文、中国重要会议论文等 10 多个子库。目前，CNKI 数据库拥有国内 9 000 多种期刊、652 家合作单位优秀博硕士学位论文、1 000 多种报纸、1 500 篇全国各一、二级学会/协会的重要会议论文、2 000 余种年鉴、3 000 余册工具书，以及专利、标准、科技成果、外文数据库等互联网信息汇总以及国内外上千个各类加盟数据库等知识资源。数据每日更新，支持跨库检索。

二、中国知识资源总库检索方法

CNKI 数据库可以实现跨库统一检索、跨库统一导航、跨库分组排序和跨库知网节等功能，CNKI 数据库首页如图 4-1 所示。

1. CNKI 数据库检索方式

CNKI 数据库提供了一框式检索、单库检索、跨库检索、高级检索。

1）一框式检索

CNKI 数据库将常用资源（中国期刊、博硕士学位论文、会议论文等多个数据库）汇聚起来，实现方便快捷找到所需文献的目的，省却原来需要在不同数据库中逐一检索的麻烦。一框式检索能够进行全文、篇名、作者、单位、关键词、摘要、参考文献、中图分类法、文献来源等不同检索项的检索，满足用户的检索需求。

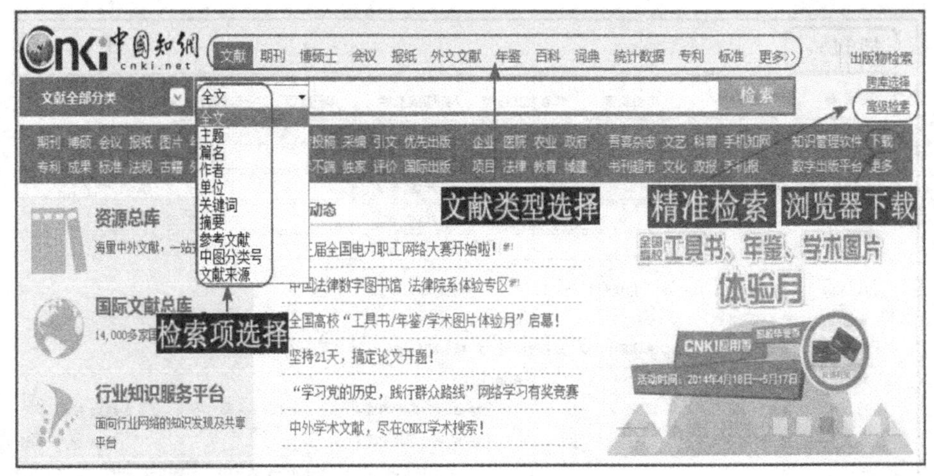

图 4-1 CNKI 数据库首页

2）单库检索

CNKI 数据库也提供了不同文献类型的单库检索，通过标签页的切换，可跳转各个数据库进行检索。如要检索期刊文献，单击“期刊”标签，即可进行期刊文献的检索；单击“外文文献”标签，可检索到 CNKI 数据库合作的所有外文资源，如 Elsevier、Emerald、Springer、Wiley 等，如果用户所在单位购买了上述数据库，则可直接链接到原文。

3）跨库检索

单击 CNKI 数据库首页右侧“跨库选择”标签，可根据自己的需要，选择需要检索的数据库进行检索。

4）高级检索

为了完成文献的精准检索，CNKI 数据库提供了高级检索。如要进行期刊文献的精准检索，首先单击选择“期刊”标签，再单击“高级检索”，即进入期刊文献的高级检索界面，如图 4-2 所示。

在期刊的高级检索中，首先选择目标文献内容特征，如主题、篇名、关键词、摘要、全文等，然后在其后的检索框中填入一个关键词；若一个检索项需要两个关键词作控制，可选择“并且”、“并合”、“或含”或“不含”的逻辑运算关系，再输入另一个关键词；单击检索项前的“ ”按钮，可增加逻辑检索行，添加另一个文献内容特征检索项；点击“ ”按钮，可减少逻辑检索行。

词频是指检索词在相应检索项中出现的频次，如果默认，表示至少出现 1 次，如果为数字，例如 3，则表示至少出现 3 次，一般用在全文项检索中。比如输入“嵌

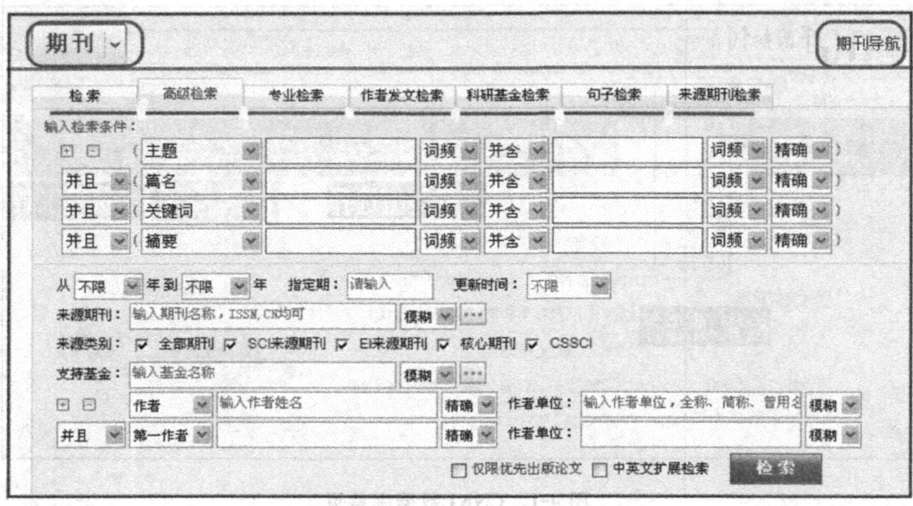

图 4-2　CNKI 数据库期刊的高级检索界面

入式操作系统”并选择“全文”项，词频选择 7，则表示“嵌入式操作系统”在全文中至少出现 7 次。

精确与模糊是指可控制该检索项的关键词的匹配方式。其中精确检索检索结果完全等同或包含与检索字/词完全相同的词语；模糊检索检索结果包含检索字/词或检索词中的词素。在期刊的高级检索界面中，单击右上角“期刊导航”，即可进入期刊导航首页，期刊导航分为通用菜单、导航分类、期刊分类三个部分。如要浏览化学类期刊，单击“化学”按钮，即可查看化学类期刊，再单击某种期刊，如《分子催化》，即可了解该期刊的主办单位，也可以浏览该期刊往年发表的文章，如图 4-3 所示。

2. 检索结果处理

以“海藻生产生物柴油”课题为例，检索结果如图 4-4 所示，该页面可以进行分组浏览、排序、在线查看原文、分享等功能。

1)分组浏览

对得到的检索结果，CNKI 数据库提供了按学科、发表年度、基金、研究层次、作者、机构等六种分组浏览方式，实现细化检索的目的。

按学科分组，可了解该主题文献涉及的相关学科，在各学科中搜索到的文献量的多少。

按发表年度分组，可了解该主题文献在不同年份的发文情况。

按基金分组，可以了解国家对这一领域的科研投入如何，为研究人员申请课题提供参考。

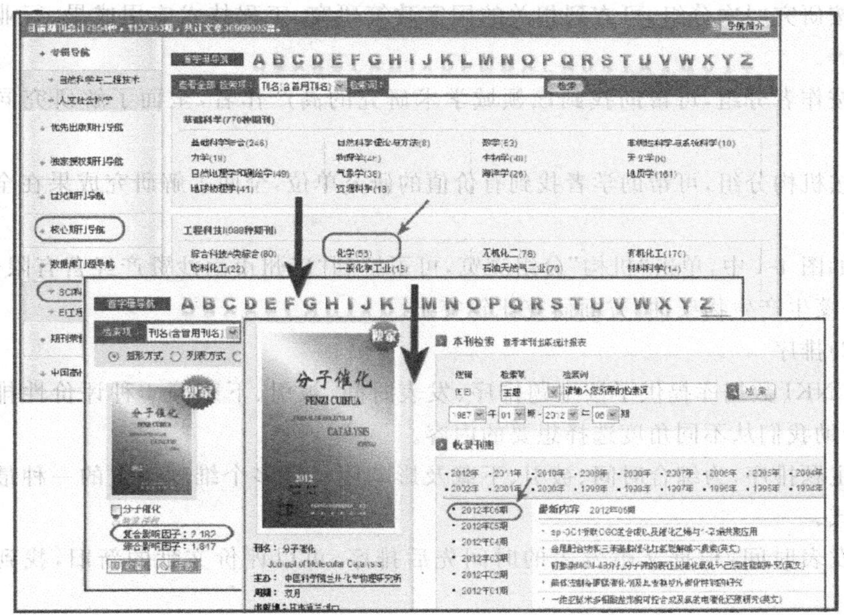

图 4-3 在 CNKI 数据库中查看化学类期刊及详细信息

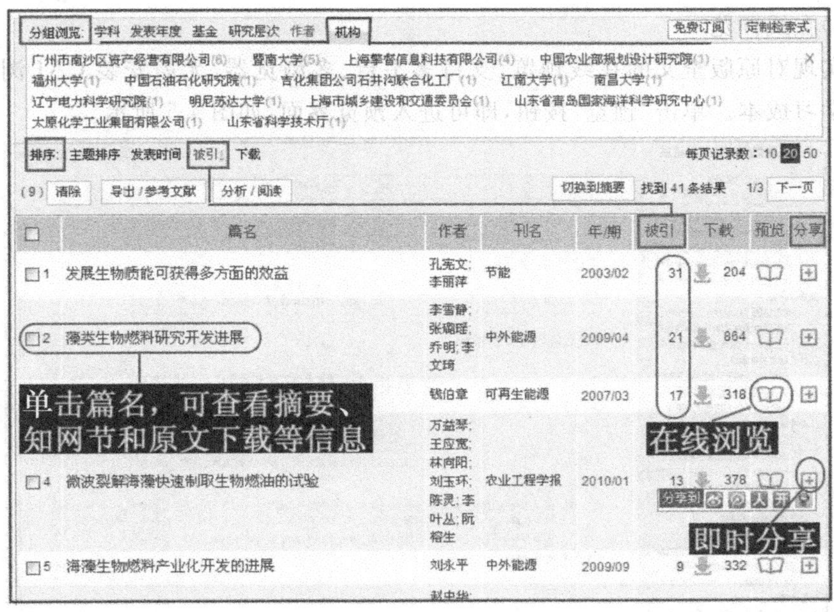

图 4-4 CNKI 数据库检索结果界面

按研究层次分组，可查到相关的国家政策研究、工程技术应用成果、行业技术指导等。

按作者分组，可帮助找到该领域学术研究的高产作者，全面了解研究同行的情况。

按机构分组，可帮助学者找到有价值的研究单位，全面了解研究成果在全国的分布。

如图 4-4 中，单击“机构”分组浏览，可了解到“广州市南沙资产经营有限公司”在“海藻生产生物柴油”方面研究比较突出。

2）排序

CNKI 数据库提供了按主题排序、发表时间、被引、下载等 4 种评价性排序手段，帮助我们从不同角度选择想要的内容。

主题排序，为综合时间、被引、下载及影响因子等多个维度确定的一种最优排序方式。

发表时间，根据文献发表的时间先后排序，可以评价文献的新旧，找到最新文献。

被引，可了解被引频次最多的，这往往是最受欢迎、文献价值较高的文献。

下载，可了解读者对该主题文献的使用情况，找到高使用率的文献。

3）在线预览

实现对原版全文的在线预览，支持多平台、多浏览器，无需安装 CAJ 浏览器，减少学习成本。单击“预览”按钮，即可进入预览界面，如图 4-5 所示。

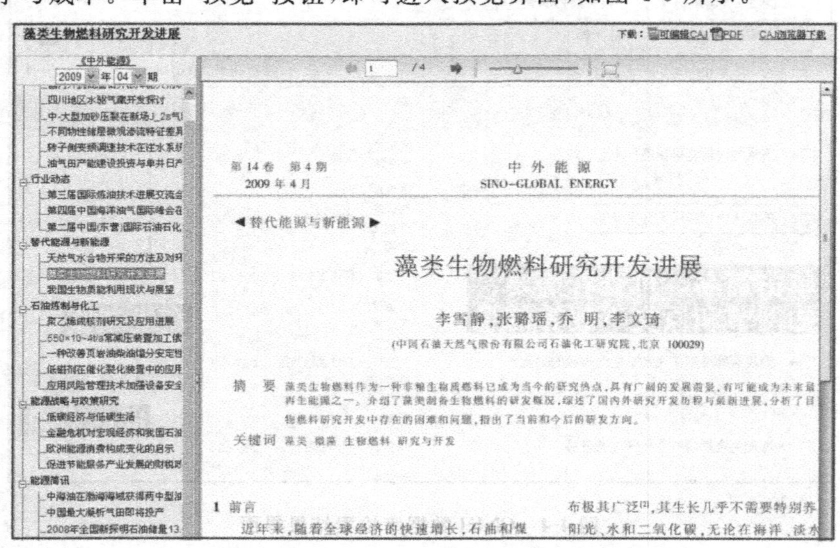

图 4-5　CNKI 数据库在线浏览原文

4)分享

CNKI数据库提供了多种分享模式,单击图4-4所示结果界面的“ + ”按钮,即可将文献信息分享到微博、网易、开心、人人等网站。

5)文献导出

CNKI数据库提供了“导出/参考文献”功能,可以按查新NoteExpress、Refworks、\Endnote等格式导出,可实现文献批量下载、阅读、管理、辅助论文写作等功能。单击“导出/参看文献”,可按用户的要求格式进行文献导出,如图4-6所示。

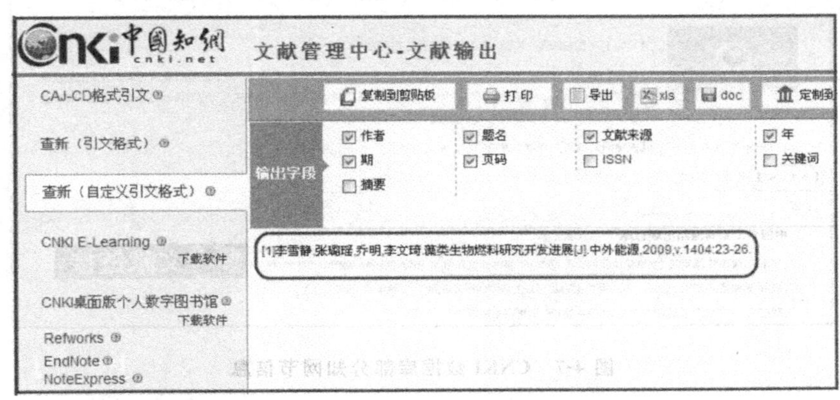

图4-6　导出/参考文献界面

3. 知网节功能

CNKI知网节提供了单篇文献的详细信息和扩展信息,这些信息提示了知识之间的关联关系,达到知识扩展的目的,有助于追溯研究源、追寻研究去向,从而发现新内容、新视角、新领域、新观点、新思想、新问题等,帮助实现知识获取、知识发现。知网节信息包括:

节点文献题录摘要——篇名、作者、机构、关键词、摘要、刊期等信息及链接;

参考文献链接——反映本文研究工作的背景和依据;

引证文献链接——引用本文的文献,是本文研究工作的继续、应用、发展或评价;

共引文献链接——与本文有相同参考文献的文献,与本文有共同研究背景或依据;

相关文献作者链接——链接以上相关文献作者在总库中的其他文献;

同被引文献链接——与本文同时被作为参考文献引用的文献,与本文共同作为进一步研究的基础;

知识元链接——从文献中的名词概念、方法、事实、数据等知识元，链接到知识元的解释和出处文献。

部分知网节信息如图 4-7 所示。

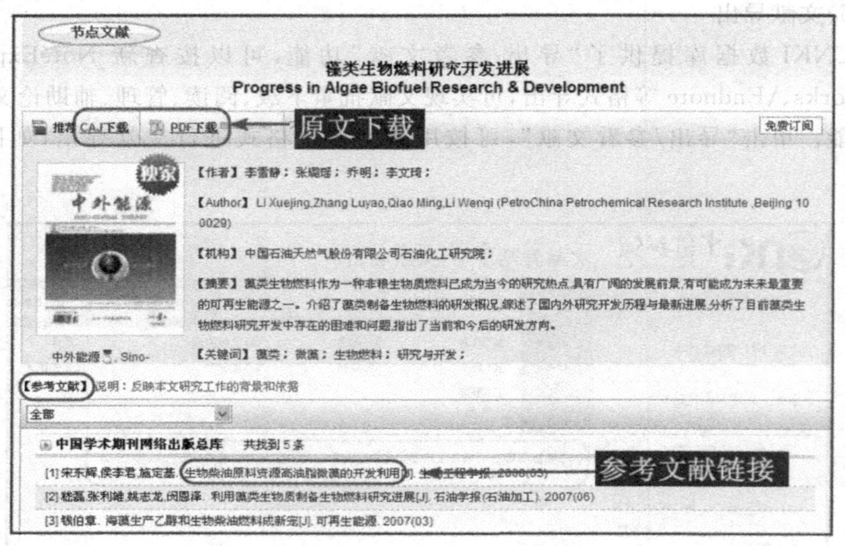

图 4-7 CNKI 数据库部分知网节信息

三、数据库检索实例

【例 1】 检索 2008—2012 年发表在核心期刊上，并且篇名包含“废纸脱墨”的文章。

检索步骤如下。

(1)单击图 4-1 所示界面中“期刊”和“高级检索”，进入期刊的高级检索界面。

(2)首先选择检索字段，再输入检索词，并限定时间和核心期刊，如图 4-8 所示。

思考：为什么不在一个输入框中直接输入“废纸脱墨”，而要在两个输入框中分别输入“废纸”和“脱墨”，检索结果一样吗？

(3)单击“检索”按钮，就可以检索到相关文献。单击文献篇名，如“废纸脱墨技术探析”就可以得到文摘信息及参考文献、共引文献、相似文献等知网节信息，这些知网节信息有助于用户追溯研究源、追寻研究方向、发现新内容等。单击“CAJ 下载”或“PDF 下载”项，即可看到文献全文，如图 4-9 所示。

这里推荐用户使用由 CNKI 自主研发的文献浏览器——CAJ 阅读器。CAJ 阅读器不仅可以帮助大家方便快捷地编辑文章，进行文本选择、文本复制、工具书链接、图片选择、文字识别等功能，同样可以查看编辑 PDF 格式的文章。在此列举 CAJ 阅读器几个常用的功能。

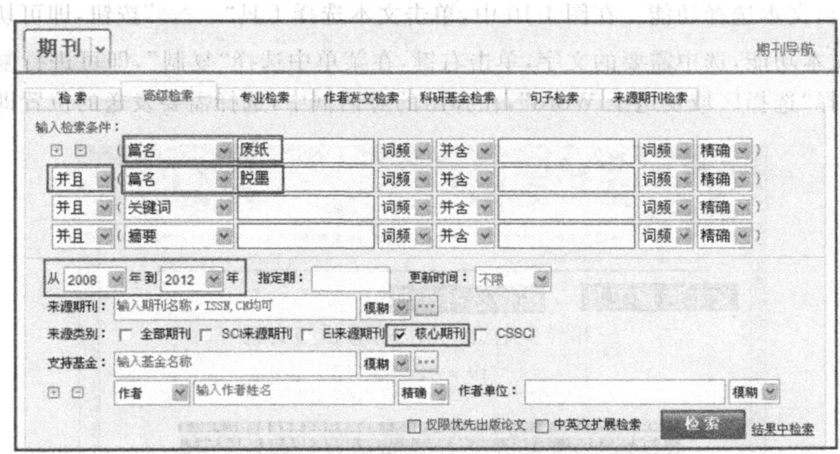

图 4-8 例 1“标准检索”界面输入方法

图 4-9 例 1 检索结果

(1)文本选择功能。在图 4-10 中,单击文本选择工具" "按钮,即可切换到选择文本功能,选中需要的文字,单击右键,在菜单中选择"复制",即可进行复制操作;选择"选择区域发送至 Word",在弹出的对话框中,选择需要发送的位置即可。

图 4-10　CAJ 文本格式

(2)图像选择功能。如果需要选择文献中的图像、表格等,可以先选中图像选择工具" ",进入到选择图像功能,对需要的图像进行框选,右键单击,能将该区域以图片形式复制和保存,并能将该区域的文字识别出来,如图 4-11 所示。

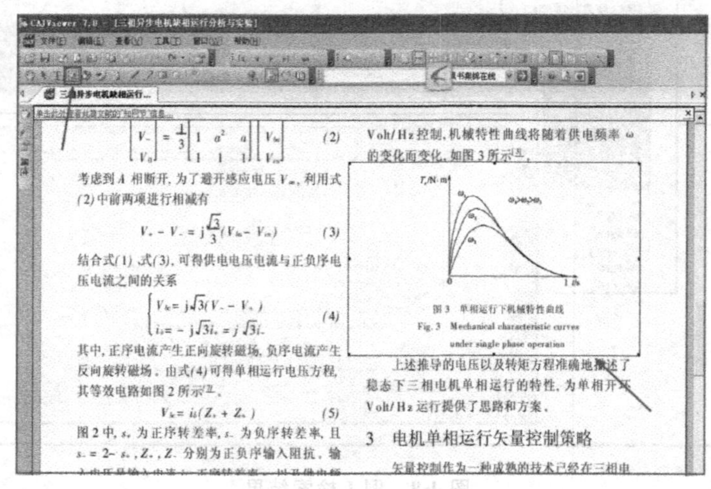

图 4-11　框选图像

CAJ 浏览器除了文本选择和图像选择功能外，还能实现文章导航定位、文本标记等功能。登录到 http://www.cnki.net 网站，单击“下载”，即可下载 CAJ 浏览器，如图 4-12 所示。

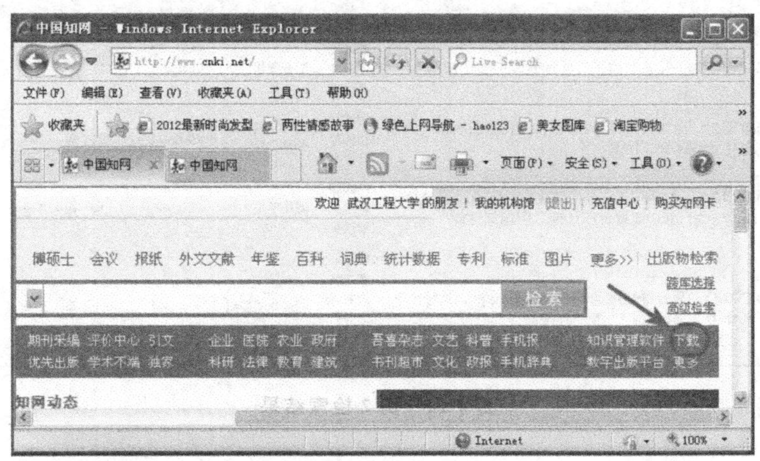

图 4-12　CAJ 浏览器下载

【例 2】　检索有关碳酸二甲酯制备方面的文献(要求使用专业检索方式)。

检索步骤如下。

(1)分析课题，确定检索词：碳酸二甲酯、制备(或合成、生产)。

(2)制定检索表达式：碳酸二甲酯 并且(制备 或者 合成 或者 生产)。

(3)输入检索表达式：进入 CNKI 期刊检索的专业检索界面，输入：TI=碳酸二甲酯 AND(TI=制备 OR TI=合成 OR TI=生产)。检索字段代码在图 4-13 所示界面下方。

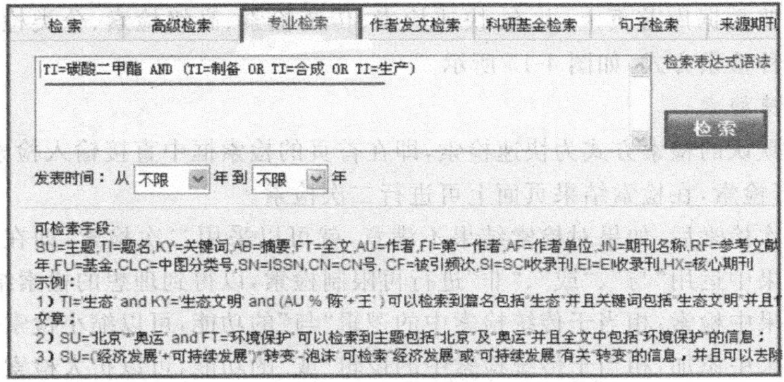

图 4-13　专业检索输入方法

(4)单击“检索”按钮，得到466篇检索结果，如图4-14所示。

(1) 清除 | 导出/参考文献 | 分析/阅读 切换到摘要 找到466条结果 1/24 下一页

□	篇名	作者	刊名	年/期	被引	下载	预览	分享
□1	氧化锌的制备及其对碳酸二甲酯合成的催化作用	祁增忠;王洪波;夏代宽	工业催化	2006/01	16	356		用户建议
□2	负载型Sn_2(OMe)_2Cl_2/SiO_2催化剂的制备、表征与催化合成碳酸二甲酯	钟顺和;程庆彦;黎汉生	高等学校化学学报	2003/01	21	189		用户交流
□3	负载型Sn_2(OMe)_4/SiO_2催化剂的制备及其催化CO_2与CH_3OH直接合成碳酸二甲酯的性能	钟顺和;程庆彦;黎汉生	催化学报	2002/06	19	176		
□4	ZnO-SiO_2复合催化剂的制备及其在碳酸二甲酯合成中的作用	魏彩虹;童益波;孟龙;张力;严军;郭效军	石油化工应用	2008/02	6	234		

图4-14 例2检索结果

第二节 维普数据库及其检索

一、维普数据库概述

中文科技期刊数据库(简称维普数据库或维普信息资源系统)，是由重庆维普资讯有限公司研制开发的信息资源。目前，中文科技期刊数据库共收录了1989年以来国内12 000余种期刊，核心期刊1 975种，基本覆盖了国内公开出版的具有学术价值的期刊，同时还收录了中国港台地区出版的108种学术期刊。

二、维普数据库检索方法

在维普数据库首页上，共有 快速检索、传统检索、高级检索、分类检索和期刊导航等5种检索方式，如图4-15所示。

1. 快速检索

系统默认的检索方式为快速检索，即在首页的检索框中直接输入检索式(或检索词)进行检索，在检索结果页面上可进行二次检索。

第一次检索后，如果对检索结果不满意，就可以采用二次检索，即在一次检索的检索结果中运用“与”、“或”、“非”进行再限制检索，以得到理想的检索结果。

在结果中检索：相当于传统检索中的逻辑“与”的功能，可以缩小检索范围。

在结果中添加：相当于传统检索中的逻辑“或”的功能，可以扩大检索范围。

在结果中去除：相当于传统检索中的逻辑“非”的功能，可以缩小检索范围。

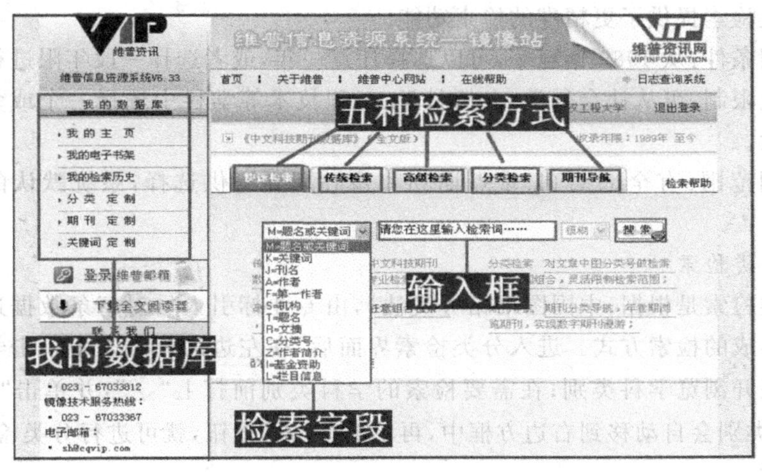

图 4-15 维普数据库的五种检索方式

2. 传统检索

传统检索是老用户检索风格，该界面布局紧凑，功能集中。

3. 高级检索

高级检索主要可以进行多检索条件逻辑组配检索。在扩展功能方面，关键词字段提供了查看同义词，作者字段提供了同名/合著作者，分类号字段提供了查看分类表，机构字段提供了查看相关机构的扩展功能。另外，高级检索还提供了三个扩展检索条件：时间条件、专业限制和期刊范围，如图 4-16 所示。

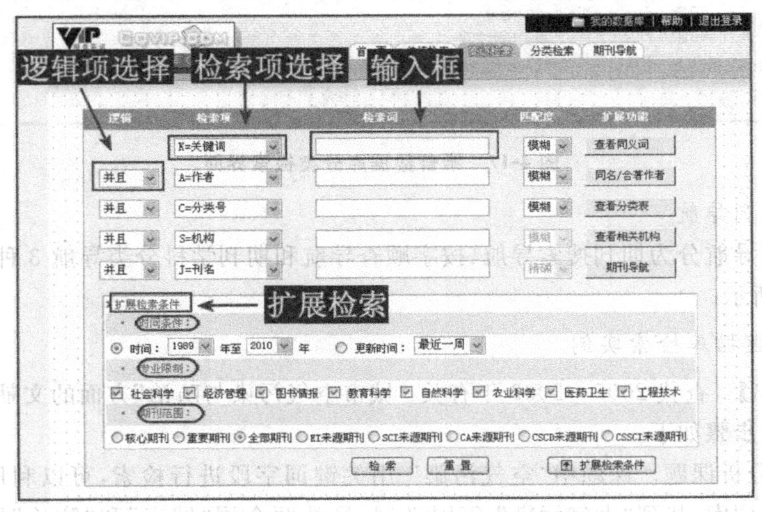

图 4-16 维普数据库高级检索界面

扩展检索提供了更精准的检索功能。

时间条件：从 1989 年至今，可以选择任意一年，或者选择一段年限进行检索。

专业限制：可从社会科学、自然科学、工程技术等学科中选择一个或多个学科进行检索。

期刊范围：有全部期刊、重点期刊和核心期刊可供选择，系统默认的是全部期刊。

4. 分类检索

分类检索是根据《中国图书馆分类法》，由专业标引人员对每条数据进行分类标引而形成的检索方式。进入分类检索界面后，在左边的分类表中单击学科类别并逐级展开浏览学科类别；在需要检索的学科类别前打上"√"，并单击" >> "按钮，选中类别会自动移到右边方框中，再单击"搜索"按钮，就可进行分类检索，如图 4-17 所示。

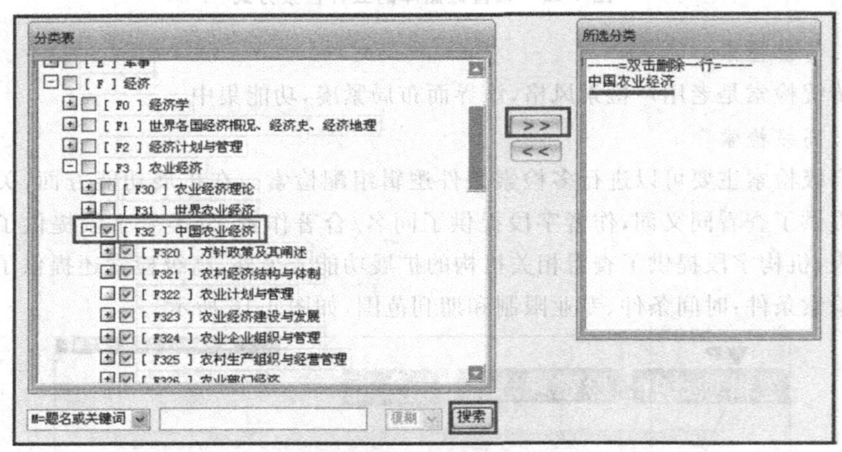

图 4-17　维普数据库分类检索界面

5. 期刊导航

期刊导航分为期刊搜索导航、按字顺查导航和期刊学科分类导航 3 种方式，如图 4-18 所示。

三、数据库检索实例

【例 3】 查找 2005—2009 年有关"城市空气污染与防治"方面的文献。

检索步骤如下。

(1)分析课题。课题中"空气污染" 用关键词字段进行检索，可以利用系统提供的同义词库，找到"大气污染" 等同义词；另外两个词"城市"和"防治"用题名字段进行检索。

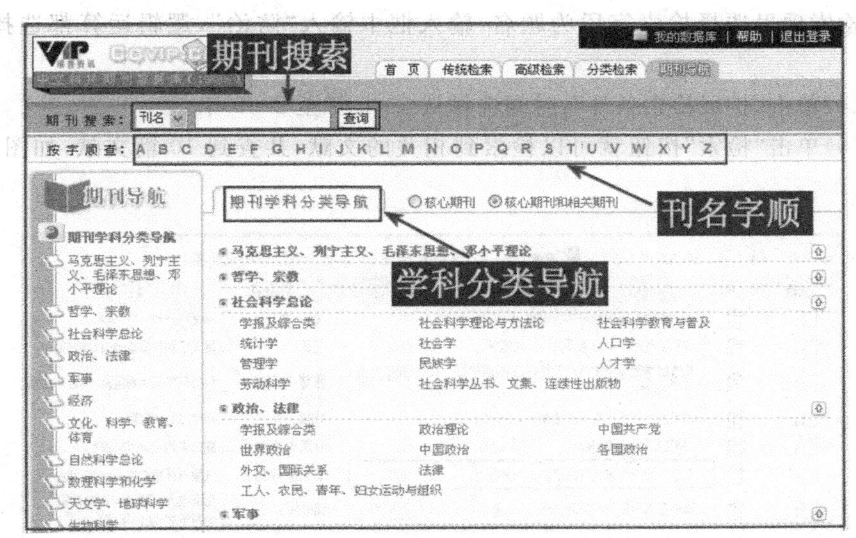

图 4-18 维普数据库期刊导航检索界面

(2)打开维普数据库，并进入高级检索界面。在第一排检索项里选择检索字段为关键词，在输入框中输入“空气污染”，并单击“查看同义词”，可查看到“空气污染”的同义词，勾选“废气污染”和“大气污染”，并单击“确定”按钮，即可得到“空气污染＋废气污染＋大气污染”三个同义词的逻辑或组配，如图 4-19 所示。

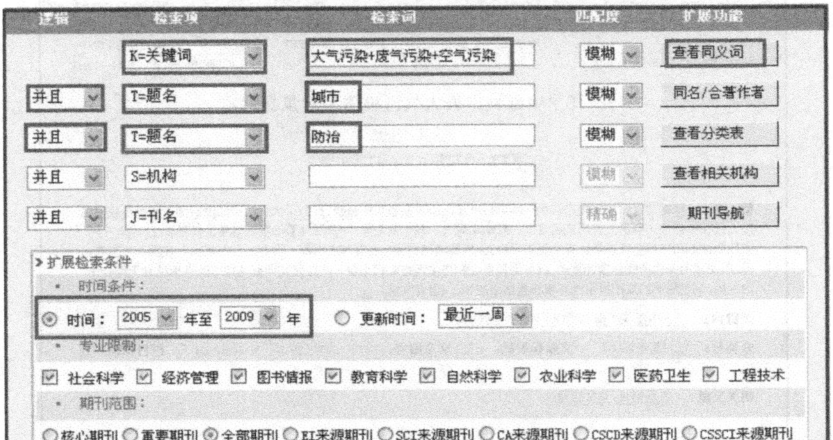

图 4-19 例 3 检索输入方法

(3)在第二排检索项里选择检索字段为“题名”，在输入框中输入“城市”，在第三排检索项里选择检索字段为题名，输入框中输入“防治”，逻辑运算都选择“并且”。

(4)单击“扩展检索条件”，时间选择从 2005 年至 2009 年。

(5)单击“检索”按钮就可以检索到相关的文献，共查到 10 篇文献，如图 4-20 所示。

下载　打印　加入电子书架　查询结果：共找到 64条，耗时6.071512秒，当前页1/4标记数0条

全选	全文下载	标题	作者	出处
1		城市室内空气污染与防治研究	娄云 梁爽...	绿色科技-2012年5期
2		城市空气污染的危害及其防治措施探讨　全文快照	王鹤	黑龙江科技信息-2011年26期
3		北方煤炭型城市大气污染特征及防治研究——以大同市为例　全文快照	张慧 韩军青	科技情报开发与经济-2011年25期
4		浅论城市大气污染防治措施　全文快照	钱斌	神州-2011年1期
5		城市的环境污染与防治　全文快照	杜凤华 闫赵明...	魅力中国-2010年32期
6		辽宁中部城市群大气污染防治对策探讨　全文快照	李元宜 李艳红	气象与环境学报-2010年4期
7		城市空气污染防治信息公开　全文快照	潘晓丽	北京电力高等专科学校学报：社会科学版-2010年9期
8		完善城市大气污染防治　全文快照	于文轩	世界环境-2010年2期
9		中国城市大气污染现状及综合防治措施探析　全文快照	魏文静	天津科技-2009年6期
10		武汉城市圈土壤污染防治要先行先试　全文快照	龚炳南	学习月刊-2009年11期

图 4-20　例 3 检索结果

(6)单击感兴趣的篇名就可以得到详细的文摘内容，如图 4-21 所示。

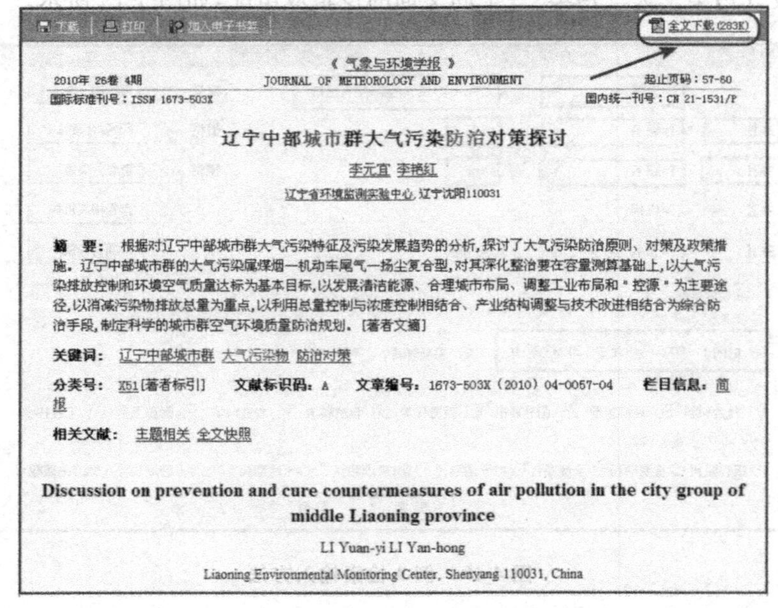

下载 | 打印 | 加入电子书架　　全文下载(283K)

《气象与环境学报》

2010年 26卷 4期　JOURNAL OF METEOROLOGY AND ENVIRONMENT　起止页码：57-60

国际标准刊号：ISSN 1673-503X　国内统一刊号：CN 21-1531/P

辽宁中部城市群大气污染防治对策探讨

李元宜 李艳红

辽宁省环境监测实验中心，辽宁沈阳110031

摘　要：根据对辽宁中部城市群大气污染特征及污染发展趋势的分析，探讨了大气污染防治原则、对策及政策措施。辽宁中部城市群的大气污染属煤烟—机动车尾气—扬尘复合型，对其深化整治要在容量测算基础上，以大气污染排放控制和环境空气质量达标为基本目标，以发展清洁能源、合理城市布局、调整工业布局和“控源”为主要途径，以消减污染物排放总量为重点，以利用总量控制与浓度控制相结合、产业结构调整与技术改进相结合为综合防治手段，制定科学的城市群空气环境质量防治规划。［著者文摘］

关键词：辽宁中部城市群　大气污染物　防治对策

分类号：X51［著者标引］　文献标识码：A　文章编号：1673-503X（2010）04-0057-04　栏目信息：简报

相关文献：主题相关　全文快照

Discussion on prevention and cure countermeasures of air pollution in the city group of middle Liaoning province

LI Yuan-yi LI Yan-hong

Liaoning Environmental Monitoring Center, Shenyang 110031, China

图 4-21　例 3 详细的文摘内容

(7)单击右上角“全文下载”选项，可以下载并查看全文，如图4-22所示。

第26卷第4期　气象与环境学报　Vol. 26 No. 4
2010年8月　JOURNAL OF METEOROLOGY AND ENVIRONMENT　August 2010

辽宁中部城市群大气污染防治对策探讨

李元宜　李艳红

(辽宁省环境监测实验中心，辽宁 沈阳 110031)

摘　要：根据对辽宁中部城市群大气污染特征及污染发展趋势的分析，探讨了大气污染防治原则、对策及政策措施。辽宁中部城市群的大气污染属煤烟—机动车尾气—扬尘复合型，对其深化整治要在容量测算基础上，以大气污染排放控制和环境空气质量达标为基本目标，以发展清洁能源、合理城市布局、调整工业布局和“控源”为主要途径，以消减污染物排放总量为重点，以利用总量控制与浓度控制相结合、产业结构调整与技术改进相结合为综合防治手段，制定科学的城市群空气环境质量防治规划。

关键词：辽宁中部城市群；大气污染物；防治对策

中图分类号：X51　文献标识码：A　文章编号：1673－503X(2010)04－0057－04

1　引言

辽宁是我国最大的重工业基地，由沈阳、鞍山、抚顺、本溪、辽阳和铁岭六城市组成的中部城市群是辽宁老工业基地的核心。

26万t[3]，探讨、制定行之有效的污染防治对策势在必行。多年来，我国采用的以浓度控制为基础的大气污染控制对策，取得了很大的成绩，实质上却掩盖了污染源由于它们地理位置的不同而对于其他地域大气环境质量造成损害的责任[4]。由于浓度控制的

图4-22　例3全文信息

第三节　万方数据资源系统及其检索

一、万方数据库概述

万方数据知识服务平台(http://www.wanfangdata.com.cn))是在原万方数据资源系统的基础上，经过不断改进、创新而成，集高品质信息资源、先进检索算法技术、多元化增值服务、人性化设计等特色于一身的服务平台。

万方数据知识服务平台海纳中外学术期刊论文、学位论文、中外学术会议论文、标准、专利、科技成果、特种图书等各类信息资源，资源种类全、品质高、更新快，具有较高的应用价值。万方数据知识服务平台收录的主要子库如下所述。

1. 中国学位论文全文数据库

该库文献由国家法定学位论文收藏机构——中国科技信息研究所提供，并委托万方数据股份有限公司加工建库，收录了自1980年以来我国各高等院校、研究生院及研究所向该机构送交的博、硕士研究生论文，其中全文有80余万篇，每年稳定新增15余万篇，是一个综合性的学位论文全文库，涵盖了理工、医卫、社会科学与人文科学各领域。

2. 中国数字化期刊群

作为国家“九五”重点科技攻关项目，该库目前集纳了理、工、农、医、哲学、人

文、社会科学、经济管理与教科文艺等八大类100多个类目的近5 500余种各学科领域核心期刊，实现全文上网，论文引文关联检索和指标统计。外文期刊主要收录了1995年以来世界各国出版的12 000多种重要学术期刊；在外文文献数据库检索后，单击“请求原文传递”，输入电子邮箱即可获取全文。

另外，万方数据知识服务平台还收集了中国法律法规全文库、中国专利全文数据库、科技信息子系统、商务信息子系统、中国学术会议论文全文数据库（中文版）等。

万方数据资源系统如图4-23所示。

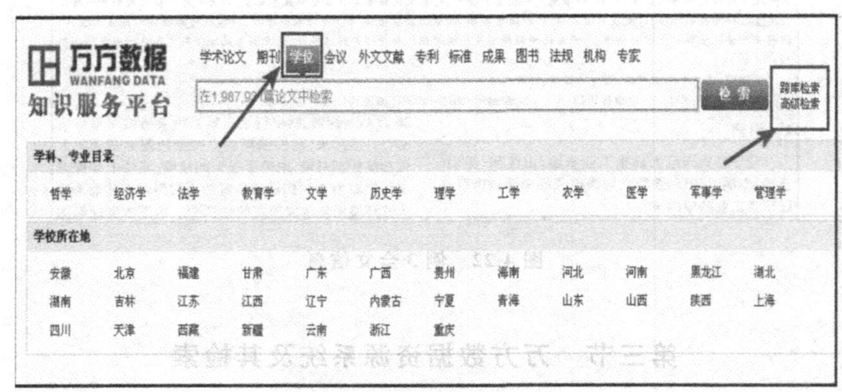

图4-23 万方数据资源系统

二、万方数据库检索方法

中国学位论文全文数据库提供了基本检索、高级检索、学科分类检索和跨库检索4种检索方法。

1. 万方数据库基本检索

基本检索是系统默认的检索方式，首先选择“学位”，然后在输入框中输入检索词，最后单击“检索”按钮就完成了基本检索。

2. 万方数据库高级检索

单击首页“高级检索”进入高级检索界面，检索界面提供了标题、作者、导师、关键词、摘要、学校、专业等7个字段的检索字段，还可以进行发表日期、有无全文、论文类型、排序等限制条件，提高检索精度。高级检索界面如图4-24所示。

3. 万方数据库分类检索

分类检索提供了22大类的学科，单击某一大类，如“经济”，到下一页面，如图4-25所示，再单击左边“论文类型”下面的“学位论文”即可浏览该学科的所有学位论文。

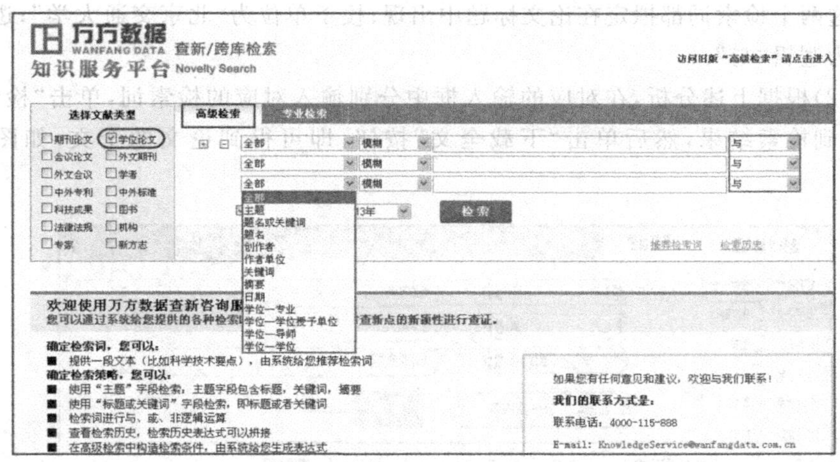

图 4-24 万方数据库高级检索界面

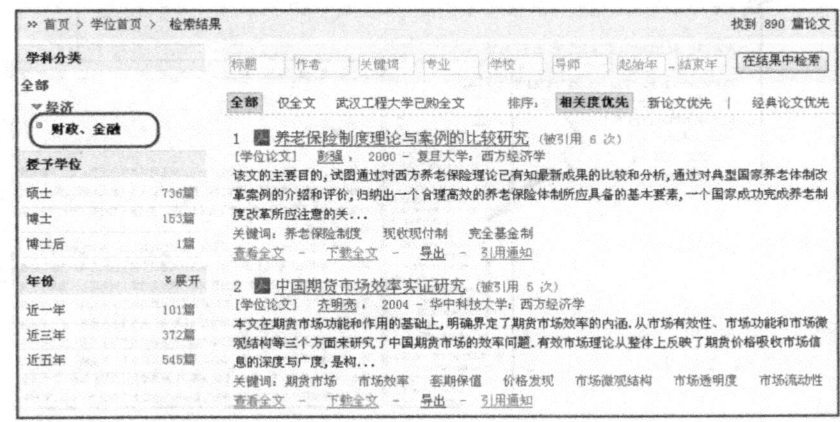

图 4-25 万方数据库分类检索结果

4. 万方数据库跨库检索

跨库检索可同时检索多个文献类型的数据库，包含：期刊论文、学位论文、会议论文、专利技术、科技成果、政策法规、企业、中外标准、外文文献等。

三、数据库检索实例

【例 4】 检索 2006—2012 年北京交通大学授予的有关电致发光聚合物的学位论文。

检索步骤如下。

(1)分析课题，限定论文年度为 2006—2012 年；检索词为"电致发光"、"聚合物”，这两个检索词都拟定在论文标题中出现；授予单位为“北京交通大学”；逻辑运算符为逻辑“与”。

(2)根据上述分析，在对应的输入框中分别输入对应的检索词，单击“检索”按钮，得到检索结果，然后单击“下载全文”按钮，即可得到论文的全文，如图 4-26 所示。

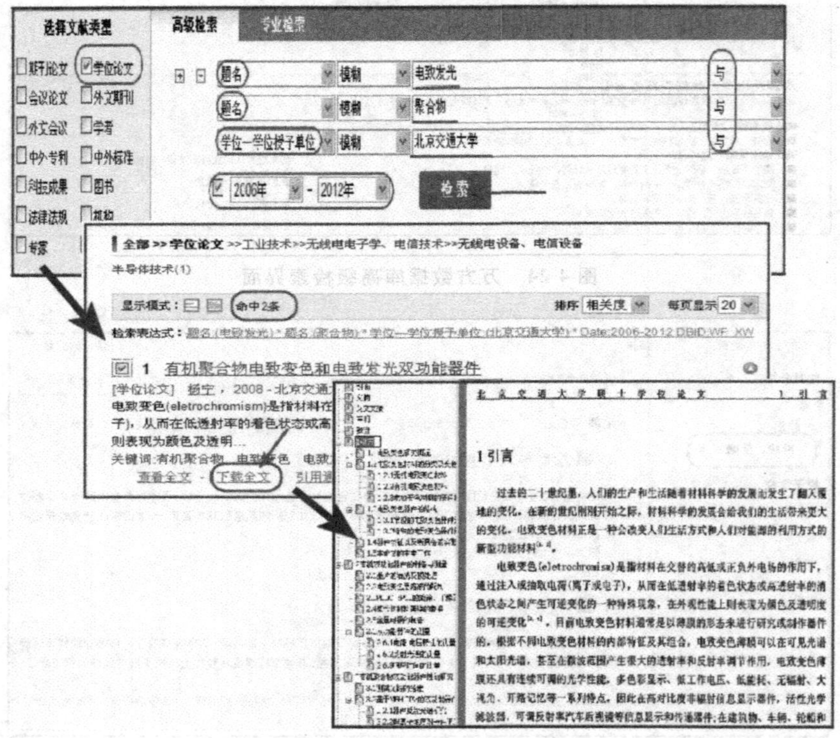

图 4-26　例 4 检索结果

第五章　国外重要数据库检索

了解学科发展方向，掌握当今世界科技发展前沿技术，我们除了查阅中文文献外，还必须查阅外文文献。本章将介绍四种重要的外文数据库，其中 EI（美国工程索引）和 SCI（科学引文索引）为摘要型数据库，只提供摘要信息，不提供原文。Elsevier 数据库和 ACS 数据库为全文数据库，能提供全文下载。

第一节　美国工程索引

工程索引概述

美国《工程索引》(The Engineering Index，简称 EI)，创刊于 1884 年 10 月，现在由美国工程索引公司编辑出版。

EI 自创办至今，先后以印刷版、联机检索、光板盘等形式面向用户。20 世纪 90 年代后，随着互联网的兴起，EI 推出了网络版数据库——EI Compendex Web，它侧重于报道应用科学和工程领域的文摘索引信息，数据库来源于 5 200 多种工程类期刊、会议论文和技术报告，覆盖化工和工艺、计算机和数据处理、应用物理、电子和通信、土木工程和机械工程等方面的文献，数据每周更新，以确保用户掌握最新信息。

EI　Village 2 是一个综合性检索平台，除了提供 EI Compendex Web 的检索服务外，还提供 INSPEC（英国《科学文摘》）、USPTO（美国专利）、esp@cenet（欧洲专利）和 Scirus 等数据库的超链接访问。

二、工程索引检索方法

EI Village 提供了 Quick Search（快速检索）、Expert Search（专家检索）和 Thesaurus Search（叙词检索）三种检索方式，其中 Quick Search 是系统默认的检索方式。

1. Quick Search（快速检索）

Quick Search 能够进行直接快速的检索，其界面允许用户从一个下拉式菜单中选择要检索的各个项，其检索界面如图 5-1 所示。

Quick Search 菜单选项说明如下。

(1)SEARCH FOR（输入框）：检索词可以是单词或词组。

(2)检索字段选择：在下拉式菜单中选定检索字段进行检索。检索词应和下拉

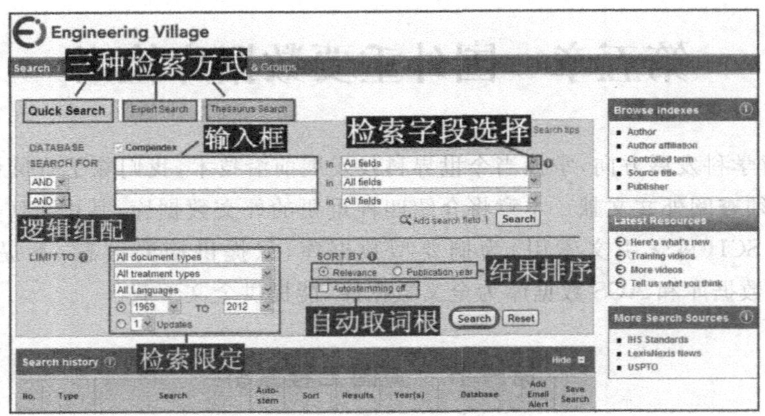

图 5-1 EI Village Quick Search 界面

式菜单中选定字段相匹配，表 5-1 是检索字段及字段含义和代码。

表 5-1 检索字段及字段的含义和代码

字段	字段含义	字段代码
All fields	在数据库所提供的所有字段中检索	ALL
Subject/Title/Abstract	在主标题词、标题、摘要和受控词中检索	KY
Abstract	在摘要中检索	AB
Authors	检索作者姓名(姓在前，名在后)	AU
Author affiliation	通过作者单位名称检索	AF
Title	在文献的标题中检索	TI
EiClassification code	利用 Ei 主题词表中的分类代码检索	CL
CODEN	利用期刊和其他连续出版物的 6 位代码检索	CN
Conference information	通过会议信息检索	CF
Conference code	通过会议论文集代码检索	CC
ISSN	通过国际标准期刊编号检索	SN
Ei main haeading	利用文献主标题词检索	MH
Publisher	通过出版商检索	PN
Sourcel title	通过期刊、会议论文集和技术报告的名称检索	ST
Ei Controlled Term	通过由 Ei 专家建立的主题词组检索	CV

(3)逻辑运算符：将不同检索词用逻辑运算符“AND”、“OR”和“NOT”连接起来，进行联合检索。

(4)LIMIT TO(结果限定设置):可以将检索限定在某个范围内。系统提供的文件类型有 document type (文献类型)、treatment type(处理类型)、language(语言)和"限定结果范围",使用此方法,用户可得到所需的更为精确的检索结果。

其中 document type 指的是所检索的文献源自出版物的类型,treatment type 用来说明文献的研究方法及所探讨主题的类型,如表 5-2 所示。

表 5-2 EI 文献类型和处理类型

document type(文献类型)	treatment type(处理类型)
All document types(default)全部(默认选项)	All treatment types 全部
Journal article 期刊论文	Applications 应用
Conference article 会议论文	Biographical 传记
Conference proceeding 会议论文集	Economic 经济
Monograph chapter 专题论文	Experimental 实验
Monograph review 专题综述	General review 一般性综述
Report chapter 专题报告	Historical 历史
Report review 综述报告	Literature review 文献综述
Dissertation 学位论文	Management aspects 管理
Patents(before 1970)专利文献	Numerical 数值
Article in press 在编论文	Theoretical 理论

限定结果范围有两个选项,一是按日期限定(limit by date),读者可以设定文献的年限范围;二是按最近某次更新(updates),检索范围限定在最近 1～4 次所更新的内容中。

(5)SORT BY (排序):按相关性(Relevance)或按出版时间(Publication year)排序。

(6)Autostemming off(自动取词根):不勾选,表示自动取词根,将检索以所输入词的词根为基础的所有派生词。如:输入"management"后,系统会将 managing、manager、manage、managers 等检出(作者字段检索除外);勾选表示可禁用此功能。

(7)Browse Indexes(查找索引):EI 数据库提供有 Author、Author affiliation、Controlled term、Source title、Publisher 4 种查找索引。

2. Expert Search(专家检索)

Expert Search 提供更强大而灵活的功能,与快速检索相比,用户可使用更复杂的布尔逻辑,该检索方式包含更多的检索选项。Expert Search 界面如图 5-2 所示。

Expert Search 界面中有一独立的检索框,用户采用"within"命令(wn)和字段

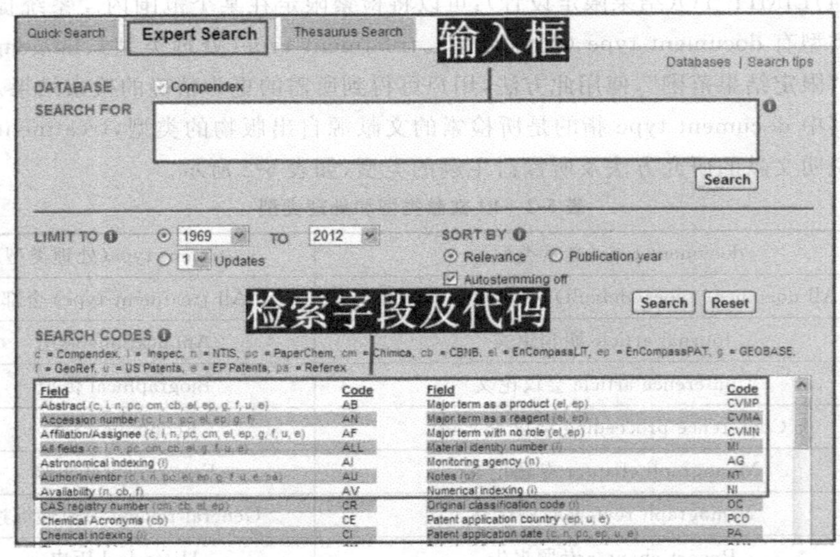

图 5-2 EI Village Expert Search 界面

代码，可以在特定的字段内进行检索，利用 Expert Search 检索时，要熟悉检索字段的含义及代码，检索字段的含义及代码出现在 Expert Search 界面的下方。

如要检索武汉工程大学杨述斌老师的论文是否被 EI 收录，在输入框中输入：yang，shubin wn AU AND wuhan institute of technology wn AF，则可检索作者单位是“wuhan institute of technology”，且作者是 yang，shubin wn 的文献，如图 5-3 所示。

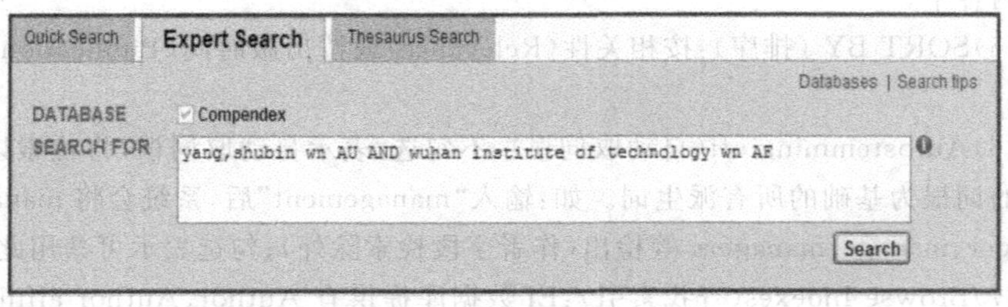

图 5-3 EI Village Expert Search 输入方法

EI 平台提供的检索方式均遵循以下检索规则：输入字符不区分大小写，输入框按顺序输入；“ * ”表示截词符，可代替一串字母，“?”表示通配符，可代替一个字母；检索词做精确检索时，词组或短语需用引号或括号标引。

3. Thesaurus Search（叙词检索）

点选“Thesaurus Search”标签即可进入叙词检索界面。在输入框中输入想要查询的词，然后选择 Search(查询)、Exact Term(精确词汇)或 Browse(浏览)，再单击"Submit"按钮即可进行检索。

从 1993 年，工程信息公司彻底放弃了原标题词检索语言，采用了新的叙词检索语言，即叙词表(EI thesaurus，简称 EIT)，代替了《SHE》词表和 EI 其他索引出版物的标引工具。叙词表共有词和词组 18 000 多个，其中规范化叙词 9 300 个，非规范化叙词近 9 250 个。《EIT》全部主题词仍按字顺排列，检索词同一对待。检索时不再受主副标题词固定组配的羁绊，大大提高了寻找主题词的自由度。

4. 检索结果处理

E-mail：将选择记录发送到指定的邮箱；Print：打印；Download：下载到文献管理软件，如 Endnot、Refworks 等；Save to Folder：保存到个人账户文件夹(须注册后才可使用)；View Selections：显示选择的记录。检索结果处理如图 5-4 所示。

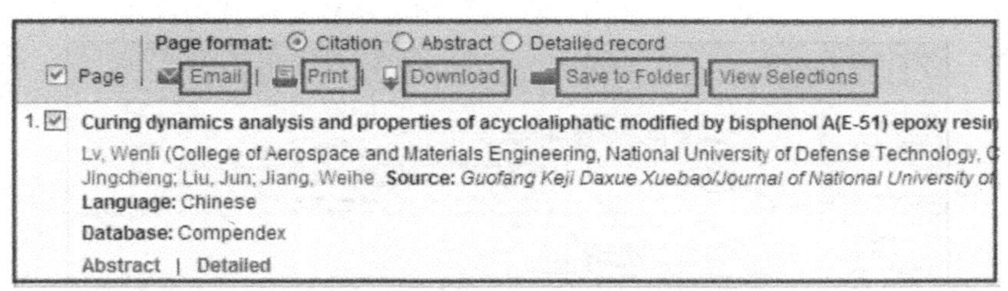

图 5-4 检索结果处理栏

三、检索实例

【例 1】 检索 2008—2012 年 EI Village(Compendex)收录有关人脸识别方面的期刊论文。

检索步骤如下。

分析课题并找出关键词：人脸，face；识别，recognise 、recognition 或 identify、identification。因系统提供了"Autostemming off"(自动取词根)功能，因此，在输入时只输入 recognise 和 identify，这两个词进行"OR"逻辑组配，其派生词 recognition、identification 不用输入。文献类型选择"Journal articles"，输入方法如图 5-5 所示。

单击"Search"按钮，查到 8 篇，单击"Detailed"按钮查看文献详细信息，如图 5-6 所示。

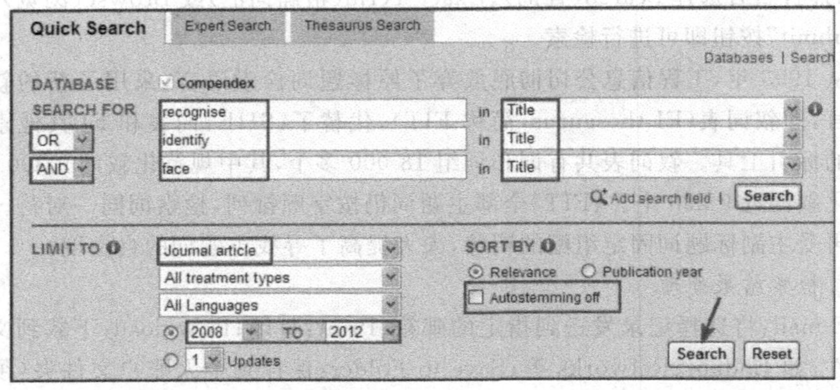

图 5-5　例 1 检索操作过程

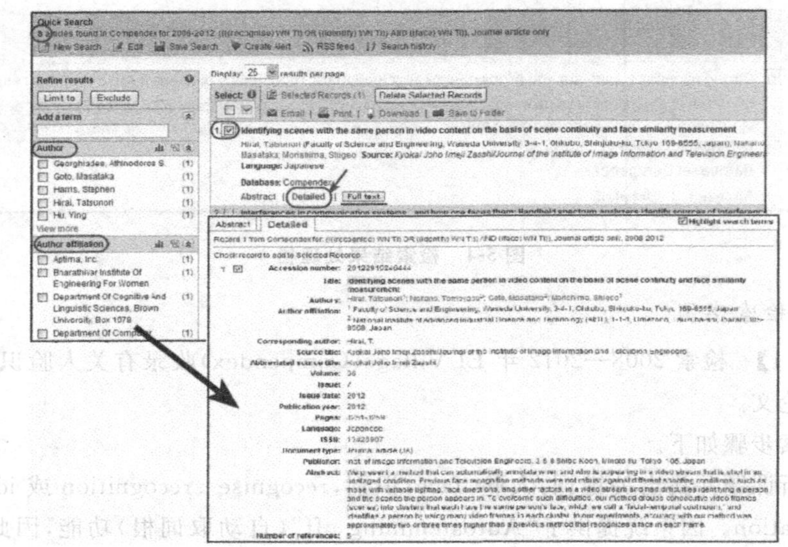

图 5-6　例 1 检索结果

第二节　美国科学引文索引

一、科学引文索引概述

ISI Web of Knowledge 是美国科学情报研究所(ISI)提供的数据库平台，它集成了多个数据库，主要包括以下几个。

1. Web of Science

Web of Science 又包含三个独立的数据库，内容涵盖自然科学、工程技术、社会科学、艺术与人文等诸多领域内的 8 500 多种学术期刊。三个独立的数据库分别是：Science Citation Index Expanded（科学引文索引扩展版，简称 SCI-E）、Social Sciences Citation Index（社会科学引文索引，简称 SSCI）、Arts & Humanities Citation Index（艺术与人文科学引文索引，简称 A&HCI）。

2. ISI Proceedings

ISI Proceedings 是 Index to Scientific & Technical Proceedings（科技会议录索引，简称 ISTP）的 Web 版，它包括两个数据库：Conference Proceedings Citation Idex-Science（科技技术会议录索引，简称 CPCI-S）、Conference Proceedings Citation index-Social Science & Humannalities（社会科学以及人文科学会议录索引，简称 CPCI-SSH）。

3. INSPEC（科学文摘，SA）

科学文摘由英国机电工程师学会（IEE）出版，专业面覆盖物理、电子与电气工程、计算机与控制工程、信息技术、生产和制造工程等领域，文献类型包括期刊、会议录、报告、图书等，文献源自于 80 多个国家和地区，涉及 29 种语言，收录年代自 1969 年开始。

4. MEDLINE（医学文摘）

MEDLINE 是美国国立医学图书馆建立的 MEDLARS 系统中使用频率最高，也是最大的数据库，是当今世界最具权威的综合性生物医学数据库之一。内容涉及基础医学、临床医学、护理学、牙科学、兽医学、药物学、营养卫生、卫生管理等。

5. Derwent Innovations Index（德温特世界专利创新索引，简称 DII）

DII 将“世界专利索引（WPI）”和“专利引文索引（PCI）”的内容有机整合在一起，为研究人员提供了世界范围内的、综合全面的专利信息。DII 覆盖了全世界 1963 年以后的约 1 000 万项基本发明和 2 000 万项专利。

6. Journal Citation Reports（期刊引用报告，简称 JCR）

JCR 是依据期刊相互引用情形编制的书目计量分析统计报告，是期刊评价、排名、分类及比较的量化工具。它收录了全世界 3 000 多个出版社的 7 000 多种学术期刊，内容涵盖科学技术和社会科学所有专业领域。JCR 提供了期刊刊载论文数量、各期刊当年被引用次数、期刊论文的平均被引用率、期刊的影响因子、期刊的引用文献和被引用文献的半衰期等。

7. Essential Science Indicators（基本科学指标，简称 ESI）

ESI 是由 ISI 于 2001 年推出的衡量科学研究绩效、跟踪科学发展趋势的基本分析评价工具，是基于 ISI 引文索引数据库 SCI 和 SSCI 所收录的全球 8 500 多种学术期刊的900万多条文献记录而建立的计量分析数据库。ESI在22个专业领域内分别对国家、研究机构、期刊、论文、科学家进行统计分析和排序。

二、科学引文索引检索方法

1. 跨库检索

选择“所有数据库”，提供同时从所有子数据库中进行信息检索的功能。

2. 单库检索

在ISI Web of Knowledge首页上单击“选择一个数据库”标签，即进入单库检索选择界面。

3. Web of Science检索

Web of Science提供检索、作者检索、被引参考文献检索、化学结构检索和高级检索5种检索方式，如图5-7所示。

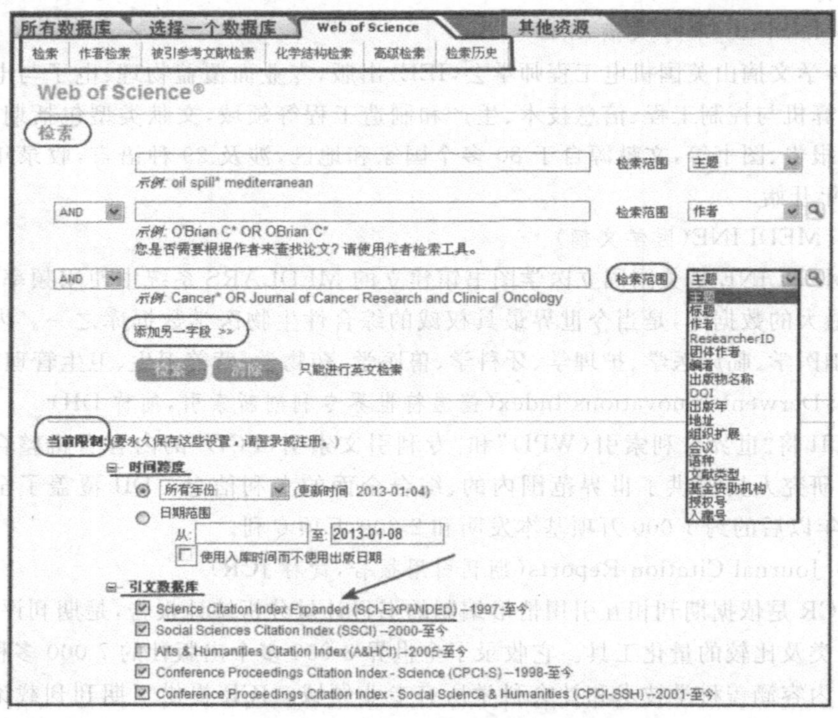

图5-7 ISI Web of Knowledge检索平台

1)检索

检索是Web of Science的默认检索界面，可直接输入检索词进行检索。检索范围可选择主题、标题、作者、团体作者、编者、出版物名称、出版年、地址、会议等。

2)作者检索

作者检索指按照作者姓名进行检索。

3)被引参考文献检索

被引参考文献检索是指以被引作者、被引著作和被引年份作为检索点进行检索。其中,被引作者一般应以被引文献的第一著者的姓名进行检索;被引著作为刊登被引文献的出版物名称,如期刊名称缩写形式、书名或专利号;被引年份应输入4位数字的年号。具体检索要求可以参看输入框下面的示例,如图5-8所示。

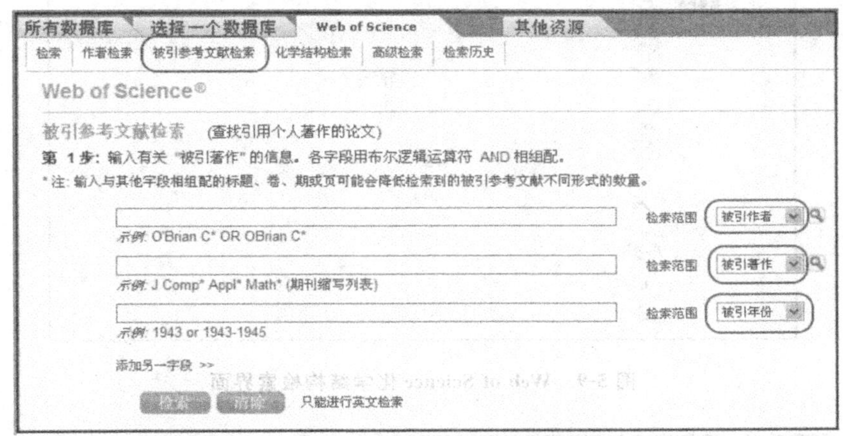

图 5-8　Web of Science 被引参考文献检索界面

4)化学结构检索

化学结构检索利用可以检索化学式或化学反应相关文献。初次进入化学结构检索界面,系统会提示先下载安装"JAVA"插件,安装后便可进行化学结构检索,如图5-9所示。

5)高级检索

高级检索允许使用字段标识符和布尔逻辑符号进行组配,创建一个检索提问式。每个检索词需用字段标识符标示出来,不同检索字段用布尔逻辑符相连。输入格式按图5-10中"示例"的格式,字段表示方法见图右边"字段标识"。如要检索篇名中出现"指纹识别"的文献,检索式为:TI = (fingerprint) AND TI = (identification)。

高级检索属于精确检索,提供逻辑运算符、位置算符和截词符/通配符检索。

逻辑运算符:"NOT"、"AND"、"OR",分别规定"非"、"与"、"或"逻辑关系;

位置算符:"SAME"或"SENT",规定其前后连接的两个词在检索记录中出现在同一句,或者同一个词组(keyword 字段)中;

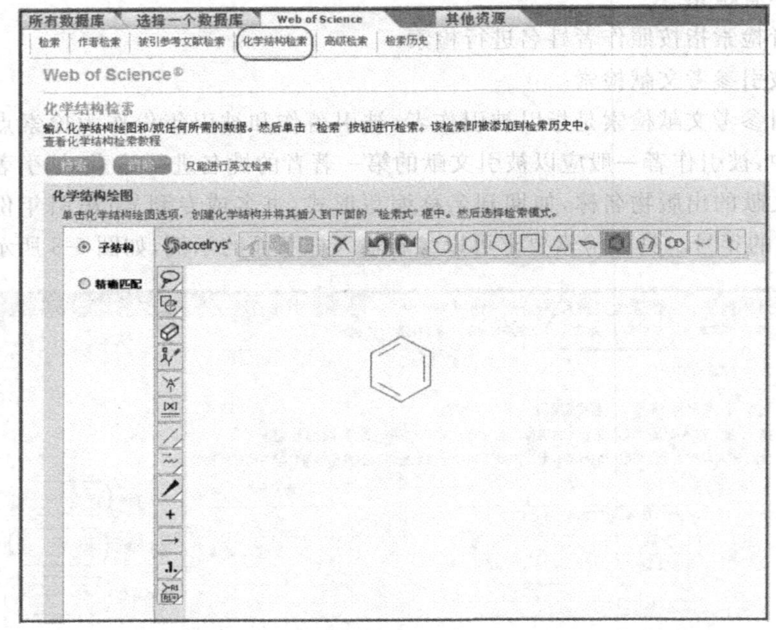

图 5-9 Web of Science 化学结构检索界面

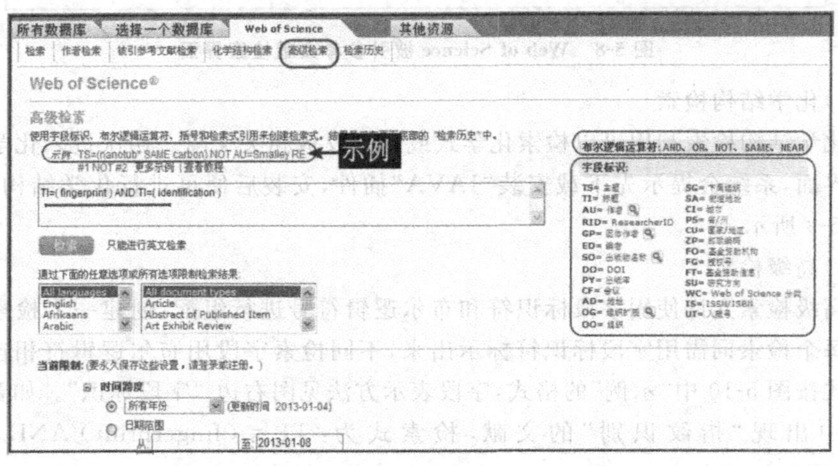

图 5-10 Web of Science 高级检索界面

截词符/通配符："?"和"＊"，用在检索词的中间和词尾，"?"是截词符，代表一个字符，"＊"是通配符，代表零个或若干个字符。例如：输入"wom? n"可检出woman、women 等词；输入"sul＊ur"可检出 sulphur、sulfur 等词。

三、ISI Web of Knowledge 检索结果与分析功能

ISI Web of Knowledge 提供了检索结果与分析功能。

1. 显示检索结果

执行一次检索后，检索结果界面提供了二次检索、排序方式、分析检索结果等，显示检索结果如图 5-11 所示。

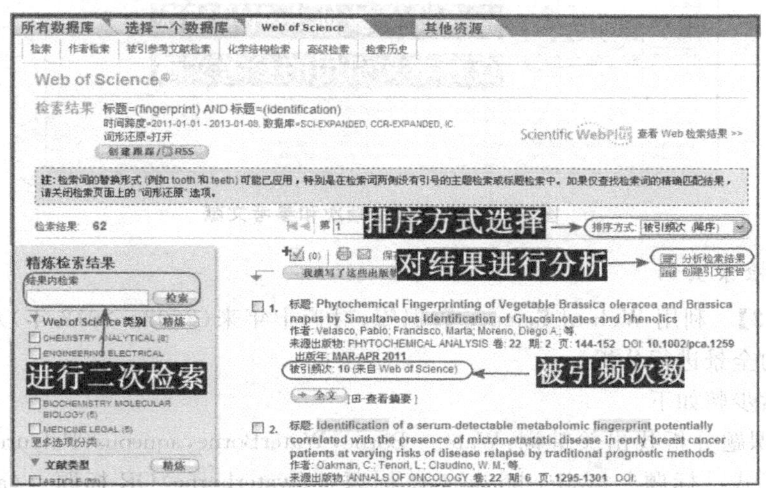

图 5-11 ISI Web of Knowledge 显示检索结果

在检索前，可以设定排序方式，以得到更集中的检索结果，单击“排序方式”下拉框，可对检索出的文献按更新日期、被引频次、相关性、第一作者、来源出版物、出版年、会议标题等进行排序。

2. 分析检索结果

ISI Web of Knowledge 提供了对检索结果的优化功能，单击“分析检索结果”按钮，可对结果进行作者、会议标题、国家或地区、文献类型、机构、语种、出版时间、来源期刊等分析。

3. 查看文献全记录页面

单击任意一篇相关文献的篇名，可进入该篇文献的全记录页面。单击“被引频次”后的数字，可以查看此文发表以后被他人引用的情况；单击“参考文献”后的数字，可以查看该作者在撰写本文过程中引用的参考文献的列表。如图 5-12 所示。

Web of Science 提供“检索历史”功能，即每进行一次检索都会自动转化为一个检索提问式，这些检索提问式可以在“检索历史”页面看到。在该页面上，用户可以利用布尔逻辑运算符“AND”、“OR”对检索集合进行组配。“检索历史”只可以保存 20 个检索提问式。

图 5-12 查看被引频次和参考文献

四、检索实例

【例 2】 利用 Web of Science 数据库，对近十年来(2003—2012 年)水性聚氨酯研究的全景进行分析。

检索步骤如下。

(1)课题分析找出关键词：Water—Borne，WaterBorne，aqueous，Polyurethane；使用的检索式：[标题＝(water-borne)OR 标题＝(waterborne)OR 标题＝(aqueous)] AND 主题＝(Polyurethane)；检索时间范围：2003—2012 年，如图 5-13 所示。

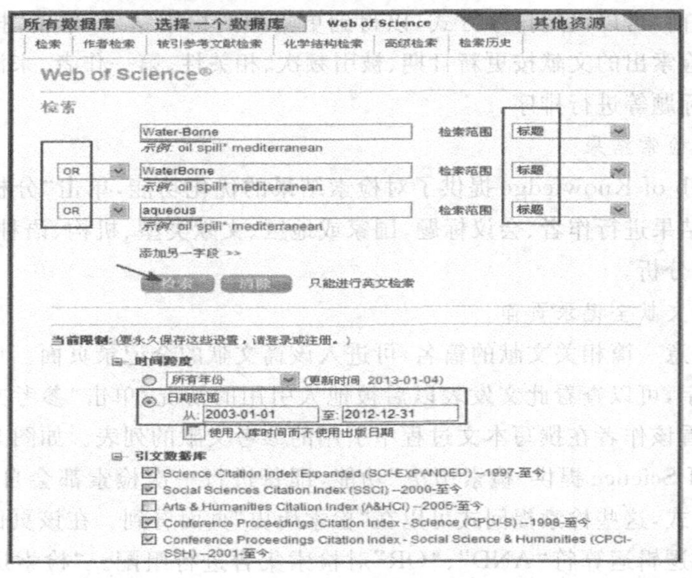

图 5-13 例 2 输入方式

(2)单击“检索”按钮，进行第一次检索，共检索出 45 862 篇文献。在“结果内检索”输入框内输入“Polyurethane”再进行第二次检索，如图 5-14 所示。

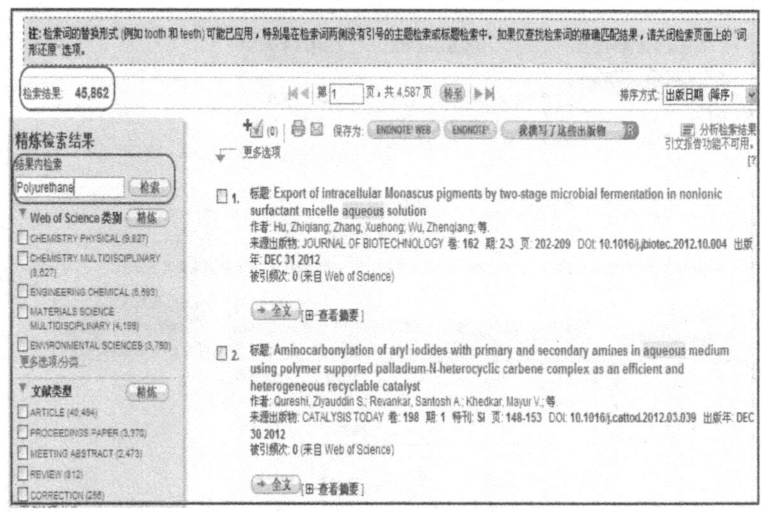

图 5-14 例 2 结果内检索

第二次检索共检索到 633 篇文献，如图 5-15 所示。

图 5-15 例 2 第二次检索检索结果

(3)检索结果分析。单击“分析检索结果”按钮，对检索结果进行分析。如选择“国家/地区”标签，可以查看近十年来在该领域研究比较多的国家或地区，分析结果显示，中国大陆在水性聚氨酯研究中发表论文位居首位，文献量达 248 篇，占总量的 39.2%；而韩国名列第二，文献量达 95 篇；美国名列第三，文献量达 69 篇如图

5-16 所示。

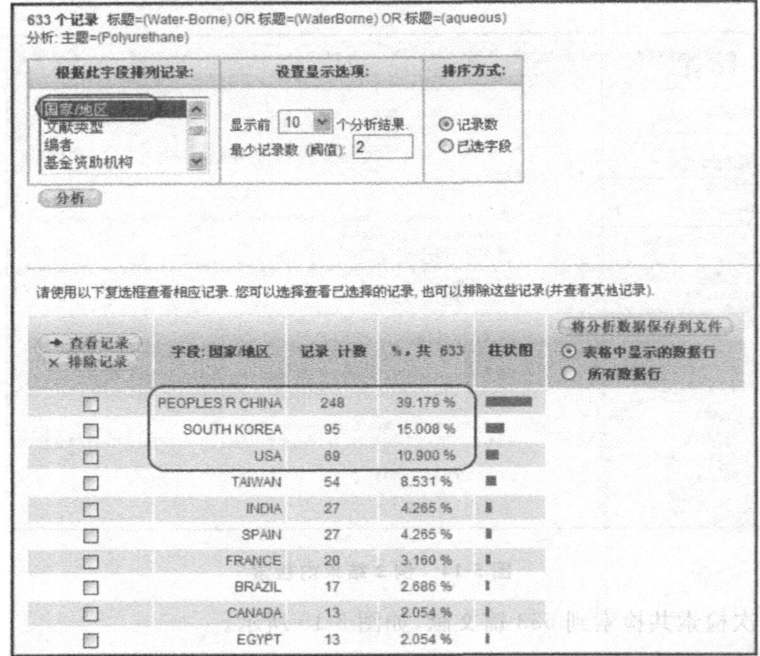

图 5-16 例 2 检索结果分析之国家或地区分析

单击“组织”标签，可以对科研机构进行分析。分析结果：韩国釜山大学在水性聚氨酯研究中发表论文第一，共 62 篇，占总量的 9.8%，而中国科技大学名列第二，共 34 篇，美国密西西比州大学第三，共 29 篇。该领域高被引研究文献前三名如表 5-3 所示。

表 5-3 例 2 高被引研究文献

标题	作者	来源出版物	被引频次
Morphology and Properties of Waterborne Polyurethane/Clay Nanocomposites	Kim BK, Seo JW, Jeong HM	European Polymer Journal，卷：39，期：1，页：85-91，出版年：JAN 2003	125
Synthesis, Thermal, Mechanical and Rheological Properties of Multiwall Carbon Nano Tube/Waterborne Polyurethane Nanocomposite	Kuan HC, Ma CCM, Chang WP, et al.	Composites Science and Technology，卷：65，期：11-12，页：1703-1710，出版年：SEP 2005	96

续表

标题	作者	来源出版物	被引频次
New nanocomposite materials reinforced with flax cellulose nanocrystals in waterborne polyurethane	Cao, Xiaodong; Dong, Hua; Li, Chang Ming	BIOMACROMOLECULES, 卷:8, 期:3, 页:899-904, 出版年:MAR 2007	96

第三节　Elsevier 数据库

一、Elsevier 数据库概述

Elsevier(爱思唯尔)是荷兰一家世界知名的学术出版商,已有 100 多年的历史,其出版的期刊是世界上公认的高质量学术期刊,且大多数为核心期刊,被世界上许多著名的二次文献数据库所收录。Science Direct OnLine(简称 SDOL)数据库是 Elsevier 公司出版的全文电子期刊全文数据库,用户可以通过 Elsevier 在互联网上的检索平台 Science Direct(http://www. sciencedirect. com/)进行搜索,非订购用户可以查看文献题录、摘要,订购用户可以查看、打印以及下载论文全文。用户可以通过 Elsevier 中国网站(http://china. elsevier. com)了解 Elsevier 详细情况。

目前,SDOL 数据库收录 1 800 多种数字化期刊,该数据库涵盖了食品、数学、物理、化学、生命科学、商业及经济管理、计算机科学、工程技术、能源科学、环境科学、材料科学和社会科学等众多学科。各学科期刊学科分类及对应的期刊数如表 5-4 所示。

表 5-4　SDOL 数据库各学科期刊学科分类

学科分类(英文)	学科分类(中文)	期刊数
Agricultural & Biological Science	农学和生物学	148
Biochemistry, Genetics & Molecular Biology	生物化学、基因学和分子生物学	215
Business, mgmt & Accounting	商业、管理和会计学	75
Chemistry	化学	94
Chemical Engineering	化学工程	71
Computer Science	计算机科学	115
Decision Science	决策科学	44
Earth & Planetary	地球和行星学	92

续表

学科分类(英文)	学科分类(中文)	期刊数
Economic, Econometrics & Finance	经济,经济计量学和金融	76
Energy	能源科学	42
Engineering	工程技术	175
Environmental Science	环境科学	78
Health Science(Medicine)	医学	534
Immunology & Microbiology	免疫学和微生物学	80
Material Science	材料科学	108
Mathematics	数学	89
Neuroscience	神经学	102
Pharmacology, Toxicology & Pharmaceutics	药理学、毒理学和制药学	56
Physics & Astronomy	物理学和天文学	98
Psychology	心理学	103
Social Science	社会科学	161
合计		2 556

二、Elsevier 数据库检索方法

1. 检索方法

Elsevier 数据库提供期刊浏览、快速检索、高级检索和专家检索等多种检索方法,如图 5-17 所示。

1)期刊浏览

进入到 Science Direct 主页,在下面框中分别可以选择按照学科或按照期刊首字母顺序两种浏览方式。

2)快速检索

在 Science Direct 的任何网页上端都可看到快速检索框,用户可通过“all fields”(所有字段)、“author name”(著者姓名)、“Journal or book title”(期刊/图书名)等几种常规的字段进行快速检索。

3)高级检索

在 Science Direct 主页右上角单击“Advanced search”按钮,进入高级检索界面,在检索前,可以在检索框上方选择检索范围,即在期刊(Journals)和图片(Images)等中进行选择,默认检索为期刊检索,如图 5-18 所示。

在高级检索的输入栏里,可输入两组检索词,提供“AND”、“OR”、“AND

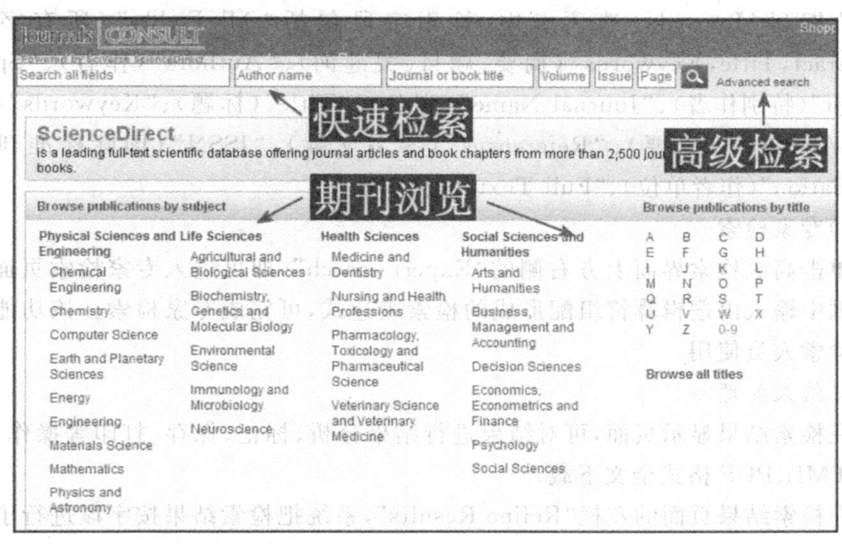

图 5-17　Elsevier 数据库浏览和快速检索界面

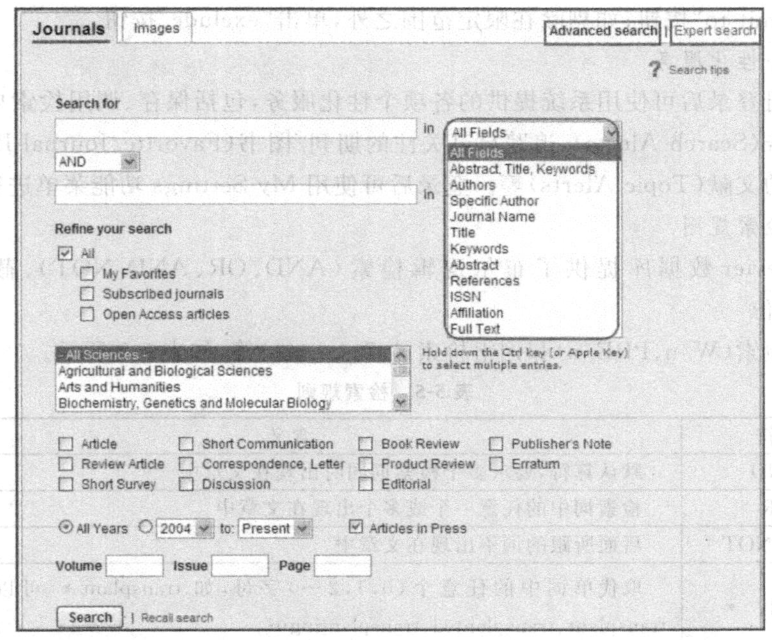

图 5-18　Elsevier 数据库高级检索界面

NOT”三种逻辑组配选择，选择其中之一，检索时在输入框中输入检索词，在“in”的下拉框中选择检索字段，单击“Search”即可完成检索。

在期刊（Journals）选项卡中，检索字段包括“All Fields”（所有字段）、“Abstract,Title,Keywords”（摘要、题目、关键词）、“Authors”（作者）、“Specific Author”（特别作者）、“Journal Name”（刊名）、“Title”（标题）、“Keywords”（关键词）、“Abstract”（摘要）、“References”（参考文献）、“ISSN”（国际标准刊号）、“Affiliation”（作者单位）、“Full Text”（全文）等。

4）专家检索

单击高级检索界面上方右侧的“Expert search”，即可进入专家检索页面。在输入框中输入由逻辑算符组配形成的检索表达式，可完成专家检索。该功能适合专业检索人员使用。

2. 结果处理

在检索结果显示页面，可对结果进行结果分析、标记、保存、打印等操作，并进行 HTML、PDF 格式全文下载。

在检索结果页面的左栏“Refine Results”，系统把检索结果按字段进行了分析统计，并显示统计结果最多的前 5 项。提供分析统计的字段有文献类型、刊名、出版年。通过该功能，用户可以进一步精减检索结果，如选择限定范围之内，单击上方的“Limit to”按钮；如剔除在限定范围之外，单击“exclude”按钮。

3. 个性化服务

注册登录后可使用系统提供的各项个性化服务，包括保存、调用检索史和定制检索通告（Search Alerts）、追踪自己关注的期刊/图书（Favorite/Journal Book）、特定主题的文献（Topic Alerts）等。登录后可使用 My Settings 功能菜单进行设置。

4. 检索规则

Elsevier 数据库提供了布尔逻辑检索（AND、OR、AND NOT）、截词检索（*、?）、位

置检索（W/n、PRE/n）和词组检索（“ ”、{ }、（））等，如表 5-5 所示。

表 5-5　检索规则

算符	含义
AND	默认算符，要求多个检索词同时出现在文章中
OR	检索词中的任意一个或多个出现在文章中
AND NOT	后面所跟的词不出现在文章中
通配符　*	取代单词中的任意个（0，1，2…）字母，如 transplant * 可以检索到 transplant、transplanted、transplanting…
通配符　?	取代单词中的 1 个字母，如 wom? n 可以检索到 woman、women
w/n	两词相隔不超过 *n* 个词，词序不限，如 environment w/2 pollution，可检索到 environment pollution，pollution about environment 等

续表

算符	含义
PRE/n	两词相隔不超过 *n* 个词，词序不变，如 environment PRE/2 pollution，可检索到 environment pollution，environment with pollation 等
“ ”	宽松短语检索，标点符号、连字符、停用字等会被自动忽略 如“heart-attack”，可检索 heart attack，heart-attck 等
{ }	精确短语检索，所有符号都将被作为检索词进行严格匹配如 {c＋＋}，可检索 C^{++} 作为整体的文献
()	定义检测词顺序，如(remote OR satellite) AND education，可检索到含 remote 和 education；或 satellite 和 education 的文献

三、检索实例

【例 3】：检索 2010 年至今发表在期刊“Fuel Processing Technology”上有关“海藻生产生物柴油”方面的期刊文献。

分析：中文检索词海藻、生物柴油，翻译成英文为 algae、biodiesel，打开 Elsevier 数据库，在主页上方单击检索 “Search”按钮，进入高级检索界面，按如图 5-19 所示进行输入和选择。

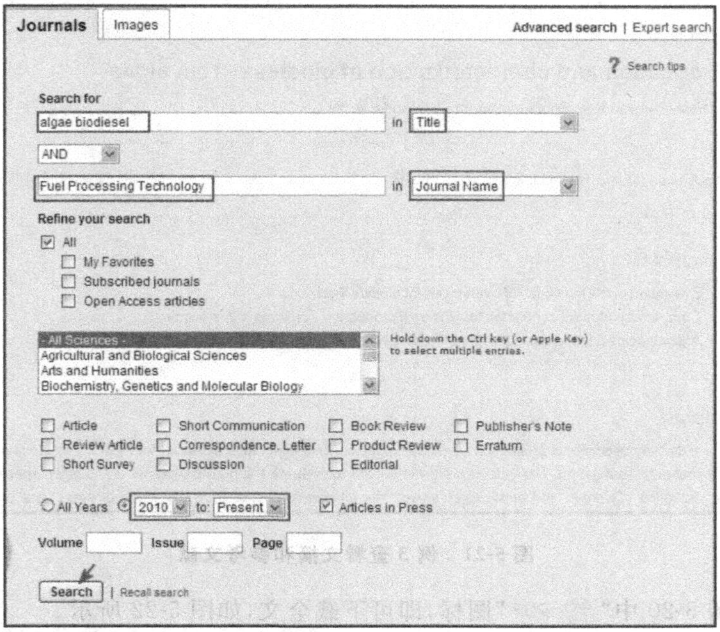

图 5-19 例 3 在高级检索界面进行输入和选择

单击“search”按钮完成检索，如图 5-20 所示。

图 5-20　例 3 检索结果

单击篇名，可以查看文摘和参考文献，如图 5-21 所示。

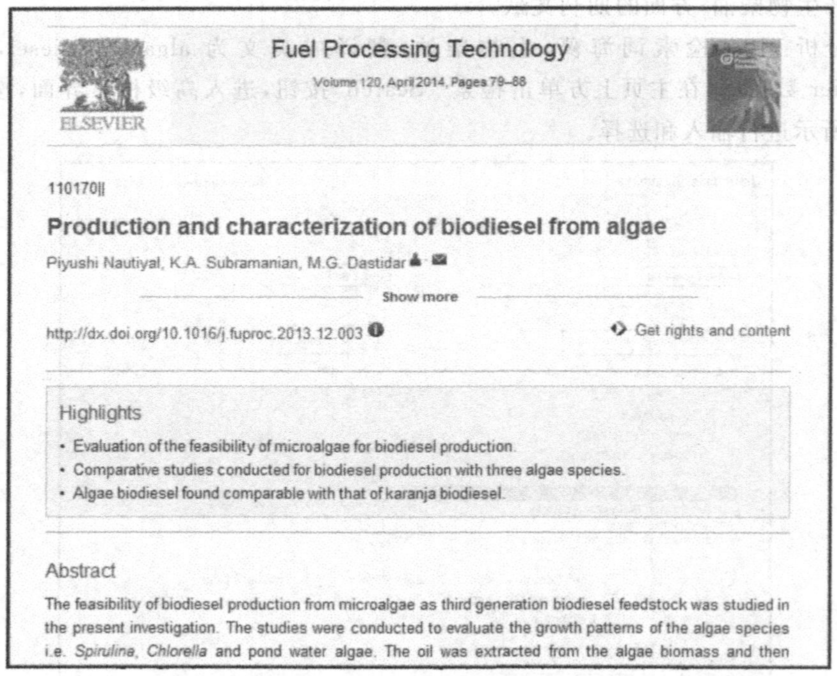

图 5-21　例 3 查看文摘和参考文献

单击图 5-20 中“PDF”图标，即可下载全文，如图 5-22 所示。

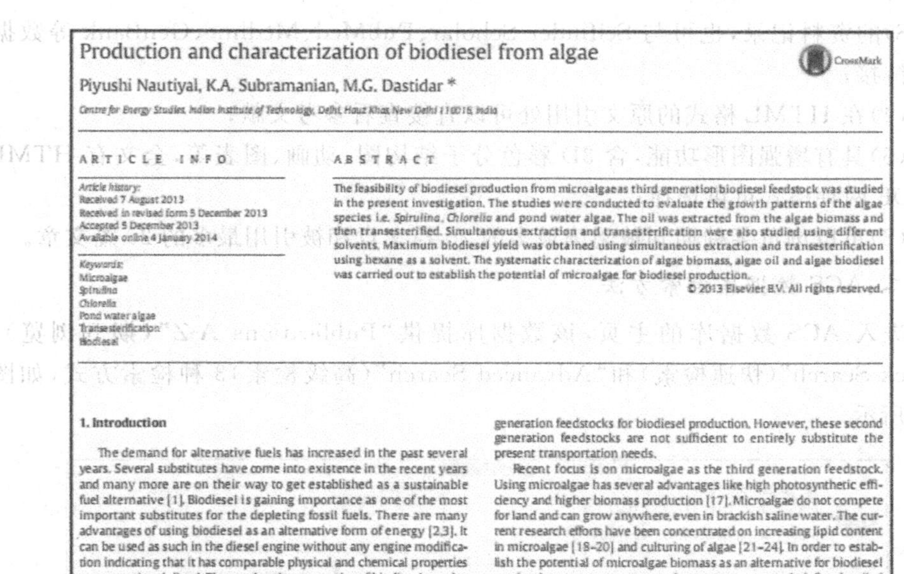

Production and characterization of biodiesel from algae

CrossMark

Piyushi Nautiyal, K.A. Subramanian, M.G. Dastidar *

Centre for Energy Studies, Indian Institute of Technology, Delhi, Hauz Khas, New Delhi 110016, India

ARTICLE INFO

Article history:
Received 7 August 2013
Received in revised form 5 December 2013
Accepted 5 December 2013
Available online 4 January 2014

Keywords:
Microalgae
Spirulina
Chlorella
Pond water algae
Transesterification
Biodiesel

ABSTRACT

The feasibility of biodiesel production from microalgaeas third generation biodiesel feedstock was studied in the present investigation. The studies were conducted to evaluate the growth patterns of the algae species i.e. *Spirulina*, *Chlorella* and pond water algae. The oil was extracted from the algae biomass and then transesterified. Simultaneous extraction and transesterification were also studied using different solvents. Maximum biodiesel yield was obtained using simultaneous extraction and transesterification using hexane as a solvent. The systematic characterization of algae biomass, algae oil and algae biodiesel was carried out to establish the potential of microalgae for biodiesel production.

© 2013 Elsevier B.V. All rights reserved.

1. Introduction

The demand for alternative fuels has increased in the past several years. Several substitutes have come into existence in the recent years and many more are on their way to get established as a sustainable fuel alternative [1]. Biodiesel is gaining importance as one of the most important substitutes for the depleting fossil fuels. There are many advantages of using biodiesel as an alternative form of energy [2,3]. It can be used as such in the diesel engine without any engine modification indicating that it has comparable physical and chemical properties as conventional diesel. The combustion properties of biodiesel are also

generation feedstocks for biodiesel production. However, these second generation feedstocks are not sufficient to entirely substitute the present transportation needs.

Recent focus is on microalgae as the third generation feedstock. Using microalgae has several advantages like high photosynthetic efficiency and higher biomass production [17]. Microalgae do not compete for land and can grow anywhere, even in brackish saline water. The current research efforts have been concentrated on increasing lipid content in microalgae [18–20] and culturing of algae [21–24]. In order to establish the potential of microalgae biomass as an alternative for biodiesel production, more concentrated attempts are needed for detailed

图 5-22 例 3 下载全文

第四节 ACS 数据库

一、ACS 数据库概述

美国化学学会(American Chemical Society,ACS)成立于 1876 年,目前拥有 16 万多名国内外会员已成为世界上最大的科技协会之一。作为享誉全球的科技出版机构,ACS 一直致力于为全球化学研究机构、企业及个人提供高品质、高影响力的文献资讯和服务。

截至 2012 年,ACS 出版 41 种期刊。ACS 的期刊被 ISI 美国科学信息研究所的 Journal Citation Report(JCR)评为"化学领域中被引用次数最多之化学期刊"。每一种期刊都可以回溯检索到期刊的创刊卷,最早的到 1879 年。其内容涵盖生化研究方法、药物化学、有机化学、普通化学、环境科学、材料学等 24 个主要的学科领域。

ACS 数据库主要有以下六个方面的特点:

(1)可在第一时间内查阅到被作者授权发布、未正式出版的最新文章(Articles ASAP);

(2)用户也可定制 E-mail 通知服务,以了解最新的文章收录情况;

(3) ACS 的 Article References 可直接链接到 Chemical Abstracts Services

(CAS)的资料记录,也可与 Scifinder Scholar、PubMed、Medline、GenBank 等数据库相链接;

(4)在 HTML 格式的原文引用处可以直接查看参考文献;

(5)具有增强图形功能,含 3D 彩色分子结构图、动画、图表等,全文有 HTML 和 PDF 两种格式可供选择;

(6)可以浏览某种期刊被阅读最多的 20 篇文章和被引用最多的 20 篇文章。

二、ACS 数据库检索方法

进入 ACS 数据库的主页,该数据库提供"Publications A-Z"(期刊浏览)、"Quick Search"(快速检索)和"Advanced Search"(高级检索)3 种检索方式,如图 5-23 所示。

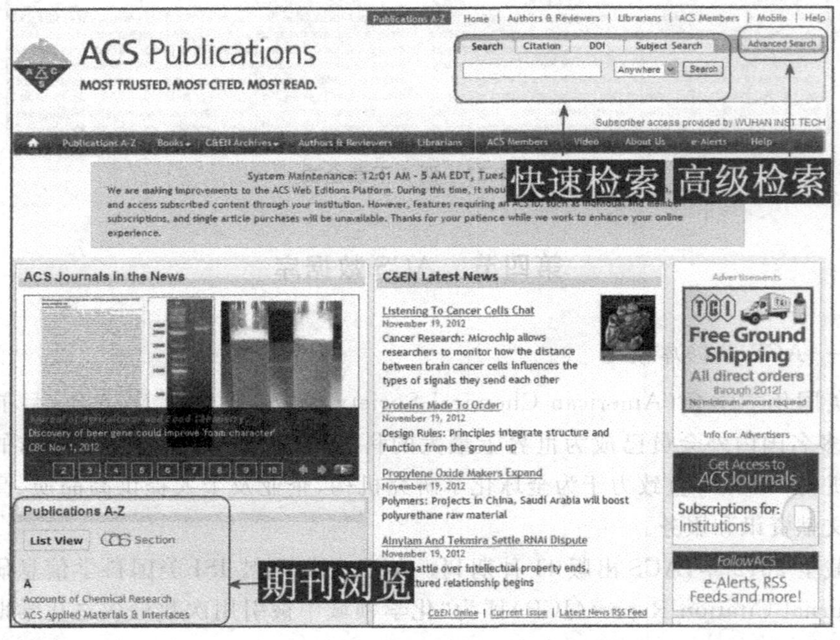

图 5-23 ACS 数据库首页

1."Publications A-Z"(期刊浏览)

在数据库首页上单击导航栏中的"Publications A-Z",或者单击左侧"Publications A-Z"下方你感兴趣的期刊名,即可进入期刊浏览界面,如单击期刊名"Analytical Chemistry",即可进入该期刊的浏览界面,如图 5-24 所示。

ACS 数据库系统提供了以下几个方面的功能。

(1)Articles ASAP:浏览本期刊的 ASAP 文章。ASAP 是指在第一时间内查

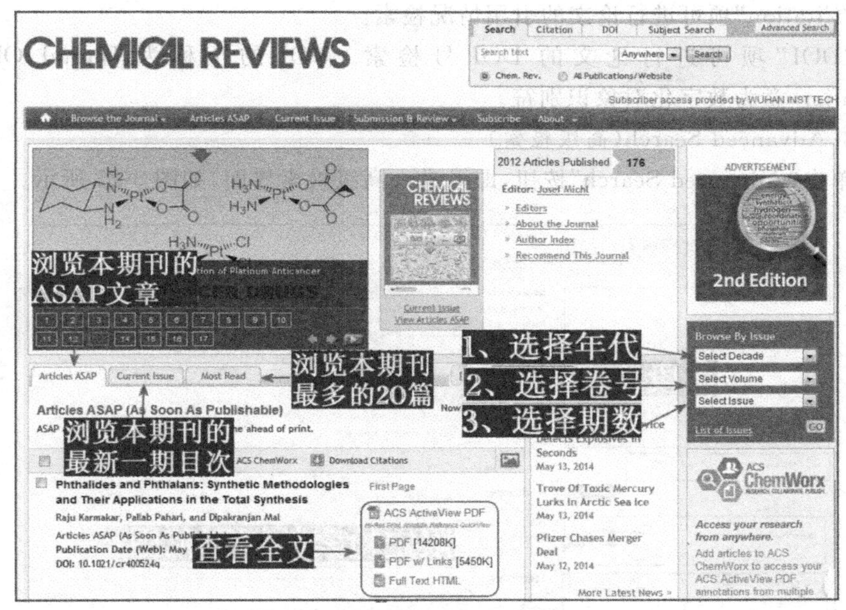

图 5-24 ACS 数据库具体期刊的浏览界面

阅到被作者授权发布、尚未正式出版的最新文章。

(2)Current Issue:浏览本期刊的最新一期目次。

(3)Most Read:浏览本期刊被阅读最多的 20 篇文章。

(4)About the Journal:本期刊简介。

(5)Browse By Issue:本期刊的过刊浏览。用户可以通过“Select Decade”(选择年代)、“Select Volume”(选择卷号)、“Select Issue”(选择期数)限定具体检索期刊的某一篇论文。最后单击“GO”按钮,就可以浏览到你需要的期刊。

ACS 数据库提供了以下三种查看全文的格式。

(1)Full Text HTML:提供在浏览器中直接点击阅读全文,并可在文章引用处直接点击引用标注来浏览参考文献。

(2)Hi-Res PDF:提供高清晰 PDF 文件(用户需安装 Adobe Reader 软件)。

(3)PDF w/Link:提供参考文献的外部链接功能和图表单独浏览功能。

2. Quick Search(快速检索)

在数据库的右上角有一个活动的黄色快速检索区(数据库的每个页面右上角都会出现),快速检索提供了“Search”、“Citation”、“DOI”三种方式来查找文献。

“Search”项可进行 Anywhere(全文)、Title(篇名)、Author(作者)和 Abstracts(摘要)检索。

"Citation"项可进行论文的引用情况检索。

"DOI"项可进行论文的DOI号检索。DOI的全称为Digital Objects Identifier,意为数字化对象识别符。

3. Advanced Search(高级检索)

单击"Advanced Search"按钮,即可进入高级检索界面,如图5-25所示。

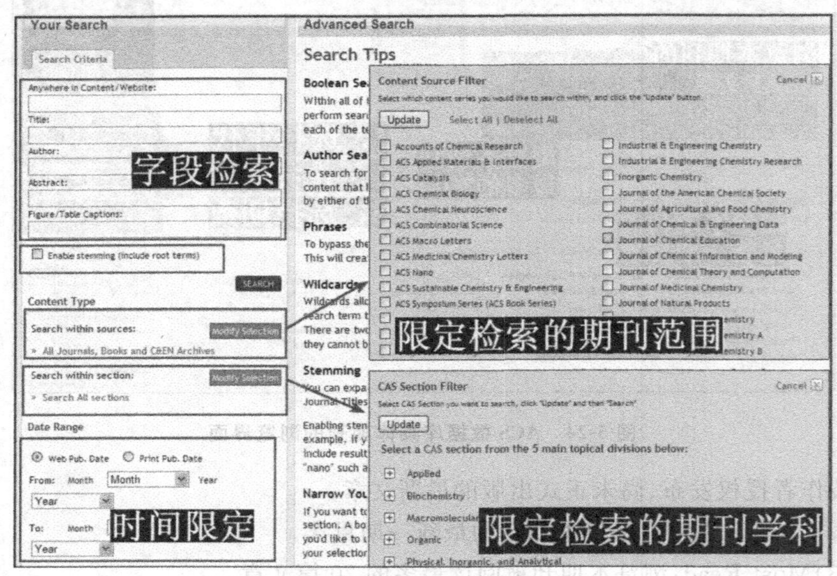

图 5-25　ACS数据库高级检索界面

高级检索界面的右边是检索指南(Search Tips),左边是字段检索。Advanced Search界面提供了Search Criteria(字段选择)、Enable Stemming(include root terms)(词干和词根选择)、Date Range(时间限定)等特色检索功能。其中字段检索提供了全文、标题、作者、摘要和图表说明的检索框,可输入单词、词组或使用检索运算符构建的检索提问式,检索框之间默认为AND的布尔逻辑组配。系统默认支持词干和词根检索,勾选此项为取消词干和词根检索功能。系统还提供了自动完成词尾时态及单复数检索、逻辑运算符等功能。

另外,ACS数据库还提供了以下个性化服务。

(1)E-mail Alerts(电子邮件提醒服务):通过电子邮件接收到期刊的新期目录信息、最新在线出版的ASAP文章信息,以及特定文章被引用的信息(需要用户注册后才可以使用)。

(2)Saved Searches(保存检索式):在检索结果页面中可将本次使用的检索式保存下来以便重新使用。

(3)Favorite Articles(收藏我喜爱的文章):可在文摘页或 HTML 全文页中将文章添加到收藏夹。

(4)Recommended Articles(文章推荐服务):系统会根据用户的阅读历史自动推荐相关文章。

(5)Edit Profile:更改用户的账户注册信息。

(6)RSS(新闻组订阅):通过用户的 RSS 阅读器随时跟踪期刊最新出版动态。

三、数据库检索示例

【例 4】　检索 2010—2014 年在期刊"Journal of the American Chemical Society"上发表的有关石墨烯方面的文献。

检索步骤如下。

(1)关键词的翻译,石墨烯:graphene。

(2)打开 ACS 数据库的"Advanced Search"高级检索界面,在"Title"输入框中输入 graphene,在"Search within sources"项单击"Modify Selection",并勾选"Journal of the American Chemical Society"期刊,如图 5-26 所示。

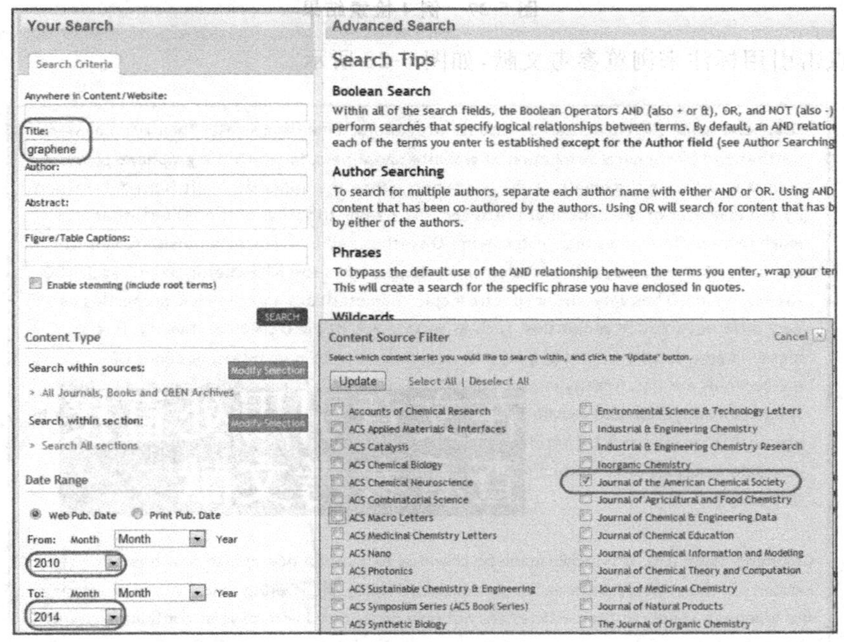

图 5-26　例 4 Advanced Search 界面的输入方法

(3)单击"SEARCH"按钮就可以检索到相关的文献了,如图 5-27 所示。

(4)单击"Full Text HTML",可以阅读 HTML 格式全文,并可在文章引用处

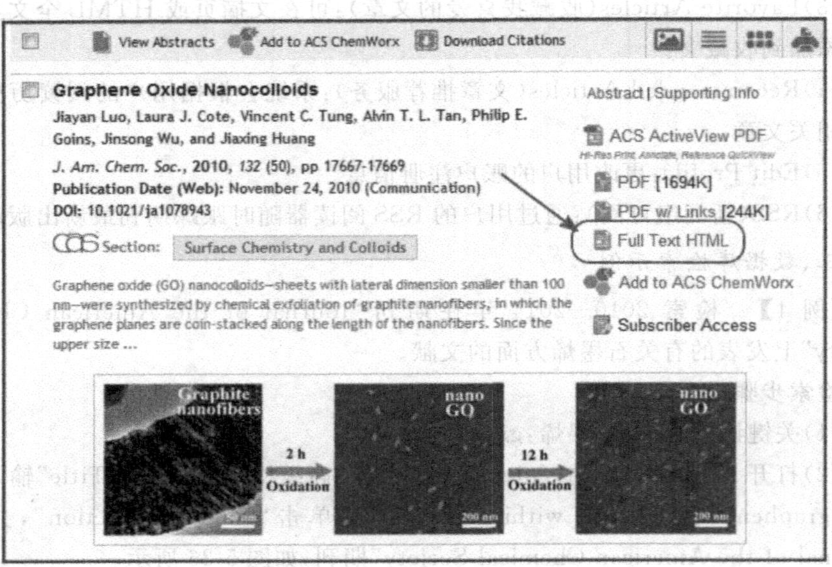

图 5-27　例 4 检索结果

直接点击引用标注来浏览参考文献，如图 5-28 所示。

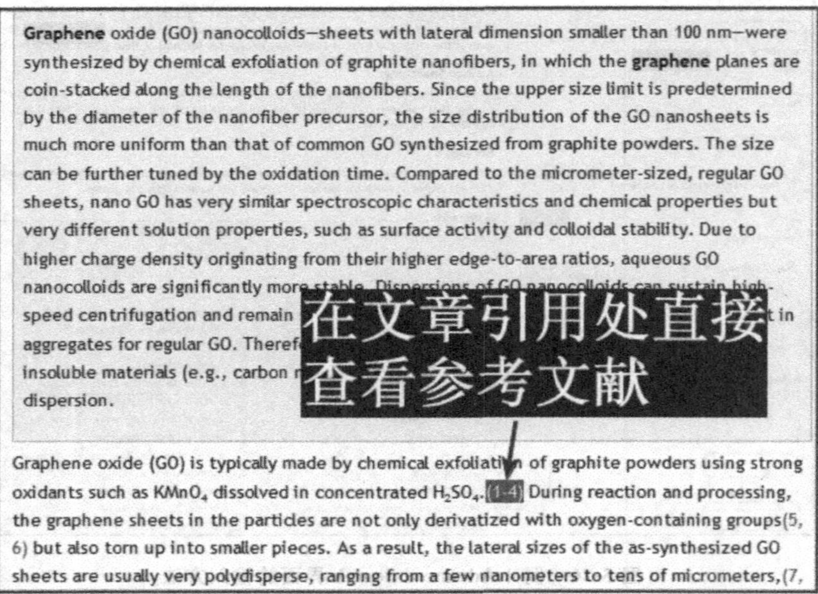

Graphene oxide (GO) nanocolloids—sheets with lateral dimension smaller than 100 nm—were synthesized by chemical exfoliation of graphite nanofibers, in which the **graphene** planes are coin-stacked along the length of the nanofibers. Since the upper size limit is predetermined by the diameter of the nanofiber precursor, the size distribution of the GO nanosheets is much more uniform than that of common GO synthesized from graphite powders. The size can be further tuned by the oxidation time. Compared to the micrometer-sized, regular GO sheets, nano GO has very similar spectroscopic characteristics and chemical properties but very different solution properties, such as surface activity and colloidal stability. Due to higher charge density originating from their higher edge-to-area ratios, aqueous GO nanocolloids are significantly more stable. Dispersions of GO nanocolloids can sustain high-speed centrifugation and remain ... t in aggregates for regular GO. Theref... insoluble materials (e.g., carbon ... dispersion.

Graphene oxide (GO) is typically made by chemical exfoliati... of graphite powders using strong oxidants such as $KMnO_4$ dissolved in concentrated H_2SO_4.(1-4) During reaction and processing, the graphene sheets in the particles are not only derivatized with oxygen-containing groups(5, 6) but also torn up into smaller pieces. As a result, the lateral sizes of the as-synthesized GO sheets are usually very polydisperse, ranging from a few nanometers to tens of micrometers,(7,

图 5-28　例 4 查看全文

第六章　特种文献检索

特种文献是指出版发行和获取途径都比较特殊的科技文献，通常指有特定内容、特定用途、特定读者范围，指定出版发行方式的文献。特种文献一般包括专利文献、标准文献、会议文献、学位论文、科技报告、科技档案、政府出版物、产品资料等。特种文献通常介于图书与期刊之间，似书非书，似刊非刊，其内容广泛新颖，类型复杂多样，涉及科学技术、生产生活的各个领域，出版发行无统一规律，但具有重要的科技价值，是非常重要的信息源。

第一节　专利文献检索

一、专利文献概述

1. 专利的基本概念

专利(patent)一词来源于拉丁语 Litterae patentes，意为公开的信件或公共文献，是中世纪的君主用来颁布某种特权的证明。对专利这一概念，目前尚无统一的定义，其中较为人们接受并被我国专利教科书所普遍采用的一种说法是：专利是专利权的简称，它是由专利机构依据发明申请所颁发的一种文件。这种文件叙述发明的内容，并且产生一种法律状态，即该获得专利的发明在一般情况下只有得到专利所有人的许可才能利用(包括制造、使用、销售、许诺销售和进口等)。

专利的核心部分是专利权，专利权是一种无形财产的知识产权，具有专有性、时间性和地域性三个方面的特点。

1)专有性

专有性也称独占性或排他性。专利权人对其拥有的专利权享有独占或排他的权利，未经其许可或者出现法律规定的特殊情况，任何人不得制造、使用、销售、许诺销售和进口等，否则即构成侵权。这是专利权(知识产权)最重要的法律特点之一。

2)时间性

时间性指专利权人对其发明创造所拥有的专有权只在法律规定的时间内有效，期限届满后，专利权人对其发明创造就不再享有制造、使用、销售和进口的专有权。这样，原来受法律保护的发明创造就成了社会的公共财富，任何单位或个人都可以无偿地使用。专利权的期限是由各国专利法规定的。

我国专利法规定，发明专利的保护期限自申请日起为 20 年，实用新型和外观设计专利的保护期限自申请日起为10年。

3)地域性

地域性是指一个国家依照本国专利法授予的专利权,仅在该国法律管辖的范围内有效,对其他国家没有任何法律约束力,外国对其专利权不承担保护的义务。每个国家所授予的专利权,其效力是互相独立的。

搞清楚专利权的地域性特点是很有意义的,如我国的单位或个人研制出具有国际市场前景的发明创造,就不仅是及时申请国内专利的事情,而且还应不失时机地在拥有良好的市场前景的其他国家和地区申请专利,否则国外的市场就得不到保护。

2. 授予专利权的条件

一项发明被授予专利权的条件是具备新颖性、创造性和实用性。

1)新颖性

新颖性是指在申请日以前没有同样的发明创造在国内外出版物上公开发表过、在国内公开使用过或者以其他方式为公众所知,也没有同样的发明创造由他人向国家知识产权局提出过专利申请,并记载在申请日以后公布的专利申请文件中。

判断发明或实用新型是否具有新颖性完全依赖于现有技术这一客观标准。现有技术是指在某一时间以前,在特定的地域或情报范围内已公开的技术的总和。如果一项发明或实用新型不是现有技术的组成部分,则它是新颖的。

2)创造性

创造性是指同申请日以前已有技术相比,该发明有突出的实质性特点和显著的进步,该实用新型有实质性特点和进步。

新颖性主要侧重判断某一技术是否是前所未有的,而创造性侧重判断的是技术水平的问题,要求与现有技术的差异在总体技术上要达到一定的高度和水平,即是否有突出的实质性特点和显著的进步。

3)实用性

实用性是指该发明或者实用新型能够制造或者使用,并且能够产生积极效果。实用性要求发明或实用新型必须具有在工业上多次再现的可能性,否则就不可能在工业上得到广泛的应用,如牙雕技艺就属于这一范畴。

专利法规定的不授予专利权的内容或技术领域:①科学发现;②智力活动的规则和方法;③疾病的诊断和治疗方法;④动物和植物品种;⑤用原子核变换方法获得的物质。

3. IPC 分类法

随着专利制度的国际化,逐步产生了国际上通用的专利分类法。目前,许多国家普遍采用的分类表是《国际专利分类表》(International Patent Classification,

IPC)。虽然英、美等少数国家仍在采用自己的专利分类表,但在其专利文献及相应的检索工具的著录中都同时注有国际专利分类号。

《国际专利分类表》于1968年正式出版并使用,每五年修订一次,以适应新技术发展的需要,目前已普及至50多个国家和专利组织。在使用《国际专利分类表》时,要用与所查专利年代相应的分类表版本。如检索1993年的专利文献要使用第五版分类表。《国际专利分类表》被简写成“Int. cl”,并且将它加在所有的根据分类表分类的专利文献的分类号前面。IPC采用功能(发明的基本作用)和应用(发明的用途)相结合,以功能为主的分类原则。IPC具体的分类内容可从中华人民共和国国家知识产权局(以下简称“国家知识产权局”)网址(http://www.sipo.gov.cn/wxfw/bzyfl)上查询。

IPC采用等级形式,将技术内容按部(section)、分部(subsection)、大类(class)、小类(subclass)、主组(main group)、分组(subgroup)逐级分类,形成完整的分类体系。IPC将全部科学技术领域分成八个部,分别用A~H中的一个大写英文字母表示。

A部:人类生活必需。

B部:作业、运输。

C部:化学、冶金。

D部:纺织、造纸。

E部:固定建筑物。

F部:机械工程、照明、加热、武器、爆破。

G部:物理。

H部:电学。

部的下面设分部,分部只有标题,没有类号。如B部下设有分离、混合、成型、印刷、交通运输五个分部。

大类是部之下的细分类目,每一个大类的类号由部的类号及在其后加上的两位阿拉伯数字组成,如B02、D03等。大类下设小类,每一个小类类号由大类类号加一个英文字母组成,但A、E、I、O、U、X六个字母不用。

小类是大类之下的细分类目,每一个小类细分成许多组,包括主组和分组。主组类号由小类号加上1~3位数字,后再加/00来表示,如F01N3/00。分组类号由主组类号加上一个除00以外的至少有两位的数组成,即用斜线后面的2~5位数字表示。分组是主组的展开类目。但斜线后的数字在分类表中不表示任何进一步细分类的等级关系。

国际专利分类号由五级号组成,五级以下的各级分组,类号按顺序制编号,其类目的级别用类名前的圆点“·”表示。下面是一个完整的IPC分类号:F 04 D 29

/30。

国家知识产权局(http://www.sipo.gov.cn)提供了《国际专利分类表》最新版的免费查询和下载(服务→文献服务→知识园地→标准与分类→IPC)。

4.《巴黎公约》原则

《保护工业产权巴黎公约》(简称《巴黎公约》)是国际工业产权领域的第一个公约,于1883年在巴黎签订。《巴黎公约》规定的工业产权保护范围包括发明专利权、实用新型、工业品外观设计、商标权、服务标记、厂商名称、产地标记或原产地名称以及制止不正当竞争等。《巴黎公约》的基本目的是保证一成员国的工业产权在所有其他成员国都得到保护。

《巴黎公约》规定了一些实质性条款和互惠原则,包括国民待遇原则、优先权原则、独立性原则等。

(1)国民待遇原则。国民待遇原则包括:①各成员国必须在法律上给予其他成员国国民以本国国民所享有的同等待遇;②非成员国国民只要某一成员国内有住所或营业所,也应给予相同于本国国民的待遇。

(2)优先权原则。如果某个可享有国民待遇的人以一项发明首先在任何一个成员国中提出了专利申请,或以一项商标提出了注册申请,自该申请提出之日起的一定时间内,如果他在别的成员国也提出了同样的申请,这些成员国都必须承认该申请在第一个国家递交的日期为在本国的申请日。

(3)独立性原则。不同缔约国对同一发明创造批准给予的专利权或商标权是彼此独立的。也就是说,一个国家对一项发明或商标给予了专利权或商标权,并不意味着其他国家也一定必须给予这项权利,各国可以依据自己的国情独立地作出判断。

《巴黎公约》还规定了某些使用资料的例外情况,不属于专利权的侵犯。如某缔约国的交通或运输工具的部件上使用了另一缔约国境内的一项专利,但只要是临时进入该国领土、领空或领水的,就不能视为对专利的侵权。

5.几个相关概念

1)职务发明。《中华人民共和国专利法》(以下简称《专利法》)规定,执行本单位的任务或者主要是利用本单位的物质技术条件所完成的发明创造为职务发明创造。职务发明创造申请专利的权利属于该单位;申请被批准后,该单位为专利权人。

执行本单位的任务所完成的职务发明创造,是指:在本职工作中作出的发明创造;履行本单位交付的本职工作之外的任务所作出的发明创造;退职、退休或者调动工作后1年内作出的,与其在原单位承担的本职工作或者原单位分配的任务有关的发明创造。

利用本单位的物质技术条件所完成的发明创造,单位与发明人或者设计人订有合同,对申请专利的权利和专利权的归属作出约定的,从其约定。

2)同族专利

由于专利保护的地域性,形成了一组由不同国家出版的内容相同或基本相同的专利文献。人们把在不同国家或国际专利组织多次申请、多次公布或批准的内容相同或基本相同的一组专利文献,称为专利族(patent family)。同一专利族中的每件专利文献被称作专利族成员(patent family members),同一专利族中每件专利互为同族专利。同族专利之间靠"优先权"这一媒介联系。

通过欧洲专利局网站的专利号检索,可以免费查找同族专利。通过专利号检索后,在该专利详细信息页面,点击"View INPADOC patent family",就会列出全部的同族专利。

3)优先权

按照《保护工业产权巴黎公约》,所谓优先权,是巴黎联盟各成员国给予本联盟任一国家的专利申请人的一种优惠权,即联盟内某国的专利申请人已在某成员国第一次正式就一项发明创造申请专利,当申请人就该发明创造在规定的时间内向本联盟其他国家申请专利时,申请人有权享有第一次申请的申请日期。发明和实用新型的优先权期限为 12 个月,外观设计的优先权期限为 6 个月。

4)专利合作条约

简单地讲,《专利合作条约》(patent Cooperation treaty,简称 PCT)是以一种语言在一个专利局提出专利申请,在 PCT 其他成员国的专利局同样有效。其作用是,简化了同一专利在不同国家分别审查的烦琐。

PCT 条约签订于 1970 年,并于 1978 年生效。我国于 1994 年 1 月 1 日加入 PCT,成为 PCT 的正式成员国。同时中国专利局也成为 PCT 国际受理局、国际检察局和国际初审局。

二、中国专利文献检索

1. 中国专利文献概述

1984 年 3 月 12 日,第六届全国人大常委会第四次会议通过了《中华人民共和国专利法》。并于 1985 年 4 月 1 日起开始实施。我国将发明、实用新型、外观设计的保护规定在一部法律中,都称为专利,是我国《专利法》立法体制特色之一。

我国《专利法》制定后经历了几次修改。1992 年 9 月,为更好地履行我国政府在中美两国达成的知识产权谅解备忘录中的承诺,我国对《专利法》进行了第一次修改。2000 年 8 月,为了顺应我国加入世界贸易组织的需要,对《专利法》进行了第二次修改。

2005 年 4 月,国家知识产权局启动了《专利法》第三次修改工作的准备工作。

2008 年 1 月,《专利法》第三次修改被列入国务院 2008 年立法工作计划。2008 年 12 月 27 日,我国《专利法》进行了第三次修订。修订后的《专利法》于 2009 年 10 月 1 日起施行。与前面两次修订相比,这次《专利法》修订,主要是国家自身发展需要的体现,而这突出地表现为提升《专利法》在促进我国自主创新、建设创新型国家方面的重要作用。

中国专利文献主要是指各种专利申请文件、专利说明书、专利公报、专利分类表、专利索引和专利文摘等,专利说明书主要有发明专利申请公开说明书、发明专利说明书、实用新型专利说明书、外观设计专利说明书等。

2. 中国专利的类型

从被保护的发明创造的实质内容来看,专利的种类包括发明专利、实用新型专利和外观设计专利三种。

(1)发明专利。发明专利是指对产品、方法或其改进所提出的新技术方案,是较高水平的新技术发明。发明专利权期限为 20 年,自申请日起计算。

(2)实用新型专利。实用新型专利是指对产品的形状、构造或结合提出的实用新技术方案,也称为小发明。实用新型专利权期限为 10 年,自申请日起计算。

(3)外观设计专利。外观设计专利是指对产品的形状、图案、色彩或结合作出的富于美感并适于工业上应用的新设计方案。外观设计专利权期限为 10 年,自申请日起计算。

3. 中国专利文献编号体系

专利文献编号是专利局为每件专利申请案或资料编制的各种序号的总称。检索中国专利资料,就需要了解中国专利的编号体系,中国专利文献编号体系包括以下六种。

(1)申请号——在提交专利申请时给予的编号。

(2)专利号——在授予专利权时给予该专利的编号。

(3)公开号——对发明专利申请公开说明书的编号。

(4)审定号——对发明专利申请审定说明书的编号。

(5)公告号——对实用新型专利申请说明书、公告的外观设计专利申请说明书的编号。

(6)授权公告号——对发明、实用新型专利说明书或公告的外观设计专利的编号。

中国专利文献的编号体系分为四个阶段:1985—1988 年为第一阶段;1989—1992 年为第二阶段;1993—2004 年 6 月 30 日为第三阶段;2004 年 7 月 1 日以后为第四阶段。为了满足专利申请量急剧增长的需要和适应专利申请号升位的变化,国家知识产权局制定了新的专利文献号标准,并且从 2004 年 7 月 1 日起启用新标准的专利文献编号。对此阶段的编号说明如下。

三种专利的申请号由12位数字和1个圆点(.)以及1个校验位组成。其前四位表示申请年份;第五位数字表示要求保护的专利申请类型:1—发明专利,2—实用新型专利,3—外观设计专利,8—指定中国的发明专利的PCT国际申请,9——指定中国的实用新型专利的PCT国际申请;第六位至第十二位数字(共7位数字)表示当年申请的流水号,每一自然年度的专利申请号中的申请流水号重新编排,即从每年1月1日起,新发放的专利申请号中的申请流水号不延续上一年度所使用的申请流水号,而是从0000001重新开始编排。然后用一个圆点(.)分隔专利申请号和校验位。最后一位是校验位。

自2004年7月1日开始出版的所有专利说明书文献编号均由表示中国国别代码的字母串CN和9位数字以及1个字母或1个字母加1个数字组成。其中,字母串CN以后的第一位数字表示要求保护的专利申请类型:1—发明专利,2—实用新型专利,3—外观设计专利,在此应该指出的是"指定中国的发明专利的PCT国际申请"和"指定中国的实用新型专利的PCT国际申请"的文献号不再另行编排,而是分别归入发明或实用新型一起编排;第二位至第九位数字为流水号,三种专利按各自的流水号序列顺排,逐年累计;最后一个字母表示专利的法律状态。

第四阶段的具体编号如表6-1所示。

表6-1　2004年7月1日以后(第四阶段)的编号体系

专利申请类型	申请号	公开号	授权公告号	专利号
发明	200410102344.5	CN100378905A	CN100378905B	ZL200410102344.5
指定中国的发明专利的国际申请	200480100001.3	CN100378906A	CN100378906B	ZL200480100001.3
实用新型	200420100001.1		CN200364512U	ZL200420100001.1
指定中国的实用新型专利的国际申请	200490100001.9		CN200364513U	ZL200490100001.9
外观设计	200430100001.6		CN300123456S	ZL200430100001.6

4.中国专利检索网站

国家知识产权局网站(http://www.sipo.gov.cn)收录了1985年以来所有的发明专利、实用新型专利和外观设计专利,并提供检索,可免费下载100页以内的专利说明书,为国内最权威的中国专利检索系统之一。

国家知识产权局网站提供了申请(专利)号、摘要、公开(公告)日、分类号、申请

(专利权)人、地址、颁证日、代理人、名称、申请日、公开(公告)号、主分类号、发明(设计)人、国际公布、专利代理机构、优先权等16个检索入口,如图6-1所示。

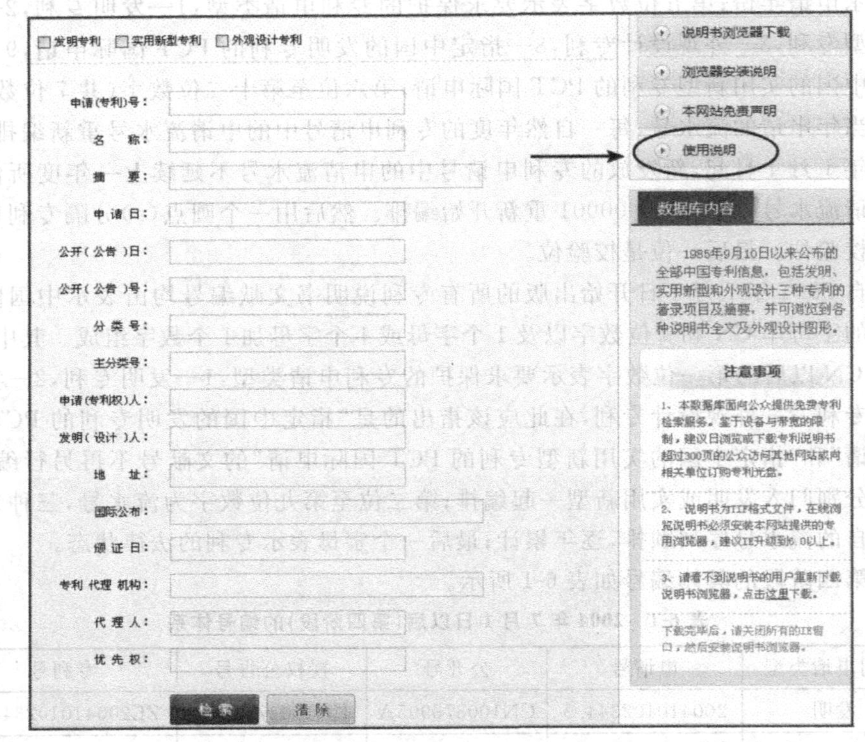

图6-1　国家知识产权局网站

中国知识产权网(http://www.cnipr.com)是由国家知识产权局知识产权出版社在政府支持下,于1999年6月10日创建的知识产权类专业性网站,集资讯、专利信息产品与服务于一体,重点为国内外政府机构、企业、科研机构等提供专业、全面的服务的平台,专利检索界面其如图6-2所示。

中国专利信息网(http://www.patent.com.cn)是国家知识产权局专利检索咨询中心用于提供专利信息的综合性网络平台,该网站于1997年10月建立,是国内较早提供专利信息服务的网站。网站具有中国专利文摘检索、中国专利英文文摘检索,以及中文专利全文下载功能,并采用会员制管理方式向社会公众提供网上检索、网上咨询、邮件管理等服务。中国专利信息网专利检索界面如图6-3所示。

三、美国专利文献检索

美国专利商标局(http://www.uspto.gov/patft)是美国政府参与的一个非商业性联邦机构,已有200多年历史,主要服务内容是办理专利和商标,传递专利和

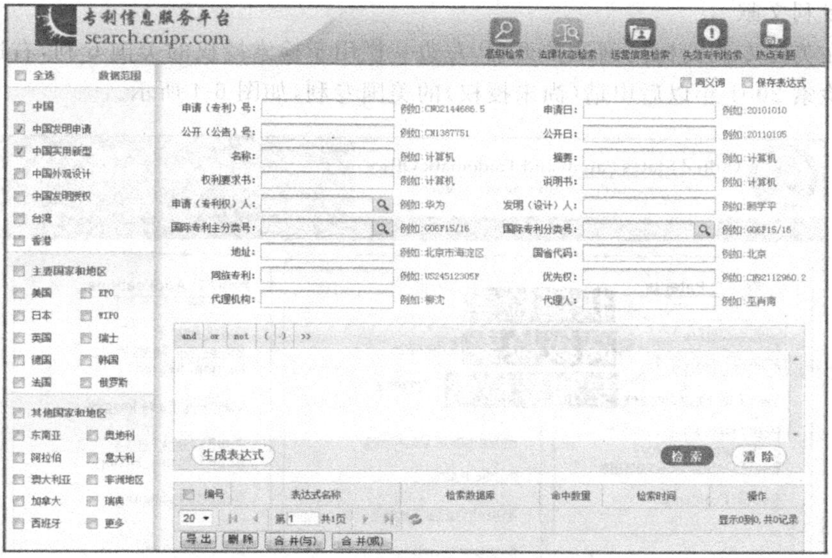

图 6-2　中国知识产权网专利检索界面

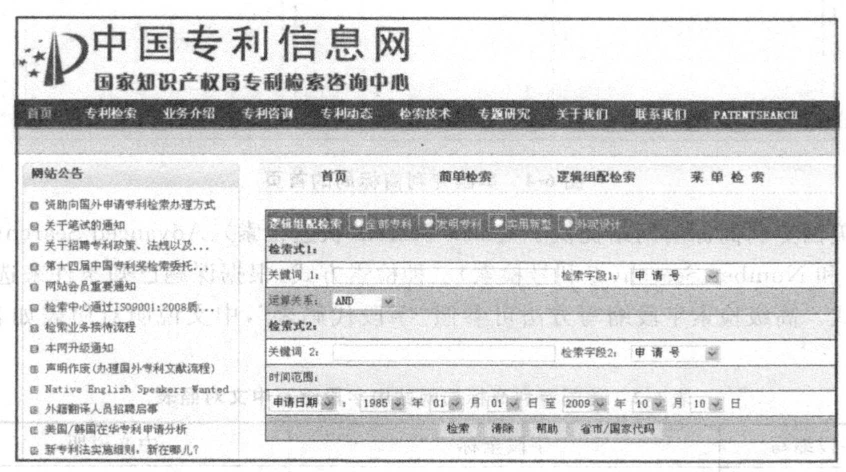

图 6-3　中国专利信息网专利检索界面

商标信息。

在美国专利商标局网站上，可以免费检索美国 1790 年以来出版的所有授权的美国专利说明书(patent grants)扫描图形，其中：1976 年以后的说明书实现了全文代码化；2001 年 3 月 15 日以后所有公开(未授权)的美国专利申请说明书(patent applications)扫描图形都可检索到。数据库数据每周公开日(周二)更新，以补充最新的专利文献。

在美国专利商标局网站首页中，左边一栏用于检索授权的美国专利，右边一栏用于检索2001年以后申请(尚未授权)的美国专利，如图6-4所示。

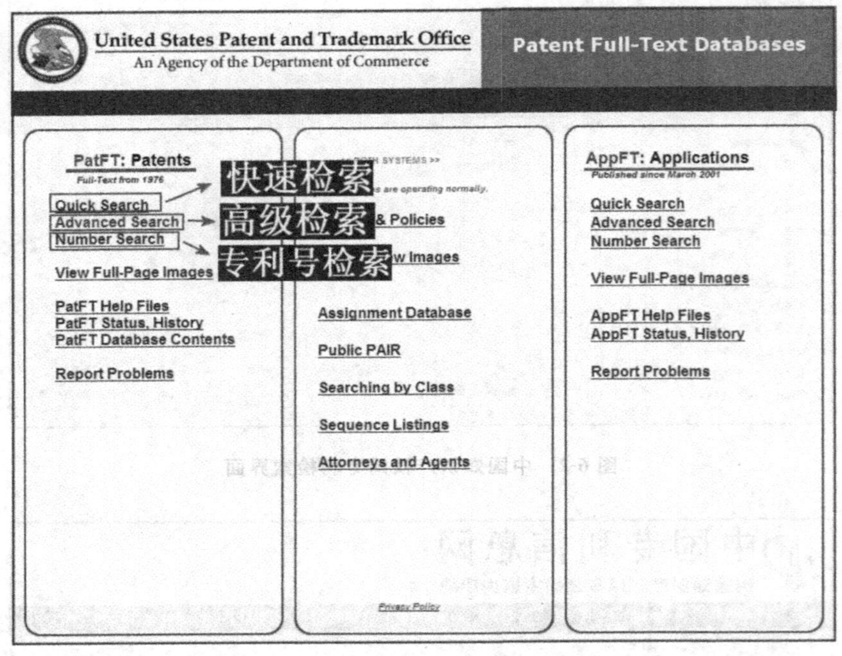

图6-4　美国专利商标局的首页

美国专利商标局网站提供了Quick Search(快速检索)、Advanced Search(高级检索)和Number Search(专利号检索)三种检索方式，根据课题已知条件来选择检索方式。高级检索字段缩写方法可参照“字段代码表”，中文说明对照表如表6-2所示。

表6-2　美国专利商标局网站中字段缩写中文对照表

字段缩写	字段全称	中文说明
PN	Patent Number	专利号
ISD	Issue Date	公布日期
TTL	Title	发明名称
ABST	Abstract	摘要
ACLM	Claim(s)	权利要求
SPEC	Description/Specification	说明书

续表

字段缩写	字段全称	中文说明
CCL	Current US Classification	现行美国分类号
ICL	International Classification	国际专利分类号
APN	ApplicationSerial Number	申请号
APD	Application Date	申请日期
PARN	Parent Case Information	母案申请信息
RLAP	Related US App. Data	相关美国专利申请
REIS	Reissue Data	再公告数据库
PRIR	Foreign Priority	国外优先权
PCT	PCT Information	PCT 信息
APT	Application Type	申请类型
IN	Inventor Name	发明人姓名
IC	Inventor City	发明人所在城市
IS	Inventor State	发明人所在州
ICN	Inventor Country	发明人所在国家
LREP	Attorney or Agent	代理人或代理机构
AN	Assignee Name	申请人姓名
AC	Assignee City	申请人所在城市
AS	Assignee State	申请人所在州
ACN	Assignee Country	申请人所在国家
EXP	Primary Examiner	主要审查员
EXA	Assistant Examiner	助理审查员
REF	Referenced By	参考文献
FREF	Foreign References	国外参考文献
OREF	Other References	其他参考文献
GOVT	Government Interest	政府资助产生的专利

单击题录页面的“Images”按钮，可进入专利说明书页面。为了获取图像扫描形式的专利说明书，首先需要在本地计算机上安装一个软件——interneTIFF（下载地址：http://www.internetiff.com）。

四、欧洲专利文献检索

欧洲专利局（http://worldwide.espacenet.com）（European Patent Office,

EPO)于 1973 年在德国慕尼黑成立,其主要职能是统一协调欧洲各国的专利法,建立一个从申请到授权一体化的专利制度,更好地开发和利用专利信息资源。截至目前,欧洲专利组织成员国已达 30 多个。

为了向全人类推广欧洲专利信息,拓宽传播渠道,满足用户需求,欧洲专利局及其成员国携手共建了一个名为 esp@cenet 的网站,开辟了世界利用欧洲专利信息的新时代。

欧洲专利局网站主页左半部分提供了四种检索方式:Quick search(快速检索)、Advanced search(高级检索)、Number search(专利号检索)和 Classification search(分类检索),如图 6-5 所示。

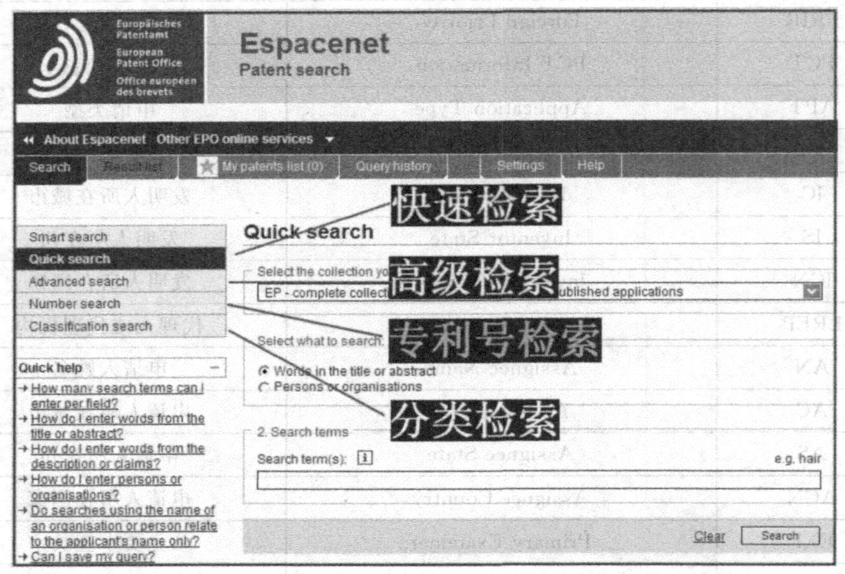

图 6-5　欧洲专利局首页

在"Advanced search"检索中,网站提供了 10 种检索字段:Keyword(s)in title(发明名称中的关键词)、Keyword(s)in title or abstract(发明名称或摘要中的关键词)、Publication number(公开号)、Application number(申请号)、Priority number(优先权号)、Publication date(公开日)、Applicant(s)(申请人)、Inventor(s)(发明人)、European Classification(ECLA)(欧共体专利分类号 ECLA)、International Patent Classification(IPC)(国际专利分类号 IPC 分类号)。

通过欧洲专利局网站的专利号检索,可以免费查找同族专利。通过专利号检索后,在该专利详细信息页面,单击"View INPADOC patent family",就会列出全部的同族专利。

五、日本专利文献检索

日本专利特许厅网站(http://www.jpo.go.jp)已将自 1885 年以来公布的所有日本专利、实用新型和外观设计电子文献及检索系统,通过其网站上的工业产权数字图书馆(IPDL)在因特网上免费提供给全世界的用户,并被设计成英文和日文两种版本。如图 6-6 所示,在日本专利特许厅网站首页单击"Industrial Property Digital Library(IPDL)"或输入网址 http://www.ipdl.inpit.go.jp/homepg_e.ipdl,即可进入工业产权数字图书馆英文版界面,进行日本专利检索。

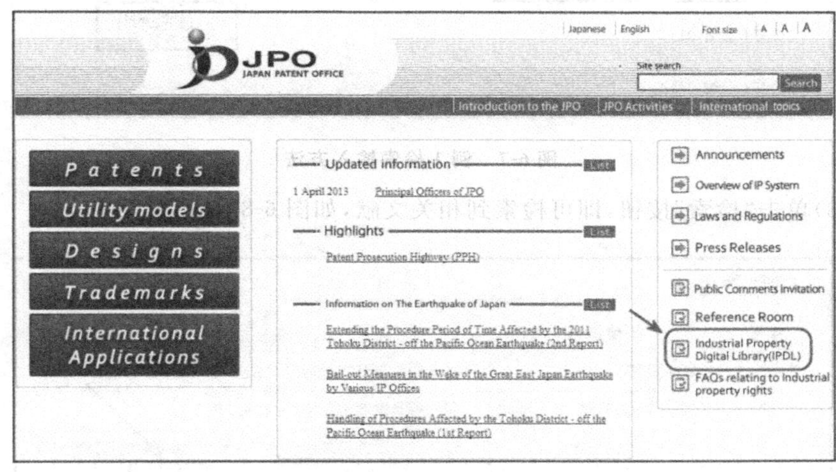

图 6-6 日本专利特许厅网站

六、专利检索实例

【例 1】 查找 2010—2013 年在中国申请有关"微藻生产生物柴油方法"方面的专利。

检索步骤如下。

(1)打开国家知识产权局网站专利检索与查询界面。网址 http://www.sipo.gov.cn/zljsfl/。

(2)分析课题。从课题中找出关键词:微藻、生物柴油;然后在相应的输入框中(名称)输入关键词,检索时只输入关键词,多个关键词之间用逻辑运算符相连,并且运算符前后各空一格,在申请日输入框中输入时间,如图 6-7 所示。如果不清楚输入格式,可以单击右边"使用说明"。

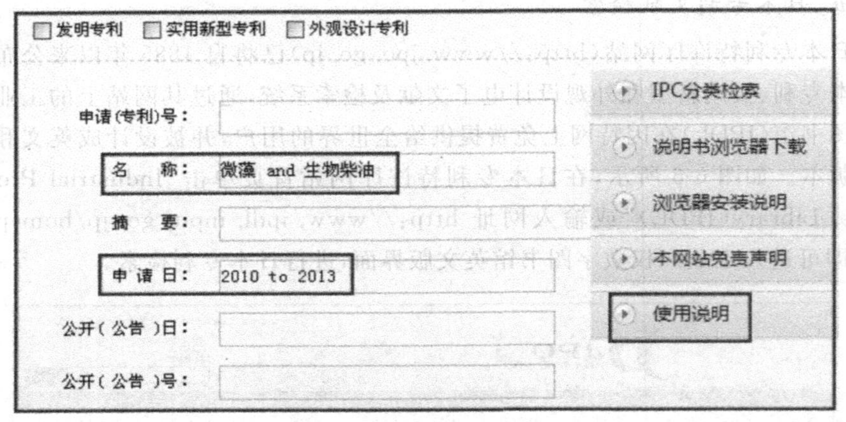

图 6-7 例 1 检索输入方法

(3)单击“检索”按钮，即可检索到相关文献，如图 6-8 所示。

▪ 发明专利 (8)条

序号	申请号	专利名称
1	201010557451.7	基于原位酯交换反应的微藻生物柴油生产方法
2	201110069780.1	酶法制备微藻油脂生物柴油的方法
3	201110119480.X	培养淡水微藻及其用于生产生物柴油以及神经酸的应用
4	201110176911.6	一种利用微藻油直接生产生物柴油的方法
5	201110387297.8	微藻生物柴油提纯用高选择吸收性分子筛基复合材料
6	201110123002.6	一种采用微藻油脂制备生物柴油达到高产率的方法
7	201210263636.6	一种用于制备生物柴油的微藻油预处理方法
8	201310191293.1	一种高酸值微藻的两步催化转化制备生物柴油的方法

图 6-8 例 1 检索结果

(4)单击“专利名称”，就可以得到专利摘要的详细内容，再单击“申请公开说明书”，按提示下载说明书浏览器后就可以查看说明书的全文，如图 6-9 所示。

【例 2】 检索单步法煤流化工艺研究的专利文献。

检索步骤如下。

(1)先进行翻译。单步法：single-step；煤流化：coal liquefaction。

(2)打开美国专利商标局网站“http://patft. uspto. gov/”，单击“Quick search”进入快速检索界面，在“Term 1”框中输入“coal liquefaction”，在“Term 2”框中输入“single-step”，都选择“Title”字段，逻辑运算符选择“AND”，如图 6-10

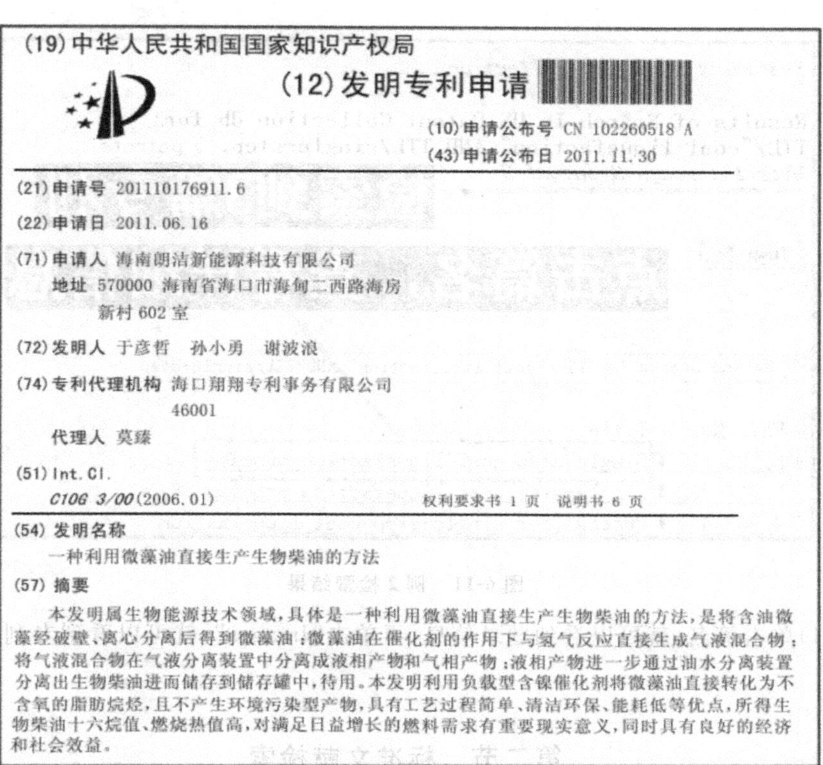

(19)中华人民共和国国家知识产权局

(12)发明专利申请

(10)申请公布号 CN 102260518 A

(43)申请公布日 2011.11.30

(21)申请号 201110176911.6

(22)申请日 2011.06.16

(71)申请人 海南朗洁新能源科技有限公司

地址 570000 海南省海口市海甸二西路海房新村 602 室

(72)发明人 于彦哲 孙小勇 谢波浪

(74)专利代理机构 海口翔翔专利事务有限公司 46001

代理人 莫臻

(51)Int.Cl.

C10G 3/00(2006.01)

权利要求书 1 页 说明书 6 页

(54)发明名称

一种利用微藻油直接生产生物柴油的方法

(57)摘要

本发明属生物能源技术领域,具体是一种利用微藻油直接生产生物柴油的方法,是将含油微藻经破壁、离心分离后得到微藻油;微藻油在催化剂的作用下与氢气反应直接生成气液混合物;将气液混合物在气液分离装置中分离成液相产物和气相产物;液相产物进一步通过油水分离装置分离出生物柴油进而储存到储存罐中,待用。本发明利用负载型含镍催化剂将微藻油直接转化为不含氧的脂肪烷烃,且不产生环境污染型产物,具有工艺过程简单、清洁环保、能耗低等优点,所得生物柴油十六烷值、燃烧热值高,对满足日益增长的燃料需求有重要现实意义,同时具有良好的经济和社会效益。

图 6-9 例 1 专利说明书全文

所示。

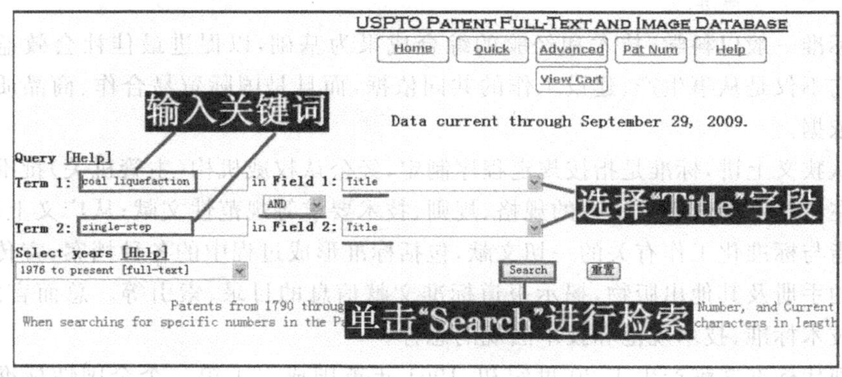

图 6-10 例 2 输入方法

(3)单击"Search"按钮进行检索,得到检索结果,如图 6-11 所示。

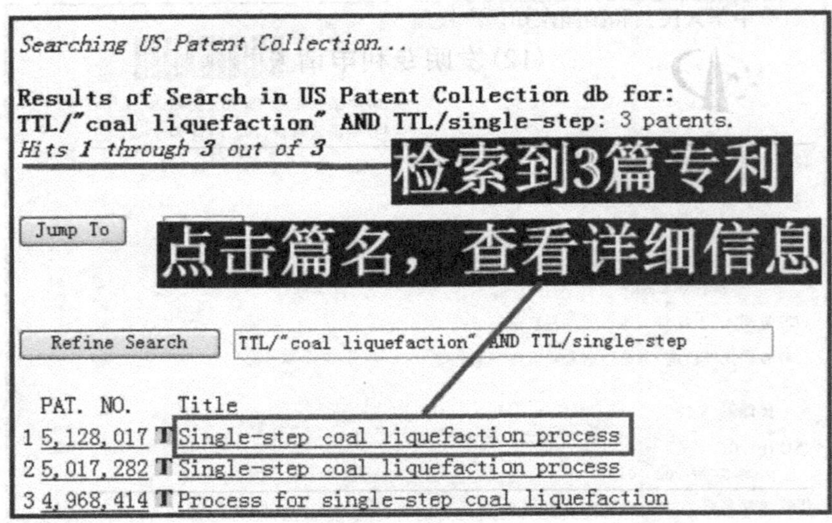

图 6-11　例 2 检索结果

(4)单击篇名，就可以看到题录信息，再单击“Images”，就可以看到专利说明书全文。

第二节　标准文献检索

一、标准文献概述

1. 标准文献定义

标准一般以科学、技术和经验的综合成果为基础，以促进最佳社会效益为目的。它不仅是从事生产、建设工作的共同依据，而且是国际贸易合作、商品质量检验的依据。

从狭义上讲，标准是指按规定程序制定，经公认权威机构（主管机关）批准的一整套在特定范围内必须执行的规格、规则、技术要求等规范性文献；从广义上讲，标准是指与标准化工作有关的一切文献，包括标准形成过程中的各种档案，宣传推广标准的手册及其他出版物，揭示报道标准文献信息的目录、索引等。总而言之，标准是技术标准、技术规范和技术法规的总称。

现代标准文献产生于 20 世纪初，1901 年英国成立了第一个全国性标准化机构，同年世界上第一批国家标准问世。此后，美、法、德、日等国相继建立全国性标准化机构，出版各自的标准。中国于 1957 年成立国家标准局（现为“中国国家标准化管理委员会”，简称“超标准委”），次年颁布第一批国家标准(GB)。

国际标准化机构中最重要、影响最大的是 1947 年成立的国际标准化组织(ISO)和 1906 年成立的国际电工委员会(IEC),它们制定或批准的标准具有广泛的国际影响。

2. 标准文献的分类

1)按使用范围划分

(1)国际标准:指国际通用的标准,主要有 ISO 标准、IEC 标准等。

(2)区域标准:指世界某一区域通用的标准,如"欧洲标准"等。

(3)国家标准:由国家标准化机构颁布的标准,如我国国家标准(GB)。

(4)行业标准:是针对没有国家标准而又需要在全国某个行业范围内统一的技术要求所制定的标准。

(5)地方标准:省(市、自治区)级标准为地方标准。针对在没有国家标准和行业标准而又需要在省(市、自治区)范围内统一的工业产品的安全、卫生等要求所制定的标准。

(6)企业标准:针对对企业的生产和管理具有重要意义,并且需要在企业范围内协调统一的事物所制定的标准。

2)按内容及性质划分

(1)技术标准:包括基础标准、产品标准、方法标准等。

(2)管理标准:包括技术管理标准、生产组织标准、经济管理标准、工作标准等。

3)按标准的成熟度划分

(1)强制标准:是国家要求必须强制执行的标准,即标准所规定的内容必须执行,不允许以任何理由或方式加以违反、变更。

(2)推荐标准:是国家鼓励自愿采用的,具有指导作用而又不宜强制执行的标准。

3. 标准文献的编号

标准编号是标准文献的一大外部特征。这种编号方式上的固定化使得标准编号成为检索标准文献的途径之一。

无论是国际标准还是各国标准,在编号方式上均遵循一种固定格式,通常为"标准代号+流水号+年代号"。如 GB/T 18666—2002 表示 2002 年颁布的第 18666 号国家推荐标准。

1)中国标准的编号

1988 年 12 月 29 日,我国发布了《中华人民共和国标准化法》,从 1989 年 4 月 1 日起实施。1990 年 4 月 6 日,我国发布了《中华人民共和国标准化法实施条例》。

我国国家标准及行业标准的代号一律用两个大写汉语拼音字母表示,编号由标准代号、顺序号和批准年代组合而成。如 GB 50157—2003 是"地铁设计规范"的国家标准号。

国家标准用 GB 表示，如 GB 19301—2010，是食品安全国家标准（生乳卫生标准），国家推荐的标准用 GB/T 表示，如 GB/T 8077—2012 是国家推荐标准（混凝土外加剂匀质性试验方法）。

行业标准用该行业主管部门名称的汉语拼音字母表示，机械行业标准用 JB 表示，化工行业标准用 HG 表示，轻工行业标准用 QB 表示等，如 HG/T 21640.2—2000 指化工行业 2000 年颁布的标准（H 型钢钢结构管架通用图集）。我国行业标准代号如表 6-3 所示。

表 6-3 我国行业标准代号一览表（摘录）

行业标准名称	行业标准代号	主管部门
农业	NY	农业部
水产	SC	农业部
林业	LY	林业部
轻工	QB	轻工业部
纺织	FZ	纺织工业部
医药	YY	国家医药管理局
化工	HG	化学工业部
机械	JB	机械电子工业部
通信	YD	邮电部

企业标准代号用 Q 表示，如 Q/320217UBS01 是江苏省无锡市三凤桥酱排骨的企业标准。

2）国际标准化组织（ISO）的标准编号

ISO（international organization for standardization，国际标准化组织）负责制定和批准除电工与电子技术领域以外的各种技术标准。ISO 标准号的构成为："ISO＋顺序号＋年代号（制定或修订年份）"，如 ISO3347：1976 表示 1976 年颁布的有关木材剪应力测定的国际标准。

二、中国标准文献检索

标准文献一般使用标准号、标准名称（关键词）和标准分类号进行检索，其中使用标准号检索是最常用的方法，但需要预先知道标准号，而我们在检索标准文献时一般并不知道明确的标准号，只知道一个名称，这样就需要用其他方法，如使用标准名称（关键词）进行检索。标准名称（关键词）检索有一个明显的优势，即只要输入标准名称中的任意有关词，就可以找到所需的标准，但前提是检索词要规范，否则就要使用标准分类号进行检索。

1. 万方数据

中国标准文献数据库(万方数据)收录了国内外的大量标准,包括:中国发布的全部标准(提供标准原文)、某些行业的行业标准、电气和电子工程师技术标准;国际标准数据库、美英德等的国家标准,以及国际电工标准;某些国家的行业标准,如美国保险商实验所数据库、美国专业协会标准数据库、美国材料实验协会数据库、日本工业标准数据库等。

2. CNKI 国家标准全文数据库

CNKI 国家标准全文数据库收录了由中国标准出版社出版的,国家标准化管理委员会发布的所有国家标准,占国家标准总量的 90%以上,可以通过标准号、中文标准名称、起草单位、起草人、采用标准、发布日期、中国标准分类号、国际标准分类号等检索项进行检索。

3. 中国国家标准化管理委员会

中国国家标准化管理委员会网站(http://www.sac.gov.cn)提供标准化动态、标准目录、标准公告、国标修改通知等信息。可以免费在线阅读部分国家强制性标准原文。它提供中英文两个版本的国家标准检索,并有 ISO、IEC 国际标准化组织的超链接。单击网站首页"国标目录查询"即可进行国家标准检索。

3. 标准网

标准网(http://www.standardcn.com)是由国家发展和改革委员会产业协调司主管,机械科学研究总院中机生产力促进中心建设并维护的我国工业行业的标准化门户网站。

三、国际标准文献检索

1. 国际标准化组织

国际标准化组织(网站 http://www.iso.org/iso/home.htm),是一个全球性的非政府组织,是国际标准化领域中一个十分重要的组织,是目前世界上最大、最有权威性的国际标准化专门机构。ISO 的任务是促进全球范围内的标准化及其有关活动,以利于国际产品与服务的交流,以及在知识、科学、技术和经济活动中发展国家间的相互合作。

2. 国际电工委员会

国际电工委员会(International Electrotechnical Commission,简称 IEC)(http://www.iec.ch/),成立于 1906 年,至今已有 100 多年的历史。它是世界上成立最早的国际性电工标准化机构,负责有关电气工程和电子工程领域中的国际标准化工作。

四、标准检索实例

【例 3】 通过国家标准化管理委员会网站(http://www.sac.gov.cn)检索有

关"车用乙醇汽油"的国家强制性标准。

检索步骤如下。

(1)打开国家标准化管理委员会网站,在导航条单击"国标目录查询"按钮,即进入标准的检索界面,如图 6-12 所示。

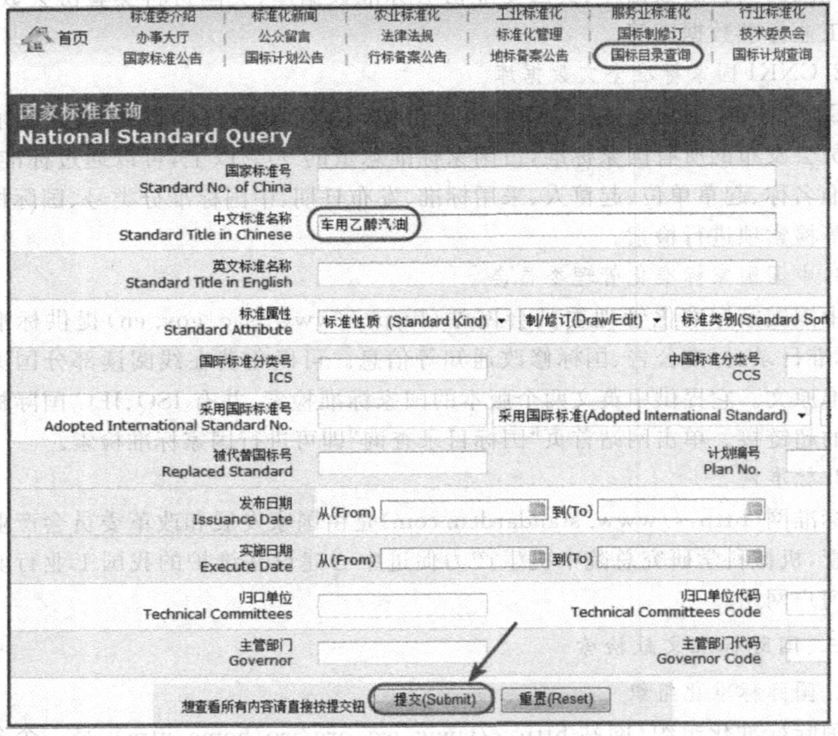

图 6-12　例 3 检索界面

(2)在"中文标准名称"栏输入框中输入"车用乙醇汽油",单击"提交"按钮,检索结果如图 6-13 所示。

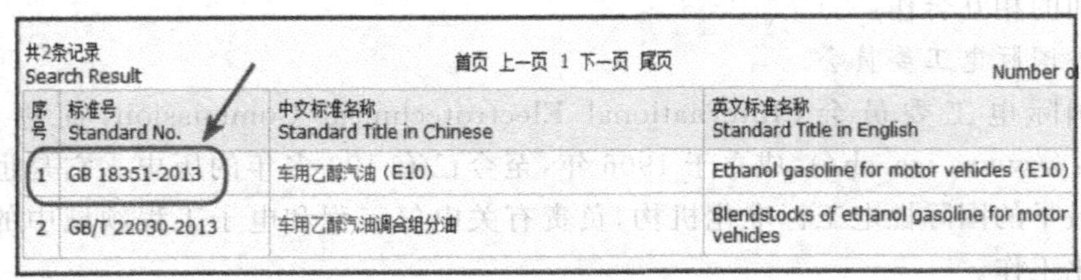

共2条记录 Search Result　　首页 上一页 1 下一页 尾页　　Number o

序号	标准号 Standard No.	中文标准名称 Standard Title in Chinese	英文标准名称 Standard Title in English
1	GB 18351-2013	车用乙醇汽油（E10）	Ethanol gasoline for motor vehicles (E10)
2	GB/T 22030-2013	车用乙醇汽油调合组分油	Blendstocks of ethanol gasoline for motor vehicles

图 6-13　例 3 检索结果

(3)检索到两条国家标准,其中 GB 18351—2013 是强制性国家标准,该网站提供免费全文阅读,GB/T 22030—2013 是推荐性国家标准,不提供全文。单击强制性国标 GB 18351—2013 后,单击“全文阅读”,按提示安装插件后可得到标准文献全文,如图 6-14 所示。

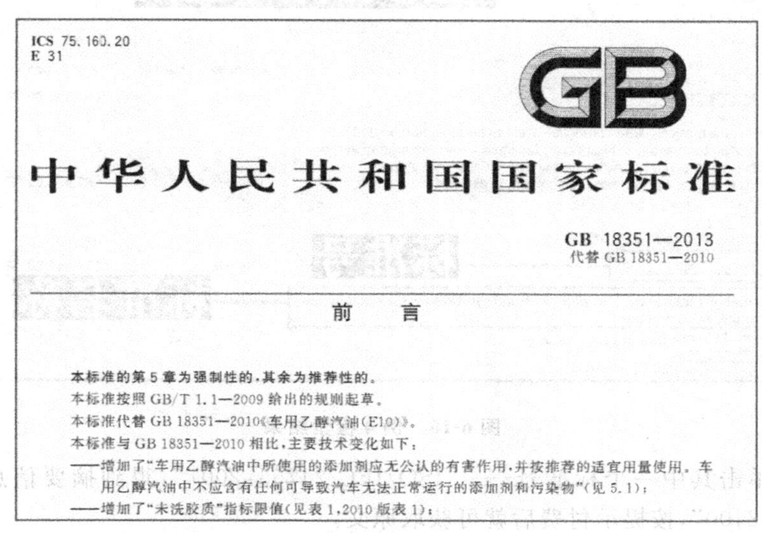

ICS 75.160.20
E 31

GB

中华人民共和国国家标准

GB 18351—2013
代替 GB 18351—2010

前　言

本标准的第 5 章为强制性的,其余为推荐性的。
本标准按照 GB/T 1.1—2009 给出的规则起草。
本标准代替 GB 18351—2010《车用乙醇汽油(E10)》。
本标准与 GB 18351—2010 相比,主要技术变化如下:
——增加了“车用乙醇汽油中所使用的添加剂应无公认的有害作用,并按推荐的适宜用量使用。车用乙醇汽油中不应含有任何可导致汽车无法正常运行的添加剂和污染物”(见 5.1);
——增加了“未洗胶质”指标限值(见表 1,2010 版表 1);

图 6-14　强制性国家标准 GB18351—2013 全文

【例 3】　检索“移动通信”方面的国际标准。

检索步骤如下。

(1)打开国际标准化组织(ISO)网站:http://www.iso.org/iso/home.htm,在网站的右上角的输入框中输入检索词“mobile communication”,如图 6-15 所示。

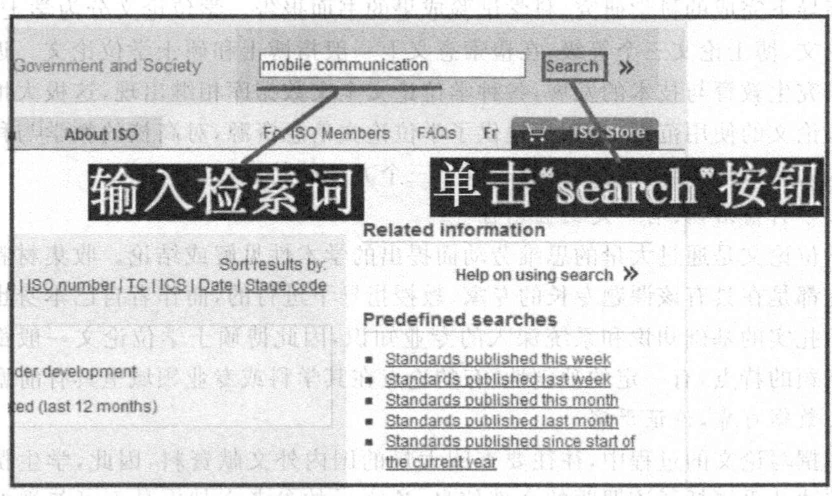

图 6-15　例 4ISO 的检索界面

(2)单击“Search”按钮,检索到 9 篇文章,如图 6-16 所示。

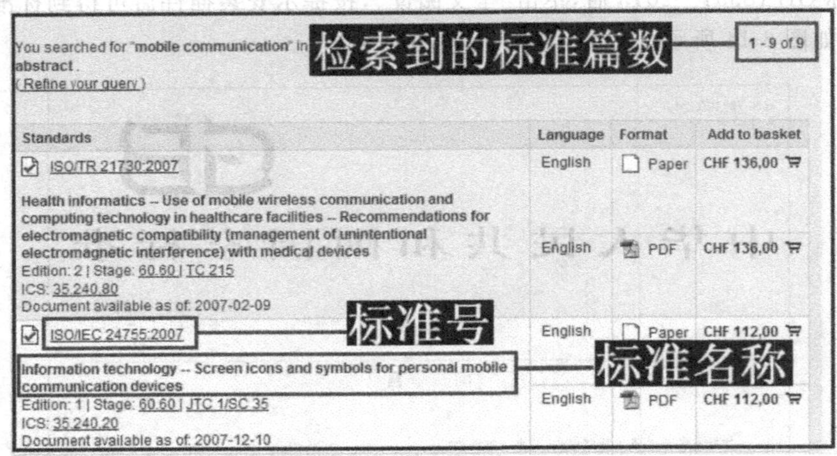

图 6-16　例 4 检索结果

(3)单击其中一个标准号——“ISO/IEC 24755:2007”,得到摘要信息再单击“CHF 112,00”,按提示付费后就可获取原文。

第三节　学位论文检索

一、学位论文概述

学位论文(thesis、dissertation)是高等学校或研究机构的学生为取得学位,在导师指导下完成的科学研究、科学试验成果的书面报告。学位论文分为学士论文、硕士论文、博士论文三个等级,在检索意义上一般指博士和硕士学位论文。近年来随着研究生教育与技术的发展,各种学位论文全文数据库相继出现,这极大地扩大了学位论文的使用范围,为用户提供了学位论文信息资源,对高校的教学与科研产生了很大的影响。学位论文主要有以下三个方面的特点。

1. 学科前沿,具有一定的独创性

学位论文是通过大量的思维劳动而提出的学术性见解或结论。收集材料和进行研究都是在具有该课题专长的专家、教授指导下进行的,而作者自己本身也具有宽广而扎实的基础知识和系统深入的专业知识,因此博硕士学位论文一般都具有选题新颖的特点,有一定的独创性,有的论点在其学科或专业领域里具有前瞻性。

2. 数据可靠,论证严密

在撰写论文的过程中,往往要查阅大量的国内外文献资料,因此,学生撰写的课题综述几乎概括了该课题的全部信息,论文后的参考文献更是不可忽视的二次情报源。另外，学位论文是在导师的严格审核和直接指导下，用2～3年时间才完成的科研成果，所探讨的问题比较专一，其实验方法严密、设备先进、数据可靠、专业性强。

3. 出版形式特殊

学位论文一般供审查答辩用，大多不通过出版社正式出版，而是以打印本的形式存储在规定的收藏地点。

二、中国学位论文检索

1. 万方数据学位论文

万方数据资源系统中国学位论文数据库(CDDB)由国家法定学位论文收藏机构——中国科技信息研究所提供，并委托万方数据股份有限公司加工建库，收录了自1977年以来我国自然科学领域博士、博士后及硕士研究生论文，是我国收录数量最多的学位全文数据库之一，涵盖人文、理学、医药卫生、农业科学、工业技术等学科，是一个综合性的学位论文全文库。

2. 中国知网学位论文

中国知网学位论文含中国博士学位论文全文数据库和中国优秀硕士学位论文全文数据库(CMFD)。其中，中国博士学位论文全文数据库，是国内内容最全、质量最高、出版周期最短、数据最规范、最实用的博士学位论文全文数据库之一，覆盖基础科学、工程技术、农业、医学、哲学、人文、社会科学等各个领域。截至2012年6月，收录来自404家培养单位的博士学位论文17万多篇。中国优秀硕士学位论文全文数据库，是国内内容最全、质量最高、出版周期最短、数据最规范、最实用的硕士学位论文全文数据库之一，覆盖基础科学、工程技术、农业、哲学、医学、哲学、人文、社会科学等各个领域。截至2012年6月，收录来自621家培养单位的优秀硕士学位论文146万多篇。

3. CALIS高校学位论文数据库

CALIS(China Academic Library & Information System，中国高等教育文献保障系统)高校学位论文数据库(http://etd.calis.edu.cn/)收录包括北京大学、清华大学等全国著名大学在内的83个CALIS成员馆的硕士、博士学位论文，截至目前收录加工数据70 000条。该数据库可以提供题录与文摘信息，以及该论文的馆藏信息，如果需要全文可以通过原文传递服务来获取。

三、国外学位论文检索

1938年，当时的UMI公司(现已更名为ProQuest)开始搜集博士论文，由此诞生了迄今为止世界上最大的国际性博硕士论文数据库ProQuest Dissertations & Theses(PQDT)。ProQuest公司是美国的国家图书馆——国会图书馆指定的收藏全美国博硕士论文的分馆，也是加拿大国家图书馆指定的收藏全加拿大博硕士论文的机构。

PQDT 是世界上最权威的学位论文数据库，收录 2 000 多所大学的 300 万篇博士、硕士学位论文的题录和文摘，涉及文、理、工、农、医等多个领域，是学术研究中十分重要的信息资源。论文以欧美大学为主，最近增加了国内三四十所重点高校近 20 年的部分学位论文，近几年少量开放获取学位论文免费提供全文。

PQDT 多数论文可看前 24 页，如需完整论文原文，可先查询 ProQuest 学位论文全文库，若没有可向图书馆申请文献传递服务获取论文全文。

四、学位论文检索实例

【例 5】 检索 2000—2009 年北京交通大学授予的有关电致发光聚合物的学位论文。

以万方数据资源系统中国学位论文数据库为例，检索步骤如下。

(1)对课题进行分析，限定论文年度为 2000—2009 年；检索词为“电致发光”、“聚合物”，这两个检索词都拟定在论文标题中出现；授予单位：北京交通大学。逻辑运算符为逻辑“与”，该检索系统用“ * ”表示。

(2)根据上述分析，在对应的输入框中分别输入对应的检索词，如图 6-17 所示。

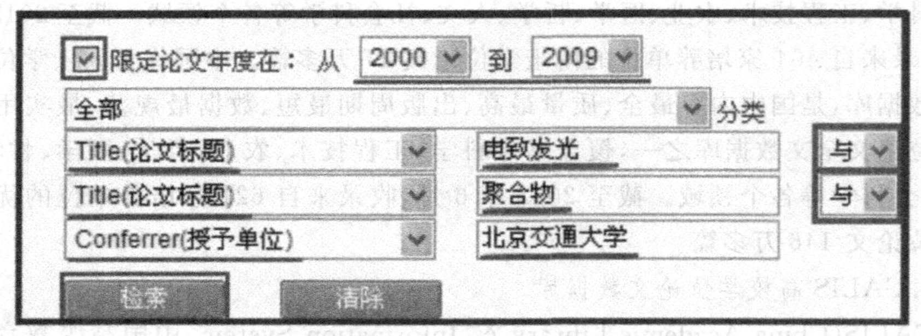

图 6-17 例 5 高级检索输入方法

(3)单击“检索”按钮，得到检索结果，如图 6-18 所示。

(4)单击“整篇下载”按钮，可以得到论文的全文。

【例 6】 查找美国斯坦福大学(Stanford University)在 2000—2012 年期间发表的有关高温超导体的学位论文。

以 PQDT 博硕士论文文摘数据库为例，检索步骤如下。

(1)分析课题。本课题有三个限制条件：第一个是指定学校为 Stanford University；第二个是文献内容为高温超导体，超导体为 superconductors，高温有

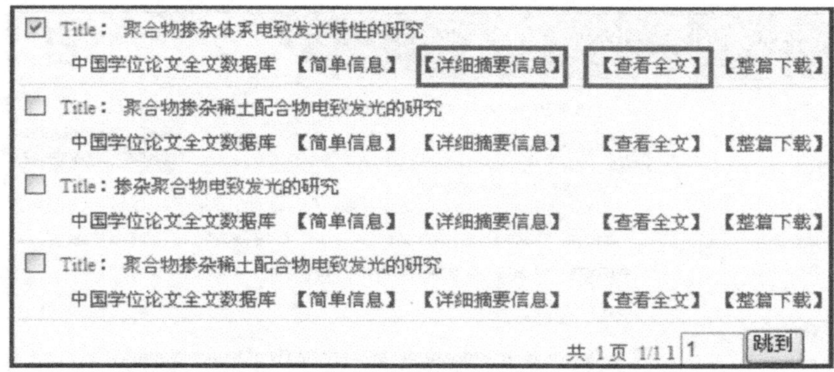

图 6-18　例 5 检索结果

high-temperature 和 high temperature 两种写法，在输入时用截词符代替，即输入“high * temperature”（高温超导体可以在论文名称、摘要、学科等多个字段中进行检索，但在论文名称中检索比较准确）；第三个是年限限制为 2000—2012 年。

（2）进入 PQDT 博硕士论文数据库的高级检索界面，按上述分析，在对应的字段中分别输入检索词，并单击“增加”按钮，输入的内容就显示到上部分的检索式输入框内，如图 6-19 所示。

ProQuest 学位论文全文检索平台　返回首页　CALIS

欢迎使用！ 您的IP地址是：59.71.174.253
相关链接：中国高等教育文献保障系统　ProQuest　北京中科进出口有限责任公司

首页>>高级检索
高级检索
检索符合以下条件的论文
标题 包含以下 所有词 high*temperature 并且
标题 包含以下 所有词 superconductors 并且
学校 包含以下 所有词 Stanford University 并且
作者 包含以下 所有词 并且
学校 包含以下 所有词 并且
导师 包含以下 所有词 并且
来源 包含以下 所有词
出版年度：2000 年 至 2012 年
学位：不限 博士 硕士
语种：全部
显示：全部 只显示有全文的结果
检索

图 6-19　例 6 检索输入方法

（3）单击“检索”按钮就得到检索结果，如图 6-20 所示。

图 6-20　例 6 检索结果

第四节　会议文献检索

一、会议文献概述

会议文献(conference papers)是指在各种专业学术会议上交流或发表的论文和报告，具有学术性强、内容新颖、质量高等特点，许多重大发现往往在学术会议上公布于众。

据美国科学情报所(ISI)统计，全世界每年召开的学术会议约 1 万场次，正式发行的各种专业会议文献 5 000 多种。学术会议按其组织形式和规模区分，一般可分为以下五大类：国际性会议、地区性会议、全国性会议、学会或协会会议和同行业联合会议。

会议文献一般具有出版发行较快，可靠性强，是首次公布的新成果、新理论和新方法，可以成为集中了解一个研究领域或研究主题动态的信息源，并且多数会议是以会议录(proceedings)的形式出现的等特点。

二、会议文献检索

1. 中国知网中国重要会议论文全文数据库

中国重要会议论文全文数据库是 CNKI 系列数据库之一，收录了国内重要会议主办单位或论文汇编单位书面授权，投稿到“中国知网”进行数字出版的会议论文。截至2012年6月，已收录出版1.2万多次国内重要会议投稿的论文，累积文献总量170多万篇。中国重要会议论文全文数据库分为以下10个专业文献总库，168个专题数据库。目前提供的服务方式有Web(网上包库)、镜像站、光盘、流量计费等。进入中国重要会议论文全文数据库检索页面，其题录为免费检索，全文需付费。

2. 国家科技图书文献中心会议论文库

国家科技图书文献中心会议论文库(http://www.nstl.gov.cn/index.html)包括中文会议论文库和外文会议论文库，均为文摘库。其中中文会议论文库主要收录了1985年以来我国国家级学会、协会、研究会以及各省、部委等组织召开的全国性学术会议论文。数据库的收藏重点为自然科学各专业领域。外文会议论文库主要收录了1985年以来世界各主要学会、协会、出版机构出版的学术会议论文，部分文献有少量回溯。学科范围涉及工程技术和自然科学各专业领域。

3. 中国学术会议在线

中国学术会议在线(http://www.meeting.edu.cn/)是教育部科技发展中心主办的，提供学术会议预告、会议专题报告视频、会议新闻等信息的网站。可以按“会议名称”、“主办单位”、“主办城市”等检索，也可按学科浏览。包括国内及境外会议日程信息。

4. 国外会议文献检索

ISTP数据库(Index to Scientific & Technical Proceedings，科学技术会议录索引)由美国科学情报所(ISI)主办，1978年创刊。主要收录4 000多个国际学术会议的近2万篇科技会议论文的题录，并出版了光盘版。目前ISI基于Web of Science的检索平台，将ISTP和ISSHP(社会科学及人文科学会议录索引)两大会议录索引集合成为ISI Proceedings，汇集了世界上最新出版的会议录资料，包括专著、丛书、预印本以及来源于期刊的会议论文，提供了全面、多学科的会议论文资料。该数据库收录了来自60 000多个会议的350多万条记录，每年增加260 000条记录，其中66%是以图书形式出版的会议录，其他34%来自期刊，同时还收录了自1999年至今的文后参考文献。数据最早可回溯至1990年，每周更新。

第七章　网络信息资源检索

网络信息资源既丰富多彩又杂乱无章，要想在这个变化多端又鱼龙混杂的信息海洋里发现并找出具有利用价值的信息并不是一件容易的事情。以至于许多人感叹，在网络上绝大部分时间似乎都是在找信息，而不是找到信息。因此，如何正确选择适合的网络信息资源并制订正确的方案，是我们在进行网络信息资源检索之前值得考虑的问题。

第一节　网络信息资源概述

一、网络信息资源的概念

与传统的信息资源相比，网络信息资源在数量、结构、分布和传播的范围、载体形态、内涵传递手段等方面都显示出新的特点，这些新的特点赋予了网络信息资源新的内涵。

网络信息资源是指以电子数据的形式将文字、图像、声音、动画等多种形式的信息存放在光、磁等非印刷质的介质中，并通过网络通信、计算机或其他终端等方式再现出来的信息资源的总和。

首先，网络信息资源是信息资源的一种形式，与传统的文献信息资源相提并论。其次，网络信息资源与传统信息资源的不同主要表现在信息载体、传播手段、表达形式上。最后，从接收端的角度来看，通过计算机网络可以获取利用的各种信息资源都属于网络信息资源的范畴。

二、网络信息资源的特点

网络环境下的信息资源不同于以往任何环境下的信息资源，具有不同于其他信息资源的特点。从信息组织的角度看，网络信息资源具有以下一些特点。

1. 数量庞大、增长迅速

互联网是一个基于 TCP/IP 协议的联结各国、各机构数以万计的计算机网络的通信网，是一个集各种信息资源为一体的信息资源网，因此，网上的信息资源不计其数，并且每天都在迅速增加。政府、机构、企业、个人都可以在网上发布信息，其信息源在数量上和增长速度上是其他任何环境下的信息资源都无法比拟的。

2. 内容丰富、覆盖面广

在互联网上，信息资源的内容十分丰富。网上信息几乎涵盖了人类知识的各个领域，在表现形态上更是五彩斑斓。网络信息资源在数量、分布和范围以及在信息内涵等方面，都超出了传统的信息资源管理方式和技术手段所能容纳的范围。

3. 交互性强

网络信息资源改变了传统信息单向流动的模式，人们可以主动到网上数据库、电子图书馆中查找自己所需的信息，还可以向网上输送信息或通过电子信箱交流信息。网络信息流动是双向的、互动的过程。

4. 传输速度快

互联网提供了辐射全球范围的高速信息资源传输通道，特别是在采用先进的传输模式后，信息资源的传输速度有了更大的突破。它解决了信息传输延迟所导致的服务滞后问题，使信息资源更加快捷地分配于各种应用领域。

5. 共享程度高

在网络环境下，时间和空间范围得到了最大程度的延伸和扩展。一份信息资源上传到网上后，不仅可以及时地提供给本地网络用户利用，而且可以使网络用户共享同一份信息资源。高度共享的特点使有限的信息资源最大限度地流向用户手中。

6. 具有高度动态性

网上的信息具有高度动态性，不但各种信息都处在不断更新、淘汰的状态，它所连接的网络、网站、网页也都处在变化之中，信息生产、更迭和消亡情况一般难以预料。这使得网络信息极不稳定，而且由于更新速度快，资源也难以达到统一规划。

7. 分布的非均衡性

网络信息资源在不同学科专业领域、不同行业、不同地理位置上的分布差异很大，数量和质量的差别也很大。例如比较靠近科技前沿的信息在网络上非常多，而关于基础性学科的信息在网上并不多见。

三、网络信息资源的类型

网络信息资源类型通常的划分标准有：根据信息服务方式划分、根据信息加工层次划分、根据网络存取方式层次划分、根据网络信息资源的层次划分，等等。下面着重介绍按照互联网所提供的服务方式来进行划分。

1. WWW 信息资源

WWW 的含义是环球信息网(world wide web，中文名称为万维网)，它是一个基于超级文本(hypertext)方式的信息查询工具，是目前互联网上使用最广泛的信息存储与信息查询的数据格式和显示方式。WWW 将位于全世界互联网上不同网址的相关数据信息有机地编织在一起，通过浏览器提供一种友好的查询界面。

2. FTP 信息资源

FTP(file transfer protocol)可被用于在两台位于互联网上的计算机之间传输文件。它是一种实时的联机服务,用户登录到对方的主机后,可以进行文件搜索和文件传送的操作。通过此项服务,用户可免费从网上获取别人的资源,达到信息共享的目的。

3. telnet 信息资源

telnet(远程登录)是把用户正在使用的终端或计算机变成互联网上某一远程主机的一台仿真终端,在授予的权限内分享该主机的数据、文件等信息资源。telnet 采用客户机/服务器工作模式。

4. 用户服务组信息资源

用户通信或服务组包括新闻组、电子邮件群、邮件列表、专题讨论组等。它们都是由一组对某一特定主题有共同兴趣的网络用户组成的电子论坛,是国际互联网上进行交流和讨论的主要工具。

5. Gopher 信息资源

Gopher 又称信息鼠,是基于菜单驱动的互联网信息查询工具。在菜单指引下,用户通过选取自己感兴趣的信息资源,对互联网上远程联机信息系统进行实时访问。

6. WAIS 信息资源

WAIS 称为广域信息服务,它通过文件内容(而不是文件名)进行查询。WAIS 是一种分布式文本搜索系统,用户通过给定索引关键词查询到所需的文本信息。

第二节　搜索引擎的利用

一、搜索引擎概述

随着互联网的发展,网上信息资源的数量、种类不断激增,如何才能在这浩瀚、动荡的信息海洋中快捷、准确地找出所需信息已成为一个突出的问题,于是网络搜索引擎应运而生。像图书馆目录能指引读者迅速找到所需图书一样,搜索引擎可以为人们在茫茫的网络信息海洋中导航。

搜索引擎(search engine)是互联网上三大最流行的服务(电子邮件、搜索引擎、WWW 浏览)之一,是开启网络知识殿堂的钥匙,获取知识信息的工具。随着网络技术的飞速发展,搜索技术的日臻完善,中、外搜索引擎已广为人们熟知和使用。

1. 搜索引擎的工作原理

搜索引擎其实是一个服务器程序,主要由四个部分组成:搜索器、索引器、检索器和用户接口。搜索器的功能是由 spider man(蜘蛛人)定期爬到各个不同的成千上万的站点上，顺着链接一个一个地打开所有的网页，把所有的网页都看一遍，并把搜索信息加入到数据库中；索引器的功能是蜘蛛人对所有看到的网页进行分析，从中抽取出索引项（如关键词），用于标示文档以及生成文档库的索引表，建立起自己的物理索引数据库；检索器的功能是根据用户的查询请求，在索引库中快速检出文档，进行文档与查询的相关度评价，对将要输出的结果进行排序；用户接口的功能是输入用户查询、显示查询结果、提供用户相关性反馈机制。搜索引擎的工作原理如图 7-1 所示。

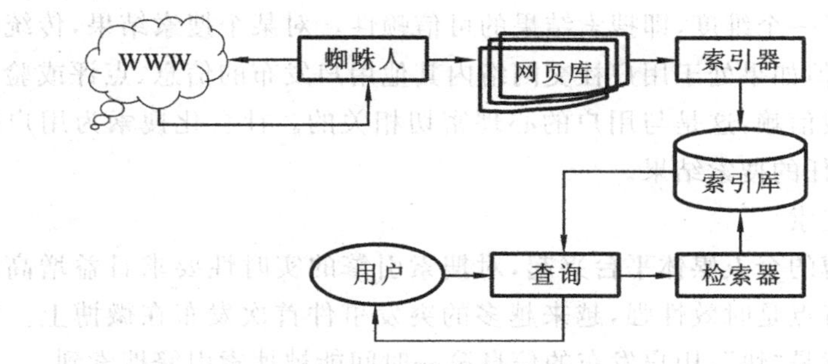

图 7-1　搜索引擎的工作原理

2. 搜索引擎功能简介

（1）简单搜索（simple search）：输入一个单词（关键词），提交搜索引擎查询，这是最基本的搜索方式。

（2）词组搜索（phrase search）：输入两个单词以上的词组（短语），提交搜索引擎查询，也叫短语搜索。现有搜索引擎一般都约定把词组或短语放在引号“”内表示。

（3）语句搜索（sentence search）：输入一个多词的任意语句，提交搜索引擎查询，这种方式也叫任意查询。不同搜索引擎对语句中词与词之间的关系的处理方式不同。

（4）目录搜索（catalog search）：按搜索引擎提供的分类目录逐级查询，用户一般不需要输入查询词，而是按照查询系统所给的几种分类项目，选择类别进行搜索，也叫分类搜索（classified search）。

（5）高级搜索（advanced search）：用布尔逻辑组配方式查询。使用逻辑运算为 and（和）、or（或）、not（非），能够进行要领组合，扩大或缩小检索范围，提高检索效率。对 A、B 两词而言：A and B 是指取 A 和 B 的公共部分（交集），检索结果必须含有所有用“and”连接起来的提问词；A or B 是指取 A 和 B 的全部（并集），检索结果必须至少含有一个用“or”连接起来的提问词；A not B 是指取 A 中排除 B 的部分，检索结果只含有“not”前面的提问词，而不能含有“not”后面的提问词；A、B 本身为多词时，可以用括号()分别括起来作为一个逻辑单位。

在所有搜索方式中，还可使用通配符，就像 DOS 文件系统用“ * ”作为通配符一样，通配符用于指代一串字符，不过每个搜索引擎所用的通配符不完全相同，大多用“ * ”或“?”，少数用“ $ ”。另外，不少搜索引擎还支持加(+)、减(—)词操作。

3. 搜索引擎的发展趋势

1)社会化搜索

传统搜索技术强调搜索结果和用户需求的相关性，社会化搜索除了相关性外，还额外增加了一个维度，即搜索结果的可信赖性。对某个搜索结果，传统的结果可能成千上万，但如果处于用户社交网络内其他用户发布的信息、点评或验证过的信息则更容易被信赖，这是与用户的心理密切相关的。社会化搜索为用户提供更准确、更值得信任的搜索结果。

2)实时搜索

随着微博的个人媒体平台兴起，对搜索引擎的实时性要求日益增高。实时搜索最突出的特点是时效性强，越来越多的突发事件首次发布在微博上。实时搜索强调的核心就是“快”，用户发布的信息第一时间能被搜索引擎搜索到。

3)移动搜索

目前，随着智能手机的快速普及，移动搜索一定会更加快速地发展，所以移动搜索的市场占有率会逐步上升。而对于没有移动版的网站来说，百度也提供了“百度移动开放平台”来弥补这个缺失。

4)个性化搜索

为不同用户提供个性化的搜索结果，是搜索引擎总的发展趋势。个性化搜索的核心是根据用户的网络行为，建立一套准确的个人兴趣模型。而建立这样一套模型，就要全面搜集与用户相关的信息，包括用户搜索历史、点击记录、浏览过的网页、用户 E-mail 信息、收藏夹信息、用户发布过的信息、博客、微博等内容，比较常见的做法是从这些信息中提取出关键词及其权重。

5)地理位置感知搜索

目前很多手机已经有 GPS 的应用了，这是基于地理位置感知的搜索，而且可以通过陀螺仪等设备感知用户的朝向，基于这种信息，可以为用户提供准确的地理位置服务以及相关搜索服务。目前此类应用已经大行其道，比如手机地图 APP。

6)跨语言搜索

如何将中文的用户查询翻译为英文查询，目前主流的方法有三种：机器翻译、双语词典查询和双语语料挖掘方法。对于一个全球性的搜索引擎来说，具备跨语言搜索功能是必然的发展趋势，而其基本的技术路线一般是采用查询翻译加上网页的机器翻译这两种技术手段。这方面做得最好的是 Google，Google 目前已经提供多种语言之间的跨语言搜索，比如搜“麻省理工”，搜索结果里排在第一位的则是麻省理工学院的主页。

7)多媒体搜索

目前搜索引擎的查询还是基于文字的，即使是图片和视频搜索也是基于文本方式。那么未来的多媒体搜索技术则会弥补查询这一缺失。多媒体形式除了文字，主要包括图片、音频、视频。多媒体搜索比纯文本搜索要复杂许多，一般多媒体搜索包含四个主要步骤：多媒体特征提取、多媒体数据流分割、多媒体数据分类和多媒体数据搜索引擎。

8)情境搜索

情境搜索是融合了多项技术的产品，上面介绍的社会化搜索、个性化搜索、地理位置感知搜索等都是支持情境搜索的，目前Google在大力提倡这一概念。所谓情境搜索，就是能够感知人与人所处的环境，针对“此时此地此人”来建立模型，试图理解用户查询的目的，根本目标还是要理解人的信息需求。比如某个用户在苹果专卖店附近发出“苹果”这个搜索请求，基于地理位置感知及用户的个性化模型，搜索引擎就有可能认为这个查询是针对苹果公司的产品，而非对苹果这种水果的需求。

4.使用搜索引擎应注意的几个问题

搜索引擎的出现大大方便了用户搜索网上的信息，但其本身所固有的差别使不熟悉的用户难以获得满意的检索效果，为提高检索效率，在使用搜索引擎时应注意以下几个问题。

1)阅读引擎的帮助信息

许多搜索引擎在帮助信息中提供了自身的操作、运算符和使用规则说明，这些信息是进行有效查询所必须具备的知识，必须在检索中不断学习和积累经验。

2)选择合适的搜索引擎

由于不同的搜索引擎有各自不同的特点，所以只有选择合适的搜索引擎才能得到想要的结果。一般来说，如果查找非常具体或特殊的问题，用蜘蛛人搜索引擎检索比较合适；如果希望浏览某方面的信息、专题或查找某个网站，目录式搜索引擎可能会更合适。此外，如果要查找的是某一类的专门信息，比如旅游景点，最好使用专门的地图搜索引擎——图形天下(http://www.go2map.com)，这些搜索引擎专门搜索某一类的信息资源，内容丰富，数据量大，能帮助用户迅速找到一些专门的信息。再者，如果使用某一个搜索引擎返回的条目太少或没有，可以用不同的搜索引擎进行尝试，会得到不同的查询结果。

3)选好恰当的关键词

不同的人使用同一个搜索引擎往往会搜索出不同的结果。造成这种差异的原因很可能就是关键词的选择不同。搜索所用的关键词要求做到"精""准""有代表性"。"精""准"才能保证搜索到的所需信息,"有代表性"才能保证搜索的信息有用,因此,在使用关键词时,应注意以下几点。

第一,不要输入错别字。专业搜索引擎都要求关键词"一字不差"。当查找网上本应有的内容,却查找不到时,先检查一下是否有错别字。第二,注意关键词的拼写形式。在检索时应注意同一词应用于不同场合的不同拼写形式,如一般形式、过去式、现在式、单复数、大小写、空格、连字符、半角全角等,这些都是影响检全率的重要因素。第三,不要使用过于频繁的词。因为这些词本身缺乏实际意义或使用过于广泛,一旦用来搜索会返回大量无用的搜索结果甚至导致搜索错误。而过于简单、通俗的词语也不要作为关键词。因为使用过于通俗简单的词语,就会返回过多的搜索结果,而这些结果中很多又是无效链接,很难查到有用的信息。第四,不要输入多义关键词。比如,输入"Java",搜索引擎是不能辨别多义词的,它不知道要搜索的是太平洋上的一个岛、一种著名的咖啡,还是一种计算机程序语言。所以,在搜索之前要清楚搜索的是什么,然后用多个关键词或用其他词语代替多义词作为搜索的关键词。

二、百度搜索引擎

1999年底,百度成立于美国硅谷,它的创建者是在美国硅谷有多年成功经验的李彦宏先生及徐勇先生。百度拥有全球最大的中文网页库,在中国各地分布的服务器,能直接从最近的服务器上,把所搜索的信息返回给当地用户,使用户享受极快的搜索传输速度。

百度每天处理来自超过138个国家超过数亿次的搜索请求,每天有超过7万用户将百度设为首页,用户通过百度搜索引擎可以搜到世界上最新最全的中文信息。2004年起,"有问题,百度一下"在中国开始风行,百度成为搜索的代名词。百度常用检索功能如下。

(1)中文搜索自动纠错。如果用户误输入错别字,可以自动给出正确关键词提示。

(2)百度快照。百度快照解决了用户上网访问经常遇到的"死链接"的问题,百度拍下网页的快照,用户不能链接上所需网站时,百度为用户暂存的网页也可救急。

(3)特色功能。百度已经增加的专业的MP3搜索、Flash搜索、新闻搜索、信息快递搜索,并正在快速发展为用户喜欢的搜索功能。

(4)把搜索范围限定在网页标题中——intitle。网页标题通常是对网页内容提纲挈领式的归纳。把查询内容范围限定在网页标题中,有时能获得良好的效果。使用的方式是把查询内容中特别关键的部分,用"intitle:"来限定。例如,查找智利地震相关材料，就可以这样查询——地震 intitle：智利。注意，“intitle：”和后面的关键词之间，不要有空格。

(5)把搜索范围限定在特定站点中——site。有时候，你如果知道某个站点中有自己需要找的东西，就可以把搜索范围限定在这个站点中，提高查询效率。使用的方式，是在查询内容的后面，加上“site：站点域名”。例如，天空网下载软件不错，就可以这样查询——msn site：skycn.com。注意，“site：”后面跟的站点域名，不要带“http：//”；另外，“site：”和站点名之间，不要带空格。

(6)把搜索范围限定在 url 链接中——inurl 网页。url 中的某些信息，常常有某种有价值的含义。于是，如果对搜索结果的 url 做某种限定，就可以获得良好的效果。实现的方式是用“inurl：”，后跟需要在 url 中出现的关键词。例如—查找关于 photoshop 的使用技巧，可以这样查询——photoshop inurl：jiqiao，上面这个查询串中的“photoshop”，是可以出现在网页的任何位置，而“jiqiao”则必须出现在网页 url 中。注意，“inurl：”和后面所跟的关键词之间，不要有空格。

(7)精确匹配——双引号和书名号。如果输入的查询词很长，百度在经过分析后，给出的搜索结果中的查询词可能是拆分的。如果你对这种情况不满意，可以尝试让百度不拆分查询词。给查询词加上双引号，就可以达到这种效果

(8)输入多个词语搜索。输入多个词语搜索(不同字、词之间用一个空格隔开)，可以获得更精确的搜索结果。在百度查询时不需要使用符号“and”或“+”，百度默认以空格代替布尔逻辑“与”，即符号“and”或“+”。百度提供符合全部查询条件的资料，并把最相关的网页排在前列。

(9)二次检索功能。百度搜索支持二次检索，又称渐进检索。可在上次检索结果中继续检索，逐步缩小查找范围，直至达到最小、最准确的结果集，利于用户更加方便地在海量信息中找到自己真正感兴趣的内容。

三、Google 搜索引擎

Google 是 1998 年由美国斯坦福大学的两位博士生创建的。Google 是第三代搜索引擎的代表，它收录了 50 种语言的 30 亿个网页，采用全文标引的方式，提供 26 种语言的检索界面，数据每日更新。该引擎的图片搜索功能十分强大，可检索 3.2 亿幅图片。输入网址 www.google.com 即可进入首页。Google 常用检索功能如下。

1. 布尔逻辑组配检索

(1)逻辑“与”：是具有概念交叉关系的一种组配，增强了检索的专指性，缩小了检索范围，提高了查准率，检索结果必须含有所有用逻辑“与”连接起来的提问词。Google 用空格来表示逻辑“与”操作。例如想搜索录音软件 Goldware 的汉化版下载地址，这时可以在输入框中输入：“goldware 下载 汉化”，Google 会搜索出很

多结果，用户可以从中选择下载页面。

(2)逻辑“或”：是具有概念并列关系的一种组配，相当于增加了检索词的同义词与近义词，扩大了检索范围，提高了查全率，检索结果必须至少含有一个用逻辑“或”连接起来的检索词。Google 用大写的“OR”表示逻辑“或”操作，例如想搜索反恐精英游戏方面的资料，可以在输入框中输入：“反恐精英 OR CS”。

(3)逻辑“非”：是具有概念排除关系的一种组配，缩小了检索范围，检索结果只含有逻辑“非”前面的提问词，而不能含有逻辑“非”后面的提问词。Google 用“—”表示逻辑“非”操作，例如想搜索去掉所有有关金庸的武侠小说的网页，则输入：“武侠小说—金庸”即可。

2. 字段限定检索

(1)site：表示搜索结果局限于某个具体网站或网站频道，如 www. 51j0b. com 网站或 com、gov、edu 等某个域名。格式：“关键词 site：网址或域名”。如要寻找《电脑爱好者》杂志网络（www. cfan. com. cn）栏目的投稿信箱，可以“投稿 site：cfan. com. cn”作为关键词搜索。注意在网站域名中不能有“http”以及“www”前缀，也不能有任何“/”的目录后缀。

(2)inurl：表示返回的网页链接中包含第一个关键词，后面的关键词则出现在链接中或网页文档中。有很多网站把某一类具有相同属性的资源名称显示在网页链接中，比如 MP3、GALLARY 等，这样就可以用“inurl”语法找到这些相关资源链接，然后，用第二个关键词确定是否有关某项具体资料。格式：“inurl：关键词 1 关键词 2”。如要寻找“从头再来”这首歌的 MP3 音乐，可以输入“inurl：MP3 从头再来”即可。

(3)intitle：表示搜索的关键词包含在网页标题中。网页标题，就是 HTML 标记语言“title”中的部分，网页设计的一个原则就是把主页的关键内容用简洁的语言标示在网页标题中，因此，只查询标题栏，通常也可以找到相关率高的专题页面。格式：intitle：关键词。如要搜索标题含有“系统”、“维护”等的网页，则输入“intitle：系统　维护”即可。oInurl 与 intitle 的区别在于：inurl 对网址（URL）进行查询，而 intitle 对网页的标题栏进行查询。

(4)filetype：表示只在某一类型的文件中查找信息，这是一个非常实用的搜索语法，目前 Google 已经能检索的文档格式有 pdf、ppt、doc、rtf、xls 等。格式：关键词：filetype：文件类型名。虽然 PDF 文件不像 HTML 文件那么多，但这些文件通常会包含一些别处没有的重要资料。如要搜索有关电子商务的 PDF 文档，只要输入“电子商务 filetype：pdf”即可。

3. 字符串（短语）检索

在搜索中，搜索引擎会把某些字符串或短语分开查找，只要能组合出关键词，它便会把该结果返回给用户，因此带来了精度不够的麻烦。而要避免这种麻烦，只要在输入关键词时加上半角的双引号（即在英文输入状态下的双引号）即可。双引号检索在查找名言警句或专用名词时显得格外有用。如在输入框中输入“自然与文化遗产”，在查询到的文档中将作为一个整体出现。

4. 使用偏好

Google 搜索还设置了语言偏好功能，按下“使用偏好”按钮，可以选择指定语言写成的网页。

四、学术搜索引擎

1. Scirus（http://www.scirus.com）

Scirus 由荷兰 Elsevier Science 出版商研究开发而成，是目前互联网上内容最全面、综合性最强的科技文献门户网站之一，专为搜索高度相关的科学信息而设计，能够高效查找到普通搜索引擎搜索不到的免费或者访问受限的科学信息资源。

Scirus 覆盖的学科范围广泛，涉及天文学、生物科学、计算机科学、社会学、工程、法学、能源与技术、经济等几十个学科领域。其 40％的信息来源于网络（网络资源主要有大学网站、科学家主页、会议信息、专利信息、公司主页、产品信息等），60％的信息来源于期刊数据库（期刊资源包括 Science Direct、USPTO、Beilstein、ArXiv.org、NASA 等）。Scirus 首页如图 7-2 所示。

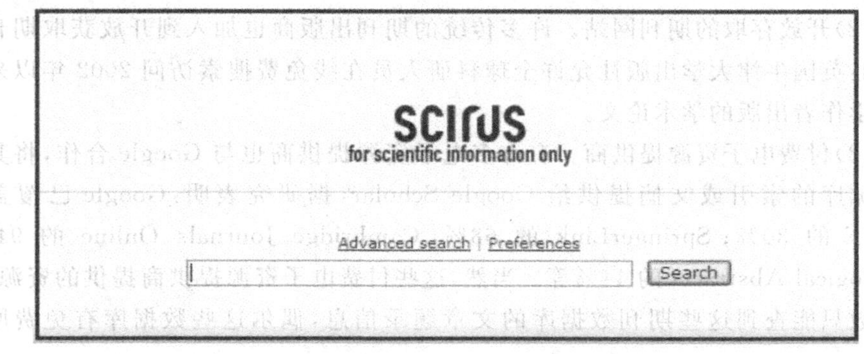

图 7-2 Scirus 首页

2. Google Scholar（http://scholar.google.cn）

Google Scholar 是 Google 于 2004 年底推出的专门面向学术资源的免费搜索工具，能够帮助用户查找包括期刊论文、学位论文、书籍、预印本、文摘和技术报告在内的学术文献，内容涵盖自然科学、人文科学、社会科学等多种学科，首页如图 7-3 所示。

Google Scholar 的资料来源主要有以下几方面。

图 7-3　Google Scholar 首页

(1)网络免费的学术资源。随着开放存取(open access)运动的开展,有许多机构网站,特别是大学网站汇聚了大量本机构研究人员的学术成果,包括已经发表的论文、论文的预印本、工作报告、会议论文、调研报告等,并向所有人提供免费公开获取服务。

(2)开放存取的期刊网站。许多传统的期刊出版商也加入到开放获取期刊行列,如:英国牛津大学出版社允许全球科研人员在线免费搜索访问 2002 年以来牛津大学作者出版的学术论文。

(3)付费电子资源提供商。有许多电子资源提供商也与 Google 合作,将其电子数据库的索引或文摘提供给 Google Scholar,据研究表明:Google 已覆盖了 JSORE 的 30%;SpringerLink 的 68%,Cambridge Journals Online 的 94%,Souological Abstracts 的 44%等。当然,这些付费电子资源提供商提供的资源中,大多数只能查到这些期刊数据库的文章题录信息,偶尔这些数据库有免费原文提供。

(4)图书馆链接。Google 向图书馆发出免费链接邀请,可以提供面向这些图书馆资源的链接和查询。目前,国外已有多家图书馆与 Google 合作,如斯坦福大学等,这样在校外的用户能够通过 Google Scholar 进行检索,如果是斯坦福大学图书馆订购的资源,则可以通过身份认证后直接获得原文。国内也有一些图书馆与 Google 合作,如清华大学图书馆等。

第三节 学科信息门户网站

一、学科信息门户概述

学科信息门户(subject information gateway, SIG),又叫主题网关、热点门户、学科导航系统等,是一种为研究人员、教师和研究生提供高质量的、经过筛选和定期更新的学科信息目录和入口的专业性网站,为科研和教学提供权威可靠的网络信息导航服务。

二、学科信息门户网站介绍

1. CALIS重点学科网络资源导航库

中国高等教育文献保障系统(China Academic Library & Information System, CALIS)管理中心在"十五"期间继续组织全国高校共同建设以高等教育数字图书馆为核心的文献保障体系,引导各个省级文献服务中心和高校数字图书馆基地的建设。重点学科网络资源导航库(http://202.117.24.168/cm/main.jsp)是CALIS"十五"重点建设项目之一。它以教育部正式颁布的学科分类系统作为学科分类基础,构建了一个集中服务的全球网络资源导航数据库,为高校师生提供重要学术网站的导航和免费学术资源的导航。其首页如图7-4所示。

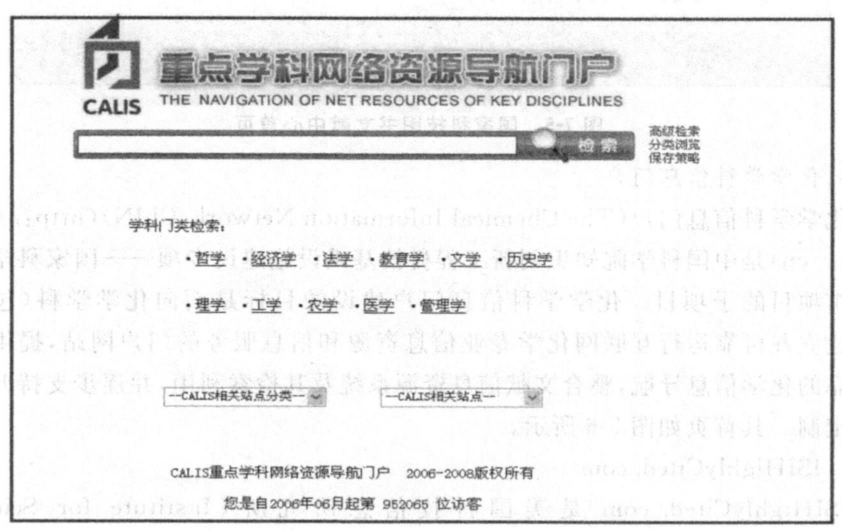

图7-4 重点学科网络资源导航库首页

2. 国家科技图书文献中心

国家科技图书文献中心(National Science and Technology Library, NSTL)

(http://www.nstl.gov.cn)是根据国务院领导的批示，于 2000 年 6 月 12 日组建的一个虚拟的科技文献信息服务机构，成员单位包括中国科学院文献情报中心、工程技术图书馆(中国科学技术信息研究所、机械工业信息研究院、冶金工业信息标准研究院、中国化工信息中心)、中国农业科学院图书馆、中国医学科学院图书馆。其首页如图 7-5 所示。

图 7-5 国家科技图书文献中心首页

3. 化学学科信息门户

化学学科信息门户(The Chemical Information Network, ChIN)(http://chin.csdl.ac.cn)是中国科学院知识创新工程科技基础设施建设专项——国家科学数字图书馆项目的子项目。化学学科信息门户建设的目标是面向化学学科(包括化工)，建立并可靠运行互联网化学专业信息资源和信息服务的门户网站，提供权威和可靠的化学信息导航，整合文献信息资源系统及其检索利用，并逐步支持开放式集成定制。其首页如图 7-6 所示。

4. ISIHighlyCited.com

ISIHighlyCited.com 是美国科技信息研究所(Institute for Scientific Information, ISI)针对论文作者进行引文分析评价的产物，它收集了世界上被引用最多和最有影响力的科学家的研究成果和个人信息，是一个以科学家为信息组织单元的专业门户网站，具有很高的学术价值。ISIHihglyCited.com 设置有

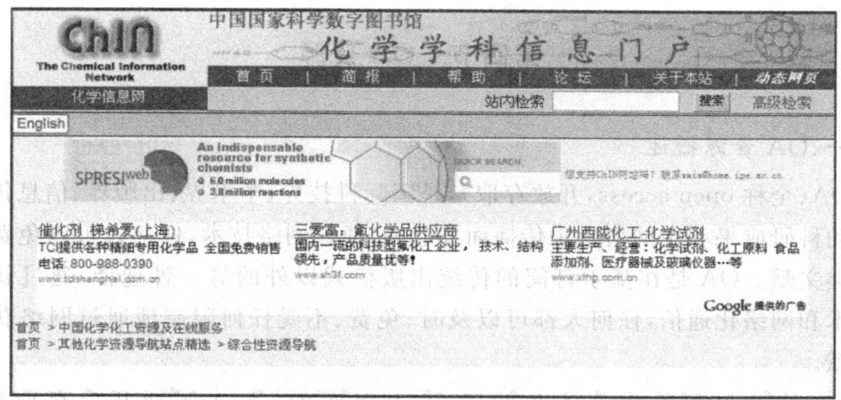

图 7-6 化学学科信息门户首页

Agricultural Sciences(农业科学)、Biology & Biochemistry(生物学和生物化学)、Chemistry(化学)、Clinical Medicine(临床医学)、Computer Science(计算机科学)、Ecology/Environment(生态学/环境科学)、Economics/Business(经济学/商业)、Engineering(工程技术)等 21 个学科类目。目前提供互联网上的免费服务，网址为 http://isihighlycited. com/。其首页如图 7-7 所示。

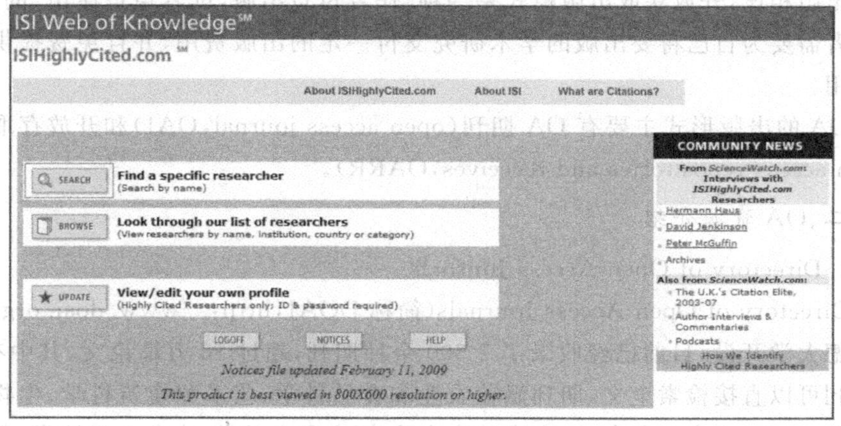

图 7-7 ISIHihhlyCited. com 主页

5. 其他一些学科信息门户

(1)中国化工信息网：http://www. cheminfo. gov. cn。

(2)美国化学会出版物：http://pubs. acs. org/about. html。

(3)北京大学法律信息网：http://www. chinalawinfo. com/index. asp 。

第四节　OA资源

一、OA资源概述

OA(全称 open access,开放存取),是国际科技界、学术界、出版界、信息传播界为推动科研成果利用网络自由传播而发起的,通过网络技术,任何人可以免费地获得各类文献。OA是在基于订阅的传统出版模式以外的另一种选择,通过新的数字技术和网络化通信,任何人都可以及时、免费、不受任何限制地通过网络获取各类文献。

OA的兴起和备受关注开始于2001年底的“布达佩斯开放存取倡议”(budapest open access initiative,BOAI)。倡议指出,OA是指某文献在internet公共领域里可以被免费获取,允许任何用户阅读、下载、拷贝、传递、打印、检索、超链接该文献,用户在使用该文献时不受财力、法律或技术的限制,而只需要在存取时保持文献的完整性以及承认作品被确认接收和引用。

OA资源作为一种全新的学术交流和出版模式,近年来受到全球出版界、学术界和图书馆界的广泛关注,被认为是网络时代学术出版发展的必然趋势。与传统学术出版相比,开放获取出版模式是一种“作者付费出版,读者免费使用”的模式,即作者需要为自己将要出版的学术研究支付一定的出版费用,并且免费提供给读者使用。

OA的出版形式主要有OA期刊(open access journal,OAJ)和开放存取仓储(open access repositories and reeceives,OARR)。

二、OA资源介绍

1. Directory of Open Access Journals

Directory of Open Access Journals(简称 DOAJ,http://www.doaj.org)由瑞典隆德大学开设,目前已经收录了2 300余种期刊,超过10万篇论文,其中有700种期刊可以直接检索全文,期刊涵盖农业和食品科学、艺术和建筑科学、生物和生命科学、化学、历史和考古学、法律和政治学、语言和文献学、商业和经济学、数学和统计学、物理和天文学、地球和环境科学、技术和工程、哲学和宗教等17个主题大类。DOAJ主页如图7-8所示。

2. HighWire Press

HighWire Press(http://highwire.stanford.edu/cgi/search)是全球最大的免费提供全文的学术文献出版商之一,于1995年由美国斯坦福大学图书馆创立,提供高质量、经同行评议的网络期刊。目前HighWire Press已收录电子期刊700余

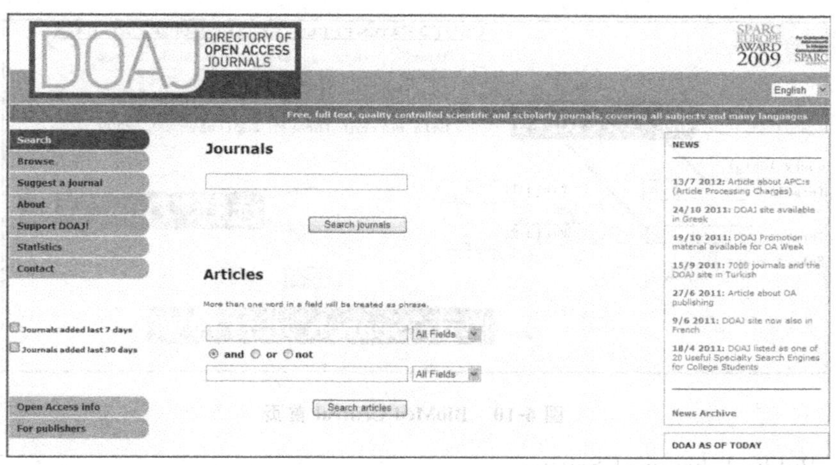

图 7-8 DOAJ 主页

种，文章总数已达 230 多万篇，其中 77 万篇文章可免费获得全文。收录期刊包括生命科学、人文、医学、物理学、社会科学。HighWire Press 检索页面如图 7-9 所示。

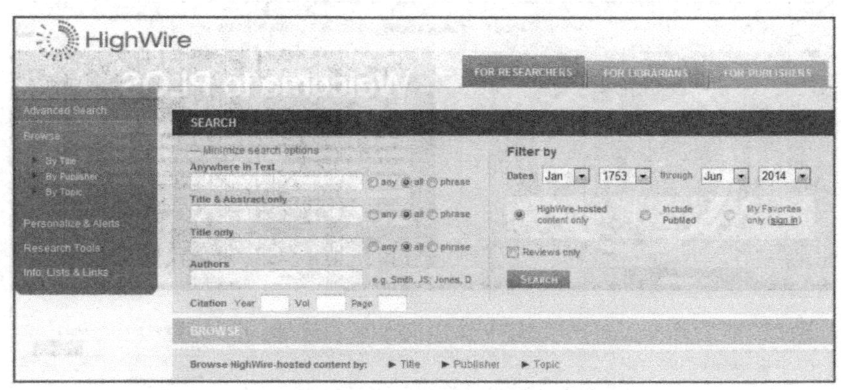

图 7-9 HighWire Press 检索页面

3. BioMed Central

BioMed Central（简称 BMC，http://www.biomedcentral.com）是一家独立的、专门刊登并提供生物医学研究方面的、开放获取刊物的网站。它收录的期刊都通过严格的同行评审，目前共出版了 205 种生物医学期刊，涵盖生物学和医学的各个主要领域。BMC 首页如图 7-10 所示。

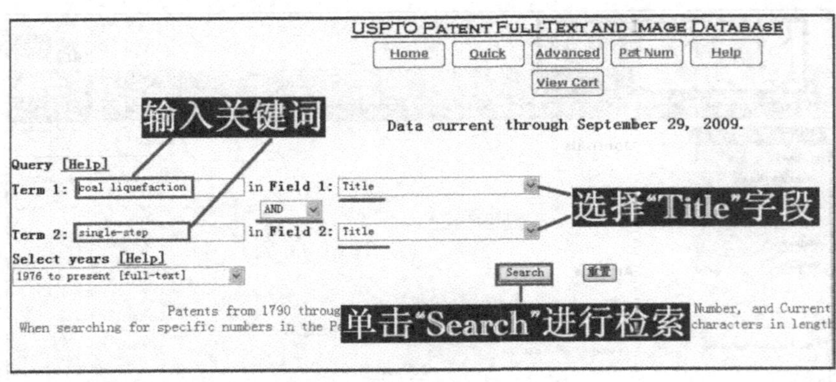

图 6-10 BioMed Central 首页

4. Public Library of Science

Public Library of Scienc(简称 PLOS，http://www. plos. org)是一家致力于推动全球科技和医学领域文献的公开获取的非盈利性组织。目前，PLOS 共出版七种生命科学与医学领域的开放获取期刊，向所有读者免费开放，其首页如图 7-11 所示。

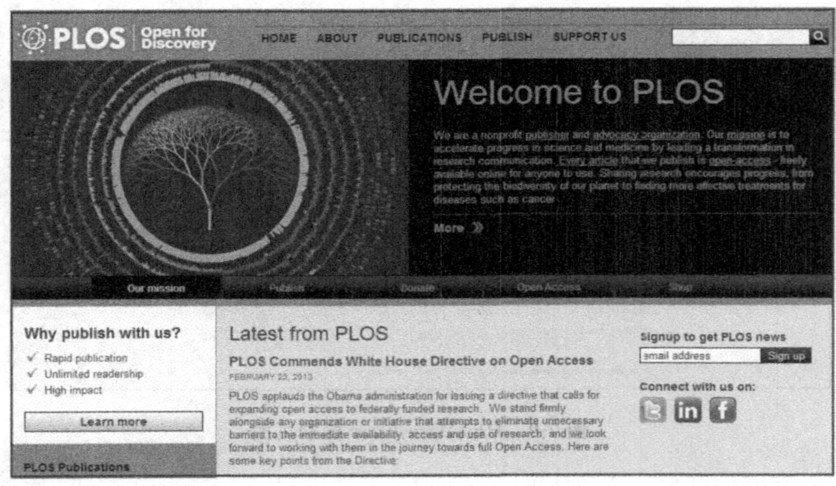

图 7-11 PLOS 首页

5. Institute of Electrical and Electronics Engineers

Institute of Electrical and Electronics Engineers(简称 IEEE，http://ieeexplore. ieee. org)是一个非营利性组织，是国际著名专业技术协会的发展机构，目前已收录了 140 万篇在线文献，每年组织 300 多次专业会议，其首页如图 7-12

所示。

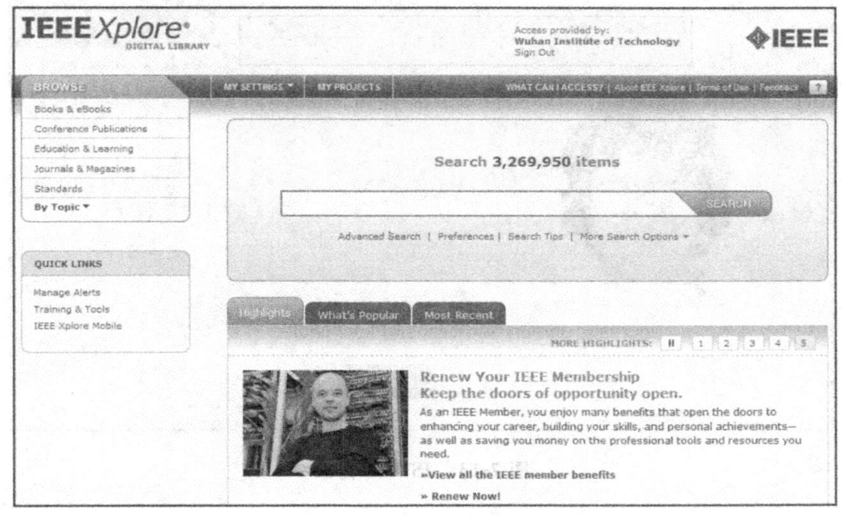

图 7-12　IEEE 首页

6. Journal Storage

Journal Storage(简称 JSTOR,http://www.jstor.org)是一个对过期期刊进行数字化的非营利性机构,于 1995 年 8 月成立。目前 JSTOR 的全文库是以政治学、经济学、哲学、历史等人文社会学科主题为中心,兼有一般科学性主题共 29 个领域的代表性学术期刊的全文库。从创刊号到最近两三年前过刊都可阅读全文,其首页如图 7-13 所示。

7. arXiv

arXiv(http://arxiv.org)预印本服务系统是基于学科的开放存取仓储,旨在促进科学研究成果的交流与共享。目前包含物理学、数学、非线性科学、计算机科学和量化生物等五个学科共计 44 万余篇预印本文献。arXiv 首页如图 7-14 所示。

8. 中国科技论文在线

中国科技论文在线(http://www.paper.edu.cn)是经教育部批准,由教育部科技发展中心主办的科技论文网站。它利用现代信息技术手段,免去传统的评审、修改、编辑、印刷等程序,给科研人员提供一个方便、快捷的交流平台,提供及时发表成果和新观点的有效渠道,从而使新成果得到及时推广,科研创新思想得到及时交流,其首页如图 7-15 所示。

9. MIT 机构收藏库

MIT 机构收藏库(http://dspace.mit.edu)是使用 Dspace 开源软件开发的一

图 7-13　JSTOR 首页

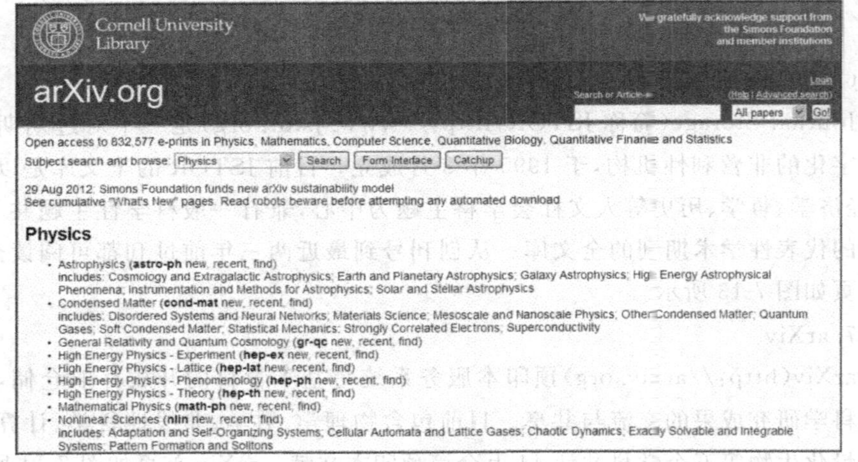

图 7-14　arXiv 首页

个数字化成果存储与交流知识库。收录该校教学科研人员和研究生提交的论文（包括已发表和待发表）、会议论文、预印本、学位论文、研究与技术报告、工作论文和演示稿全文等。MIT 机构收藏库首页如图 7-16 所示。

10. 香港科技大学机构库

香港科技大学机构库（http://repository. ust. hk/dspace）是由香港科技大学开发的一个数字化学术成果存储与交流知识库，收藏有由该校教学科研人员和博士生提交的期刊论文、会议论文、博士学位论文、演示稿等，其首页如图 7-17 所示。

图 7-15 中国科技论文在线首页

图 7-16 MIT 机构收藏库首页

11. Socolar

中国教育图书进出口公司对世界上重要的 OA 期刊和 OA 仓贮资源进行了全面的搜收集和整理，并对它们进行统一检索，启动了 OA 资源一站式检索服务平台 Socolar 项目，旨在为用户提供 OA 资源的一站式检索服务。这一项目的成果便是开发了 Socolar，检索时先要进行注册。Socolar 首页如图 7-18 所示。

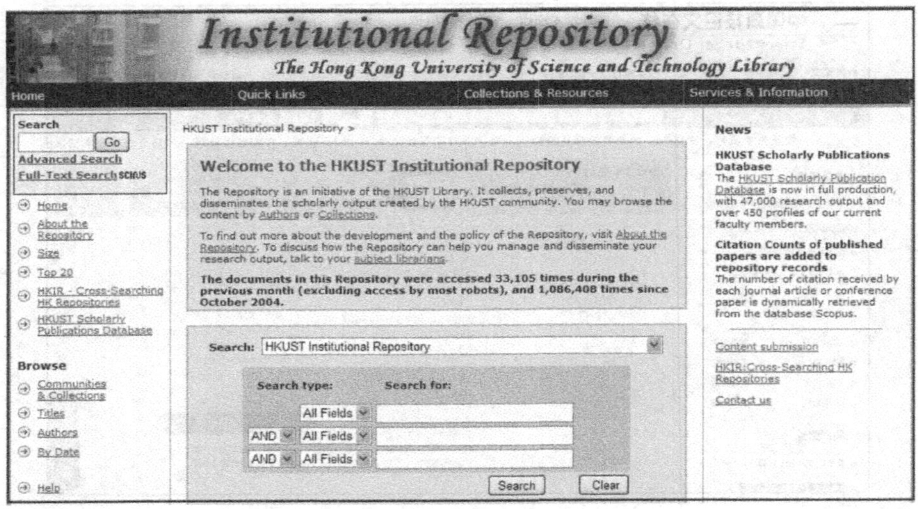

图 7-17 香港科技大学机构库首页

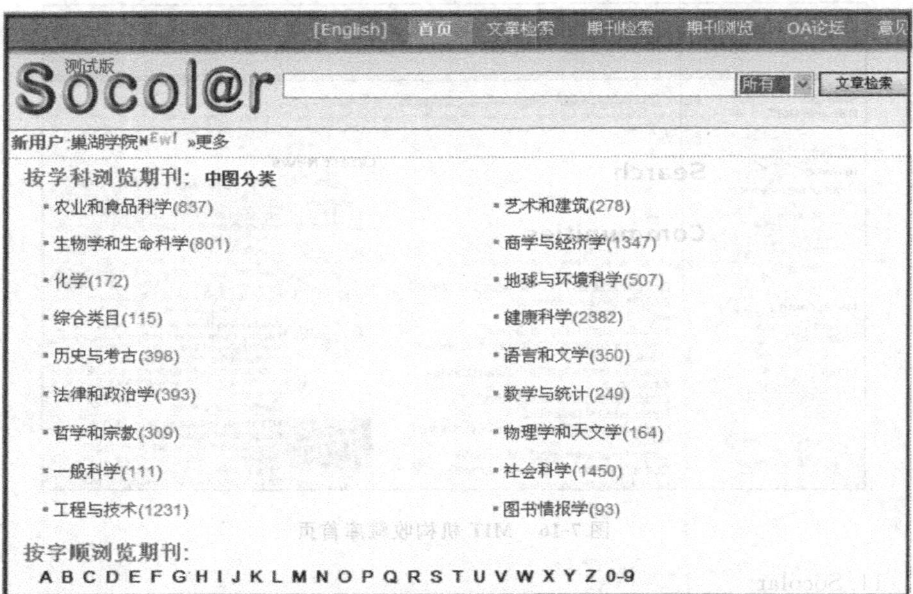

图 7-18 Socolar 首页

12. 其他 OA 资源

(1)PMC(PubMed Centeral):http://misuse.ncbi.nlm.nih.gov。

(2)Free Full-Text Journals in Chemistry:http://www.abc.chemistry.bsu.

by/current/fulltext. htm。

(3)计算机科学研究报告和论文:http://www. ncstrl. org/。

(4) Social Science Research Network (SSRN，社会科学研究网): http://www. ssrn. com。

第八章　参考工具书及其利用

在科研、教学和生产过程中，人们通过查阅参考工具书获取工作中需要的公式、数据、图表、分析方法、合成方法和各种生产工艺过程等资料。查阅参考工具书常常是文献查阅的起点，因此，了解、掌握并熟练地使用参考工具书，对科研人员具有十分重要的意义。

第一节　工具书概述

一、工具书的定义

工具书是指根据一定的查检需要，系统地汇集有关的知识信息或文献资料，并按易于检索的方法编排，以便读者能迅速获取特定文献信息、资料或具体事实与数据的一种特殊的文献。简言之，工具书就是广泛搜集资料，按特定方式加以编排，以供查考之用的特定类型的图书。工具书具有准确性、参考性、检索性、概括性、资料性等特点。

二、工具书的分类

工具书的内容广泛，种类繁多，至今也没有一个统一的分类标准。从内容性质和功用上，可以划分为参考工具书和检索工具书两种类型。参考工具书重点在于提供知识，检索工具书重点在于提供文献线索。

1. 参考工具书

参考工具书是指汇集某一方面的知识与资料，并按一定方式加以编排，能直接解答各种具体知识和疑难问题的工具书。参考工具书又分为辞书类、资料类和图录类工具书。

(1)辞书类工具书：重在对字、词和专门术语的汇集、解释和阐述，包括字典、字表(汇)、辞典、词表(汇)和百科全书等。

(2)资料类工具书：重在对各种资料的汇集和整理，包括类书、政书、年鉴、手册、资料汇编、名录、表谱等。

(3)图录类工具书：重在汇集有关事物的图像，包括地图、历史图谱和文物图录等。

2. 检索工具书

检索工具书是在一次文献(即原始文献)的基础上，把有关文献的特征(即文献的外部特征和内容特征）著录下来，并按一定的方法编排起来，为读者提供文献信息线索和文献信息出处的二次文献。检索工具书主要是指目录、索引和文摘等一类的工具书。

检索工具书并不直接提供读者所需文献信息的具体内容，而是提供一条条有关的文献信息的线索。

第二节　参考工具书的排检方法

工具书因内容、目的和读者对象不同，其排检方式各不相同。一般来说，工具书的主要排检方法有字顺排检法、分类排检法、主题排检法、时序排检法和地序排检法等。

一、字顺排检法

字顺排检法是参考工具书的主要排检法，简称字顺法。一般字典、词典、百科全书等都采用这种方法编排。字顺法可分为音序排检法、形序排检法、号码排检法。

1. 音序排检法

音序排检法即按字音的顺序排检字、词的方法。外文词典类参考工具书皆按此法排检。汉字按音序排检法排检已有悠久历史，早在隋朝，公元 601 年，《切韵》成书，即采用了韵部排检法。以后，有些工具书又使用注音声母排检法。新中国成立以后，我国很多工具书采用了拼音字母音序排检法。

外文词典、百科全书等类参考工具书皆采用拼音字母音序排检法，中文字典、词典等类参考工具书，用汉语拼音排检。其具体方法是按照汉语拼音字母 A、B、C……X、Y、Z 次序排检方法。在 26 个字母中，除 I、U、V3 个字母不作字头，其他 23 个都可作字头，分成 23 部，排列时，先以首母的 A、B、C 音序排，若首母相同再按第二个字母音序排，依此类推，如果两个字或词相当，再按阴平、阳平、上声、去声、轻声顺序排列。

2. 形序排检法

形序排检法是根据汉字的形体结构特点归纳分类、顺次编排和查检的方法，包括部首法、笔画笔顺（形）法。

（1）部首法：是根据汉字的字形结构，按照部首偏旁归类排检的方法。其基本规则是：首先把部首相同的字归并为一部，再按部首的笔画多少次序排列，同一部首的字则按除部首以外的笔画由少到多的次序排列。《辞海》是部首法的代表，其正文严格按部首法的规则编排；《康熙字典》、《中华大字典》等也都采用了此种编排法。

(2)笔画笔顺法：是按汉字笔画数多少，并结合起笔笔形排列汉字的方法。其基本规则是：笔画少的字排在前，笔画多的字排在后；笔画数相同的，再按每个汉字的笔形或部首排列。笔画法常用于编制工具书的辅助索引。由于汉字笔顺复杂，人们书写起、落笔的习惯不同，加之，各种工具书对笔画、笔形、笔顺的规定不一，因此，给查找工作带来一定困难。

3. 号码排检法

号码排检法是形序法的一种变形。它把汉字的各种笔形用号码表示，然后再按各个汉字代号的大小顺序编排。号码法最常见的是四角号码法。

四角号码法是根据汉字方块形体的特点，用数码来代表汉字四角的笔形，组成一组4位号码，按号码由小到大的顺序排列汉字的方法。把汉字笔形分为10类，分别用0到9作为代码，其口诀是：横1竖23点捺，叉4插5方框6；7角8八9是小，点下有横变0头。取号时，依汉字的左上角、右上角；左下角、右下角的顺序分别取其笔形代码并联成一组，即为该字的四角号码。

号码法的优点是：以笔形编码，取码位置固定，只要记住号码、位置次序，检索迅速，使用便当。其缺点是学习掌握较难，只有经过反复练习，才能运用自如。

二、分类排检法

分类排检法是将知识单元或文献信息按照其内容性质或学科体系加以归并集中的一种排检法。这种排检方法以学科的分类观点按学科本系层层分类，每一类目下集中同类词目或文献。分类排检可以体现学科属性和逻辑次序，较好地反映事物概念之间严格的派生、隶属和平行关系。

分类排检法是书刊资料常用的分类法。如，古代的经、史、子、集的四部法。现在使用的中国图书馆图书分类法、中国科学院图书分类法、中国人民大学图书馆图书分类法、国际十进制分类法等。这些分类法不仅是图书馆的书刊资料分编、排架的依据，而且大量的工具书，也依此法进行编排、检索。

三、主题排检法

主题排检法是以表征事物特征的主题作标识，将有关某一主题的知识材料，按照一定主题顺序编排的一种方法。主题排检法要结合形序排检法和音序排检法来组织主题词，一般按照字母或笔画顺序排列。

主题排检法使用范围较广，如年鉴、百科全书、《列宁全集索引》等，都以此法排检。其优点是：能将属于不同学科、不同知识体系中关于同一主题的各种信息集中，表达主题概念，对内容的揭示比较深入；其局限是，其主题词的选择要以标准的主题词为依据，要求读者具有一定的检索语言知识，并且从不同工具书中查找同一信息，有时需分别借助不同的辅助工具——主题词表，给读者检索造成一定的困难。

四、时序排检法

时序排检法就是按照事件、事物发生发展的时间顺序编排有关材料的一种方法，多用于一些时间概念较强的工具书，如年表、历表、大事记及历史纲要等工具书。

五、地序排检法

地序排检法是一种按照地理区划来编排知识信息的检索方法，主要适用于地图集、地名录和年鉴等工具书。国际性内容，有的先区分洲，而后按地理位置从北到南，从西到东排列；有的按国家名称的字顺排列。某一国家的内容，则通常按该国规定的行政区排序。

第三节　参考工具书的利用

一、字典、词典

1. 字典、词典的含义

字典，古称字书，是解释字的形、音、义及其用法的工具书。其作用是查找字的正确写法、标准读音及它的意义和用法。

词典，又叫辞典，是将语言和事物名称等词语汇集在一起，对词义和用法进行解释，按照一定的次序进行编排，以便检索的工具书。它主要是查找词语的意义和用法。

字典、词典主要作用有两方面。其一，帮助查字：查古文字、常用字、冷僻字、字音、字韵等；其二帮助查词：查实词、虚词、常用词、特殊词语、俗语、方言、专业术语等。

字典、词典的类型很多，根据取材范围、编辑目的区分，有综合性、专业性、缩略语等类型。如《中华大字典》、《词源》、《辞海》、《中国百科大词典》、《牛津英语词典》、《韦氏第三版新国际词典》等属于综合性词典；《现代科学技术词典》、《英汉科技大词库》、《汉英科技大词典》、《农业辞典》、《英汉畜牧科技词典》、《英汉园艺学词典》等属于专业性词典；《英汉缩略语词典》、《科技英文缩写词典》等属于缩略语类型的词典。

2. 字典、词典举要

1)《康熙字典》

《康熙字典》由清朝张玉书、陈廷敬等奉旨编撰，中华书局 1958 年、1980 年据同文书局影印本重印。该书在明朝《字汇》、《正字通》的基础上编成，是封建社会一部集大成的字典。全书收字 47 035 个，另有重复的古文 1 995 个，共 49 030 个，沿用 214 部编排，按十二地支分为十二集排序，每集分上、中、下三卷，是查找生僻古怪字不可缺少的工具。

2)《辞海》

《辞海》(1989 年版)选收单字 14 872 个，复词 91 706 条，包括成语、典故、人物、著作、历史事件、古今地名、团体组织，以及各学科的名词术语等。有插图 3 000 余幅，书后附有 14 种附录。单字按 250 部首(改良部首)编排，有部首、笔画笔形、汉语拼音和四角号码等多种检索途径。

3)《现代汉语词典》

《现代汉语词典》是一部以收录普通话语汇为主的中型词典。全书共收词目 56 000 条，包括字、词、词组、熟语、成语等。其中单字(包括繁体字、异体字在内)10 609 个。1988 年出版有《倒序现代汉语词典》，将末字相同的词目分列该字头下，其字头是将韵母相同的辑录在一起，按声母排列，为辨析词义、从事写作和汉语教学与词汇研究提供了方便。

二、百科全书

1. 百科全书的含义

“百科全书”一词源于希腊文 enkyklios(范围)和 paideia(普通教育)二词，经过该词衍义，演化为“诸科学问之总汇”或“知识分类概要”。英文的“百科全书”一词源于希腊文“encycylopedia”。

所谓百科全书，即百科知识的总汇，“百科”指众多学科，“全”是系统、完整之意，它包括自然和社会科学各个领域最全面、最系统的知识，它是一种大型的综合性工具书。实际上，百科全书是人类知识的结晶，称为工具书中的“巨人”，世人常赞扬它为“没有围墙的大学”。百科全书具有汇编性、概述性、完备性、权威性、检索性等特点。

百科全书多采用条目形式对各个学科知识的定义、概念、原理、方法、历史和现状等作出符合其实际面貌、内容的解释和叙述，对一些内容丰富、历史悠久、影响深远的课题，则可用上数页甚至数十数百页的篇幅专文论述。百科全书备有完善的检索体系，读者能够迅速而准确地查获答案。我国古代“类书”也属此类。

百科全书一般在 10 卷左右称为“百科全书”，20 卷以上者称为“大百科全书”。就其收录范围、学科性质和通俗程度，可分为综合性、专业性和通俗性三种百科全书。《旅游百科全书》属于通俗性百科全书。《永乐大典》、《古今图书集成》、《中国大百科全书》、《大英百科全书》、《苏联大百科全书》、《麦克劳希尔科学技术百科全书》、《食品科学百科全书》、《现代管理百科书》等属于综合性、专业性百科全书。

2. 百科全书举要

1)《中国大百科全书》

《中国大百科全书》由中国大百科全书编辑委员会、中国大百科全书出版社编辑部编，中国大百科全书出版社 1980—1993 年出版。这是我国第一部具有权威性的大型综合性百科全书。全书内容包括哲学、社会科学、文学艺术、文化教育、自然科学、工程技术等 66 个学科和知识门类，共 74 卷（包括总索引 1 卷），收录条目近 8 万条，插图约 6 万幅。

2)《不列颠百科全书》

《不列颠百科全书》国际中文版是中国大百科全书出版社和英国不列颠百科全书公司最新合作的版本，1999 年出版，是一部大型的综合性参考工具书。全书共 20 卷，1～18 卷为条目正文，19～20 卷为索引。共收录条目 81 600 余条，附图片 15 300 余幅，地图 250 幅。《不列颠百科全书》网络版如图 8-1 所示。

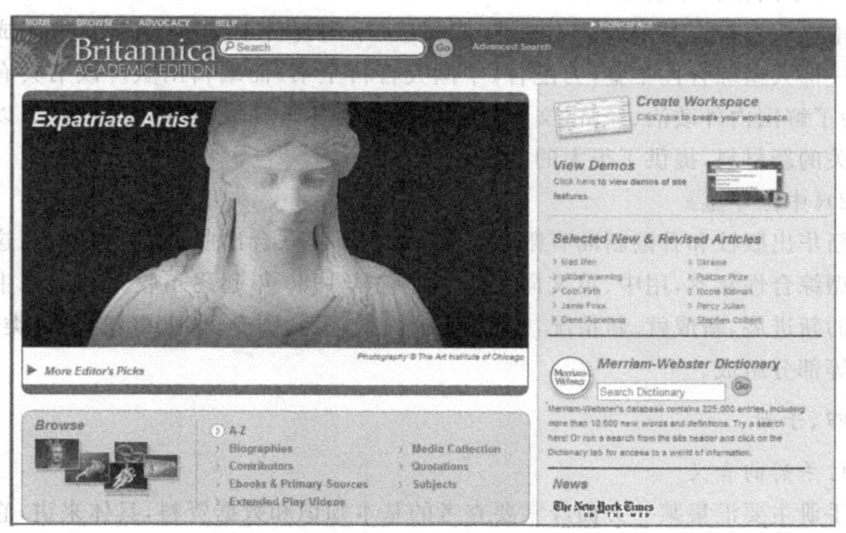

图 8-1 《不列颠百科全书》网络版

三、年鉴

1. 年鉴的含义

年鉴又称年报、年刊，是一种每年一期的连续出版的工具书。它以当年政府公报和文件，以及国家重要报刊的报导和统计资料为依据，及时汇集一年内的社会科学和自然科学等领域的重大事件、重要时事文献、科学技术的新进展和统计数据，有些还附有大量图表和插图等。年鉴编辑单位具有一定权威性，多为政府有关部门、学术团体或研究机构，也有由报社编辑部门或大百科全书出版社编辑出版的。

年鉴可以说是大百科全书的补充。大百科全书篇幅浩大，内容极其丰富，尽可能反映出科技发展的新水平、新成就，但是，由于出版周期过长，如一部全书至少要8年才能修订完，为了弥补缺陷，大百科全书编辑部门一般都按年编辑出版年鉴。年鉴具有资料性、时限性、新颖性和连续性等特点。

2.年鉴的种类

按年鉴收集资料的区域分：有世界年鉴，如《世界知识年鉴》；有国家年鉴，如《中国百科年鉴》；有地区年鉴，如《湖南年鉴》等。

按年鉴收集资料内容分：有综合性年鉴，如《世界年鉴》、《中国百科年鉴》及各地方年鉴等；有专门性的年鉴，如《中国经济年鉴》、《中国教育年鉴》、《中国体育年鉴》等；有统计年鉴，如《中国统计年鉴》、《国民经济统计提要》等。

3.年鉴举要

1)《中国百科年鉴》

中国大百科全书出版社1980年起出版《中国百科年鉴》。这是新中国成立以来第一部大型综合性年鉴，为配合《中国大百科全书》而编辑出版。该书具有权威性，为了解国内外政治、经济、文化、科学、艺术等各个领域、各部门的情况，以及查找有关的新材料，提供了很大的方便。

2)《中国年鉴》

新华出版社和香港新闻有限公司等1981年起联合出版《中国年鉴》。这是一部大型综合性年鉴，用中、英文同时出版。它从1980年起逐年收集和记录中国各方面的新进展、新成就、新情况，由中国概况、特载、彩图专辑、大事纪要、分类条目、附录等部分组成。

四、手册

1.手册的含义

手册主要汇集某一方面经常要查考的基本知识和数据资料，具体来讲，它汇集了有关方面的文献资料、基本知识、常用公式、常用数据、规章、条例等，以供读者随时手头翻阅。手册的称谓很多，有指南、便览、一览、要览、须知、宝鉴、必读、必备、顾问、大全等。手册具有资料性、灵活性、实用性等特点。

常用手册有：《无机物热力学数据手册》、《物理化学手册》、《联合国手册》、《国外科技核心期刊手册》、《机械工程手册》、《橡胶工业手册》、《溶剂手册》、《电子器件数据手册》、《CRC Handbook of Chemistry and Physics》(CRC化学和物理手册)、《Beilstein handbook of organic chemistry》(贝尔斯坦有机化学手册)、《Gemlin Handbuch der Anorganischer Chemie》(盖墨林无机化学手册)、《Lange's Handbook of Chemistry》(兰格化学手册)等。

2.手册举要

1)《CRC 化学和物理手册》(CRC Handbook of Chemistry and Physics)

《CRC 化学和物理手册》是美国化学橡胶公司(Chemical Rubber Co.)出版的一部著名的化学和物理学科的实用工具书。第一版于 1913 问世,此后几乎逐年进行修订再版,后来又改为每两年再版一次,内容不断扩充更新。

该手册内容丰富,不仅提供了化学和物理方面的重要数据,而且还可以查阅到大量科学研究和实验室工作所需要的知识。68 卷前全书共分:①数学用表;②元素和化合物;③有机化合物;④普通化学;⑤普通物理常数;⑥杂项共六个部分。73卷(1992 年版)全书共分①基本常数、单位和换算因子;②命名法、符号和术语;③有机化合物的物理常数;④元素及无机化合物的性质;⑤热力学、电化学和动力学;⑥流体性质;⑦生物化学和营养;⑧分析化学;⑨分子结构和光谱;⑩原子、分子和光物理;⑪核物理和粒子物理;⑫固体的性质;⑬聚合物的性质;⑭地理物理、天文学、声学;⑮实验室常用数据;⑯健康和安全资料,共十六个部分,正文后为附录:①数学用表;②常用化合物的 CAS 登记号和分子式。《CRC 化学和物理手册》封面如图 8-2 所示。

2)《贝尔斯坦有机化学手册》(Beilstein handbook of organic chemistry)

《贝尔斯坦有机化学手册》第一版由在德国工作的德藉俄国著名化学家 F. K. Beilstein 于 1882 年间编辑出版。该书基本上收集了所有已经发表的有关有机化合物的文献资料数据。这些资料数据都经过严格的核对和精确验证,因而比较可靠。该书资料来源于各种科学期刊、专利文献、重要的学位论文和会议报告等。每卷卷首列有所引用的期刊及其他出版物的全称和缩写,还附有缩写词的汇总表。

《贝尔斯坦有机化学手册》报道的每个化合物记载的内容包括:①组成和结构;②天然存在及从天然产物中提取的方法;③制备方法、生成及提纯方法;④分子结构及能量参数;⑤物理性质;⑥化学性质;⑦鉴定与分析;⑧盐及各种生成物。

《贝尔斯坦有机化学手册》收录的有机化合物是按照一定规则排列的,这个规则称为 Beilstein 系统分类规则。

(1)结构式。化合物的结构式是检索这个化合物的依据。

(2)三大部类。三大部类包括无环化合物(1～4 卷);碳环化合物(5～16 卷);杂环化合物(17～27 卷)。

(3)最后位置优先原则。一个化合物在《Beilstein 大全》中的位置,总是由这个化合物的某一结构决定的,这部分的结构以使该化合物排在《Beilstein 大全》中的位置在最后、卷数在最高的结构为准。

(4)索引化合物。《Beilstein 大全》是按照索引化合物的基本结构排列的。在无环化合物和碳环化合物两大部类中,碳氢化合物和带有官能团的碳氢化合物都

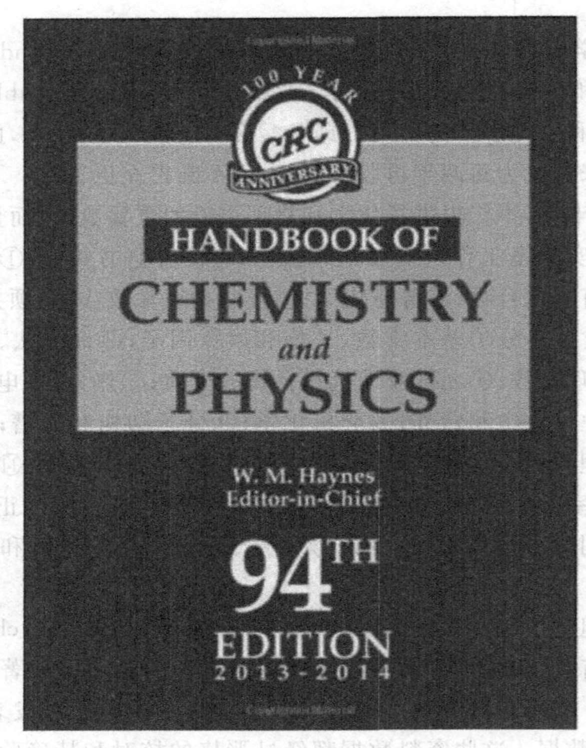

图 8-2 《CRC 化学和物理手册》封面

是索引化合物；在杂环化合物部类中，未被取代的杂环化合物以及带有官能团的杂环化合物（在任何情况下，取代基和官能团必须连接在碳原子上而不能连接在杂原子上）都是索引化合物。

（5）索引化合物的排列规则。①官能团：在每个部类中，索引化合物的排列位置是由索引化合物所含的官能团的种类及数量所决定的。如果一个索引化合物含有几个官能团，则按照“最后位置优先原则”，由使它被编排在《Bei/stein 大全》中最靠后的那个官能团来决定。若官能团数目相同，则按官能团数目递增次序排列。②饱和度：在同一卷内，按饱和度的递降次序排列。③碳原子数：同一饱和度的化合物，按碳原子的递增次序排列。

（6）衍生物排列规则。①官能团衍生物：可通过形式水解来确定其所属的索引化合物。②取代衍生物：取代衍生物是指含有一个或多个非官能性取代基的化合物。非官能性取代基有七种，依次为 F、Cl、Br、I、NO、NO_2、NO_3，索引化合物的取代衍生物按照上述顺序排列。取代衍生物可用当量的氢原子取代非官能性取代基的办法来确定其所属的索引化合物。③硫系元素同系物：有机硫、硒、碲等硫系元素的化合物，均看作是相应氧化物的取代衍生物而排在相应的含氧化合物之后。

五、表谱、图录

1.表谱和图录的含义

表谱，是查考历史年月日、历史大事、人物生卒及职官、地理沿革的工具书。它包括年表、历表和其他历史表谱。

表谱的编制在我国有悠久的历史。周代的“牒记”、“牒谱”，就是表谱的雏形，它是当时史官记载帝王年代和事迹之用的。到了汉代，司马迁著《史记》，利用《周谱》的旁行斜上法编制了《十表》，如《十二诸侯年表》、《六国年表》等。晋代杜预编的《春秋长历》，是较早的一种历表。唐宋时，表谱有了新的发展，出现了唐封演的《古今年号录》(佚)、宋王应麟的《历代年号》、吕祖谦的《大事记》等。到了现代，表谱的制作不仅体例更加完善，内容更加丰富，而且它们多用“公元”来整理，查检更为方便。

图录，亦称图谱，是用图形、图像配合文字来记载和揭示历史与事物形象的特殊工具书。它包括地图、历史图谱、文物和人物图录、艺术图录、科技图谱等。

图录之作，其历史渊源最为悠久。原始社会的氏族图腾、上古初民的器物图纹，可谓最原始的图录。传说中夏禹铸“九鼎”的图纹、周代的《山海图》及战国中山王墓出土的《兆域图》，可视为原始的图录。甘肃天水放马滩秦墓出土的秦邽县地图，是目前所见时代最早的古地图。长沙马王堆汉墓出土的《汉初诸侯长沙国南部地形图》等地图，对山脉、河流、居民地和道路的画法，已达到了较高的水平。晋裴秀的《禹贡地域图》(佚)，是我国最早的历史地图。康熙年间绘制的《皇舆全览图》开创了我国实测地图的先例。乾隆年间续绘的《内府舆图》，成为当时最完善的亚洲大陆全图。

2.表谱和图录举要

1)《中国历史纪年表》

万国鼎编，万斯年、陈梦家补订，商务印书馆1956年出版，中华书局1978年再版，1982年重印。该书根据1933年万国鼎的《中西对照历史纪年图表》补充修订而成。

2)《中国历史地图集》

谭其骧主编，地图出版社1982—1987年出版。本图集是在中华地图学社1975年内部发行本基础上修改增补而成的。全集按历史时期分为八册，包括原始社会、夏、商、西周、春秋战国时期，秦、西汉、东汉时期，三国、西晋时期，东晋十六国、南北朝时期，隋、唐、五代十国时期，宋、辽、金时期，元、明时期，清时期。共有图304幅，分为20个图组，收历史地名约7万个，书后附有古地名索引。《中国历史地图集》如图8-3所示。

图 8-3 《中国历史地图集》

3)《世界地图集》

地图出版社编制，1987 年出版。这是一部比较详细的世界地图集。共收图 85 幅，包括世界分洲图、分区和分国图、地区补充图三级。该图集前记载有地球一般知识，图集后附有《计量单位换算表》，可供参考。

六、internet 上部分参考工具书站点介绍

1. 百科全书站点

1)Encyclopedia Britannica Online(http://www.eb.com)

《不列颠百科全书》的电子版，该数据库每两周更新一次，需付费使用，但任何读者都可以申请 14 天的免费试用。

2)Encyclopedia.com(http://www.encyclopedia.com)

Encyclopedia.com 是 internet 上最优秀的免费百科全书之一，提供了超过 5 万篇全文以及和电子图书馆中几百万篇文献和图片的链接。

3)ONE LOOK DICTIONARIES(http://www.onelook.com)

ONE LOOK DICTIONARIES，网上百科词典，该网站分门别类地收集了世界各地多种字词及其相关资料，目前共收录了来自757种在线词典中的400多万个词语。

4）Encyclopedia of the orient（http://i-cias.com/e.o/index.htm）

Encyclopedia of the orient，东方百科全书，收集了北非和中东国家的文化信息，所有信息全部免费，每周更新，适合于高中生、大学生使用。

5）Columbia Encyclopedia Sixth Editio（http://www.bartleby.com）

Columbia Encyclopedia Sixth Editio，哥伦比亚百科全书第六版。哥伦比亚百科图书最早出版于20世纪20年代，现在已经是第六版了，它包括大约51 000个词条和80 000多个超链接。

2.字典、词典站点介绍

1）汉典（http://www.zdic.net）

汉典网站建于2004年，建站的宗旨是宏扬中华文化，继承优良传统，推广学习汉语，规范汉字使用，为广大网民提供便利。免费提供字、词、成语的检索，并附有实用附录、汉典工具等。

2）China and its Languages（http://www.chinalanguage.com）

China and its Languages 包含汉字、客家话、粤语、国语、中文字谱、台语、佛教用语、易经等多种网上字典。

3）香港字典（http://www.hkdict.com）

香港字典由香港电邮有限公司出品，包含香港汉英字典和香港英汉字典，可以进行英汉、汉英互查。

4）yourDictionary.com（http://www.yourdictionary.com）

yourDictionary.com 提供了网上最全面、最权威的语言工具及与语言相关的产品和服务，它共有1 800多种字典，涉及250多种语言。

5）Lexiconer Dictionary（http://www.Lexiconer.com）

Lexiconer Dictionary（吕氏网上字典）提供英汉、汉英互查功能。

3.其他类型参考工具书站点介绍

1）中华人民共和国统计局网站（http://www.stats.gov.cn）

中华人民共和国统计局网站由中国国家统计局推出，及时、准确地发布最新、最全面的统计信息，提供统计公报、统计数据、统计法规、统计机构、统计分析、统计管理、统计知识、统计标准、统计动态、统计制度等信息的检索。

2）中国知网工具书馆

中国知网工具书馆（http://gongjushu.cnki.net/refbook/default.aspx）目前收录了近200家出版社的字典、词典、百科全书、图录、表谱、手册、名录等共3 000

多部，含 1 000 多万个条目，70 万张图片。其内容涵盖自然科学与人文社科各领域。中国知网工具书馆如图 8-4 所示。

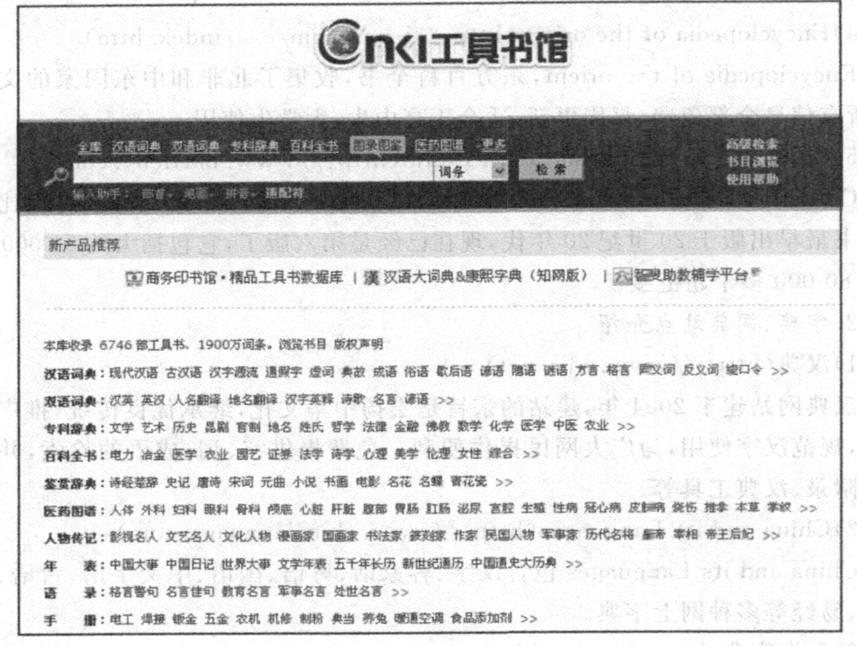

图 8-4　中国知网工具书馆

3）MapQuest（http://www.mapquest.com）

MapQuest 提供地图查询、驾驶路径和旅游导游，以及白页、黄页检索服务，为免费站点。

4）Virtual Tourist（http://www.vtourist.com）

Virtual Tourist 是旅游信息免费查询网站，提供了 200 多个国家的旅游信息，在该网站上甚至可以找到只有当地人才知道的旅游信息。

第九章　文献资料的阅读、整理与综述

科学研究都有一个继承性、连续性和探索性的问题，都是在前人的基础上发展起来的，应当把前人研究的终点，当作自己的起点。要发展前人的成果，首先应当了解前人研究的基础情况，并收集和阅读前人的文献资料。

第一节　文献资料的阅读

广泛搜集文献资料是写好综述的基础，这一方面除了靠平时积累外，还要靠有目的地搜集。可以先搜集资料，再确定文题；也可以先确定文题，再按照文题要求搜集资料。当然，两者往往是结合的，即在平时资料积累的基础上选题，再根据题目搜集补充素材。阅读文献是综述写作的“前奏”。

阅读文献时，应选读一些近期发表的综述、述评，因为这样可以了解有关专题的概况，而省去查找和阅读大量原始文献的时间。而对查获的文献，应先进行普遍浏览，以求初步了解文献，并选定重点参考资料。然后通读选出的文献。通读时，要全面掌握每篇文献的内容及重点，做出摘录或笔记，完成选材。此外，阅读一篇文献时，应先读摘要和结论，经此来初步了解文献的主要内容，权衡其学术价值，确定其对撰写综述有无用处及实用性大小。可将查到的文献分成“价值不大”、“有价值”和“有很大价值”三类。对“有很大价值”的文献要精读，仔细推敲和深入分析研究，并做好摘要，记下文献著者、题目、刊名、年、卷、期、页和重要内容（研究方法、研究结果、数据、指标、核心观点等）。

一、文献资料阅读的原则

1. 计划性原则

把搜集到的文献资料大概浏览一下，根据数量、难度和性质，以及研究课题完成的总体安排和进度做一个具体的阅读计划。这有助于研究者养成高效率阅读和善于控制阅读时间的良好习惯。

2. 顺序性原则

阅读文献要遵循一定的次序，一般应首先看原始文献，后看综述文献；先看近期文献，后看远期文献；先看中文文献，后看外文文献；先看书籍文献，后看报刊文献；先看理论文献，后看应用文献；先看重要文献，后看次要文献等。

3. 批判性原则

研究过程离不开已有文献的帮助，但研究者却不应毫无批判地迷信于文献，要具有科学的探究意识和怀疑精神，坚持用批判的眼光去看待已有的成果，对其选题意义、理论依据、研究方法、研究过程、论证逻辑和结论的得出等多问几个为什么，以发现不足和空白，为自己的研究提供借鉴和参考。

4.交替性原则

在查阅文献资料的过程中，研究者并不是将所需的文献全部搜集完成之后才制订阅读计划并着手进行阅读的，而且文献的搜集工作也不是一劳永逸的，搜集文献和阅读文献的工作往往是同时或交替进行的。当从已有的文献中受到了启发，需要新的文献资料辅助时，就必须着手查找新的相关资料，以弥补已有文献的不足。而且，随着时间的推移和研究的不断深入，也需要不断扩展文献的查阅范围，增补最新的研究文献。

二、文献资料阅读的方法

阅读文献的方法一般有浏览、粗读和精读三种。这三种阅读方法各有所长和不足，对于研究工作者来说，均为非常有用的方法，都应当很好地掌握，并善于在研究过程中综合、灵活地运用。

1.浏览

浏览就是把搜集到的文献资料快速地翻阅一遍，目的是对文献的内容、价值和相关性有个初步的认识和判断，并据此对文献进行分类和排序：把相关性高和有价值的资料放在一起，以便对其精读；把相关性较小和初步看起来价值不大的资料放在一起，以备下一步粗读。浏览文献时，要善于从文献的大小标题、关键词和摘要中把握文献的概况。

2.粗读

粗读就是把文献资料粗略地阅读一遍，以便了解研究的意义、方法和结论。通过对文献资料的粗略阅读，一方面可以增进对研究课题全貌的了解和把握，另一方面可对文献资料作进一步的划分，以确定阅读的次序和精细程度。粗读虽然不要求对文献逐字逐句地阅读，但对问题的提出、研究的意义、研究的方法和过程，以及研究的结论等内容要放慢速度，读得相对仔细一些。

3.精读

精读是文献查阅中最为关键的一步，它是在浏览和粗读的基础上对比较有价值的文献资料进行的一种求深、求精、求透、求创新的阅读方式。精读是一种理解性、创造性的阅读，包括准确阅读文献，全面把握文献的内容和逻辑结构，对文献的观点和材料等提出质疑，提出超越所阅读文献的新思想、新观点、新方法等四个阶段。在精读时，应一边阅读，一边随时记下受文献启发的思考——文献的要义、文献的创新之处、存在的问题、对文献的评价、自己提出的新见解、解决问题的新观点等。

三、文献资料鉴别的原则

1.先进性原则

一方面，要看文献中提出的观点、原理和方法与其他资料相比有没有新的内容、新的发展，其描述的事实是否从未发表过或者在原有事实的基础上是否提出了新的结论；是否包含有新史料、新数据或在研究方法上是否运用了新技巧、新概念系统、新理论模式等，是否介绍了新技术、新发明、新的管理经验。综述文献里包含的新内容对于读者最有启发意义，可使读者及时了解发展动态。资料内容的新颖性可以从文献的外部特征、文献的内容和科学技术发展的基础判断，还可以从推广应用情况、与同类成果的对比、技术经济效果等方面进行判断。另一方面，要看文献资料中反映的观点、理论和方法等是否老化过时，失去了利用价值。特别是技术方法等方面的资料，时间性极强，随着新一代产品的开发和使用，旧的技术方法很快就会被淘汰，没有多少使用价值，因此必须弄清其时效性和先进程度。这一点在引进设备、投产新产品的情报调研方面尤为突出。要避免因资料陈旧，不了解现阶段的发展情况而得出错误结论，盲目引进已过时陈旧的技术和设备。

2.可靠性原则

可靠性即资料的真实性，指文献资料的内容是否客观、真实。随着现代科技的发展，文献资料也存在着良莠难辨的问题，存在着大量的非科学、伪科学的东西，在鉴选资料时，应注意资料的真实性，选择资料要慎重。客观性原则指鉴定、评价文献资料，决定取舍的态度要客观、公正，不能带有主观倾向和先入为主的态度，更不能掺杂个人感情。

3.相关性原则

相关性原则考量搜集的文献内容与综述课题的相关程度如何，有多少内容是与综述课题相关的。相关信息多的文献应优先选择；相关信息少的文献，或是虽然相关但对于综述课题没有多少利用价值的文献资料以及内容重复的资料可以剔除。

4.适用性原则

适用性原则考量文献资料对于使用者可资利用的程度。有些文献资料的内容虽然和综述课题密切相关，但是由于文献资料产生的背景，如地理环境、气候、自然资源、科技发展水平、经济能力以及民族、文化、国情的差异，其所提供的信息并不是普遍适用，可以完全借鉴的，而是只适用于与产生该文献的背景相似的情况。如对于产品、技术资料的介绍和评价，应考虑是否适于本国的国情，是否与本国的技术水平相适应。对于理论观点和学说的介绍和评价、筛选则要考虑本国的政治制度和意识形态、人文因素等，不能随意引用。情报的适用性原则是一个动态的原则，没有明确的标准，需要撰写人员具体情况具体对待。

第二节　文献资料的整理

一、文献资料的整理方法

文献资料的整理是指将经过筛选的资料，按照某种标准详细分类，如按应用领域、观点、方法、技术、产品等分类，在大类下还可将资料按照地区、年代等进一步分类归纳。具体分多少类，采用哪些分类标准应根据搜集到的资料确定。在分类归纳的同时，将重点内容进行提炼和摘录，把原始文献中的重点句、重点节和重点段直接摘抄下来或翻译过来，做出“节录”；对于仅供一般参考的非重点文章，以“提要”或“文摘”的形式记录下来；而对于一些重要的、信息量大的原始文献，应该用精炼、概括的语句将其主要内容提炼出来，以备撰写综述时可以马上利用。信息资料的整理方法主要以下几种。

1.要目索引法

为了便于对研究课题进一步作深入研究，同时也为撰写论文准备材料，在阅读有关文献资料的同时要整理要目索引。所谓要目索引，就是把与研究课题有关的文献资料中涉及的内容，或按照原文题目（或观点）自行概括组织成文字，编成索引，做到是什么问题、什么观点、什么方法、在什么文献资料上的哪一章节甚至哪一部著作的第几页，都一目了然，检索时伸手可得，毫不费力。

2.文摘卡片法

与要目索引相比较，文摘卡片更有其检索快捷方便的特点。当然，制作文摘卡片，平时一面阅读，一面思考，一面摘录，投入的精力和时间是相当多的。文摘卡片在文化用品商店有售，也可自行制作，自行制作卡片应当以摘目齐全、使用方便、检索快捷为目的。

3.剪贴法

剪贴法是将与课题相关的论文、个案、研究成果或学术动态等资料剪裁下来，按内容分类粘贴在统一规格的本子或纸张上，分册保存、归档。剪贴时要注意及时注明作者、出处和时间等信息，以备日后引用。

4.笔记法

笔记法是将阅读的文献资料及体会以读书摘记与读书笔记的形式记录下来的方法。写读书摘记与读书笔记既是积累文献的方法，在某种意义上又是制作文献的方法。因为在读书摘记和笔记中渗透了更多的制作者的思维活动，它有时是第二手文献的构成部分，有时又是新的第一手文献的创造过程，是在研究过程中形成的“半成品”。

读书摘记以摘记文献资料的主要观点为任务。因不受篇幅限制，它比卡片式的内容提要详细得多。研究者在读到一些较有价值的文献，或者读到一些在主要观点和总体结构上很有启发的资料时，就可采用读书摘记的方式，把其主要观点和结构的框架摘记下来。总的说来，摘记的重点在“摘记”，不在于“评价”。与摘记不同，读书笔记的重点在“评”。评论的方式有总评、分章节评和重点选评。写得好的读书笔记，即能提出新思想和新观点的读书笔记，本身就是一种科研成果。

5.评点法

评点法是在阅读自己购买或复印的文献资料时，直接在书刊上标记符号(如问号、着重号等)或书写启发与体会的一种方法。

6.现代技术法

现代技术法是利用光学、电子学等现代技术存储、积累文献的方法。具体的方式有：复印、摄像、摄影、录音、磁盘或光盘存储、互联网存储等。用现代技术存储、积累资料的方法具有体积小、容量大、速度快、检索方便等特点。

二、信息资料的整理利器——NoteExpress 软件介绍

搜集到的信息经初步鉴别、筛选后，需要进行加工整理。通常做法是将搜集到的资料做成资料卡片，加以分类，或将记录有资料的活页笔记进行分类存放，使之系列化。

上述传统的手工整理方法已不能适应现代信息社会。如何才能有效地管理这些检索到的信息资源呢？目前，很多机构研究开发了相应的软件，来解决电子信息资源的高效率组织管理问题，其中国外较为典型的有 EndNote、ReferenceManager 等，国内的有 NoteExpress、文献之星等，本节着重介绍 NoteExpress 软件。

(一)NoteExpress 简介

NoteExpress 是北京爱琴海软件公司(http://www.scinote.com)开发的一款专业级别的文献检索与管理系统，其核心功能是帮助用户收集整理文献资料，在撰写学术论文、学位论文、专著或报告时，可在正文中的指定位置方便地添加文中注释，然后按照不同的期刊格式要求自动生成参考文献索引。该软件详细功能包括：

(1)将平时所积累的参考文献输入到 NoteExpress 所定义的数据库中，从而形成个人的参考文献数据库；

(2)支持万方、维普、CNKI、EI、Elsevier、ACS、OCLC 等文献数据库，检索结果能够保存到特定目录中，供平时研究时使用；

(3)对检索结果进行多种统计分析，从而使研究者更快速地了解某领域里的重要专家、研究机构、研究热点等；

(4)具有附加笔记功能，可以在阅读过程中记录笔记，并与相关参考文献链接起来，在写作过程中随时插入到文章相应位置；

(5)按照不同的出版要求格式输出参考文献。

(二)NoteExpress 的使用

1. 建立题录数据库

建立题录数据库,一方面是为了写作时能实时插入题录作为文中标引;另一方面,是为满足用户看摘要的需要,节约用户的宝贵时间。新建题录有以下几种方式。

1)手工建立题录

在"题录"文件夹下选中某子文件夹,作为新建题录的存放位置;在右方题录列表中单击鼠标右键,选择"添加文件夹(新建题录)"并输入题录名,如"智能交通",如图 9-1 所示。

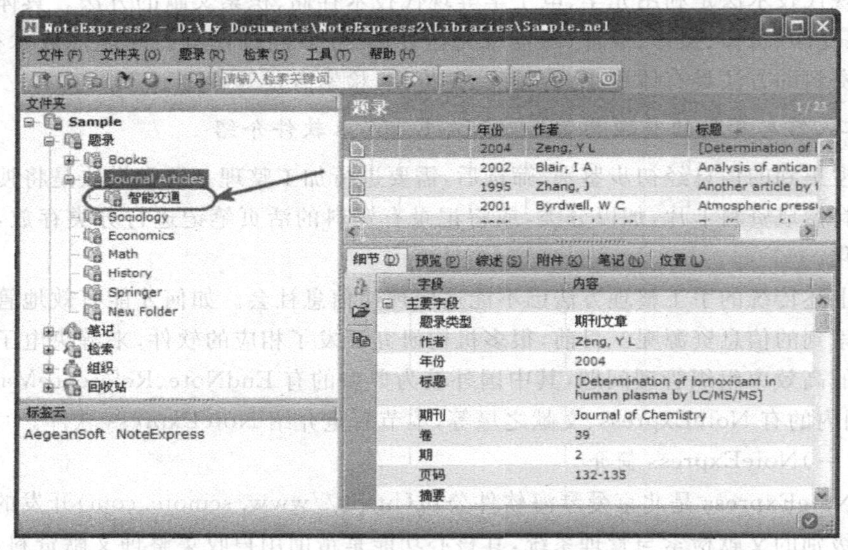

图 9-1 NoteExpress 题录界面

2)文献数据库检索结果批量导入

在国内 CNKI、维普、万方及国外的 EI、ProQuest、Elsevier 等数据库检索后,可以直接导入批量题录。将题录信息输出到剪贴板或文件(如 txt、ris 格式),这些题录数据就可以被批量导入到 NoteExpress 的数据库,供阅读、研究或论文写作时引用。

以 EI 数据库为例,导入的方法如下:在 EI 数据库检索平台输入检索词,如"Intelligent Traffic "(智能交通)进行检索,并选中自己感兴趣的检索结果,单击网页右上方的"Download"按钮,如图 9-2 所示。

在弹出新页面窗口中,先选择"RIS、EndNote、Procite、Reference Manager",再单击"Download"按钮,如图 9-3 所示。

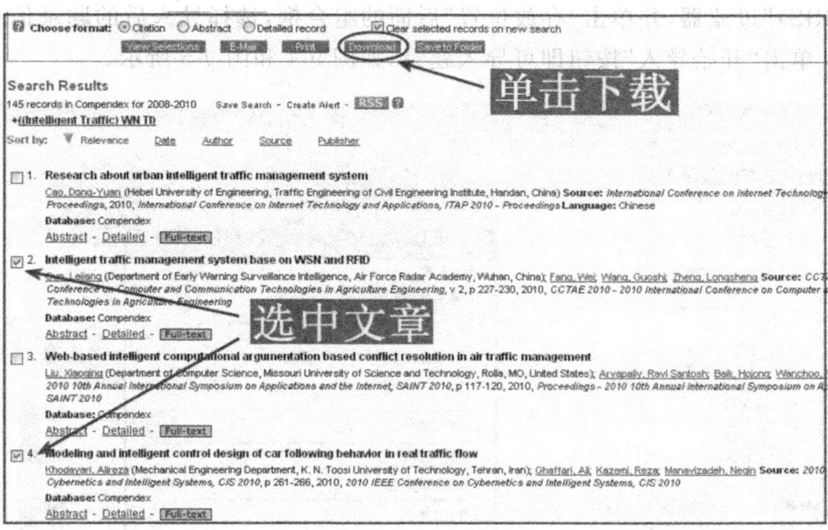

图 9-2　EI 数据库题录导入步骤 1

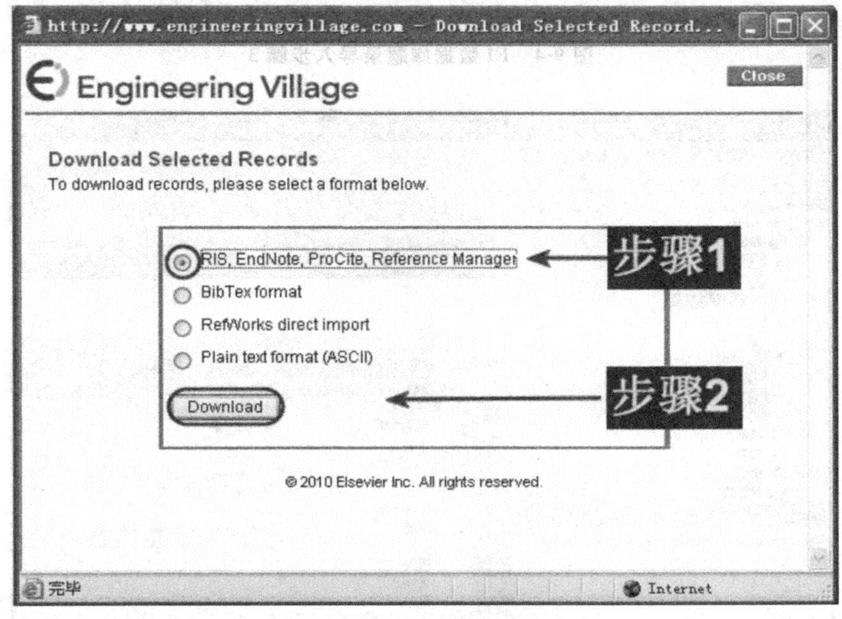

图 9-3　EI 数据库题录导步骤入 2

在弹出的新页面窗口中，单击“打开”按钮，即可打开 NoteExpress 的“导入题录”对话框，单击“选项”下拉按钮选择相应题录格式的过滤器，EI 数据库应选择

“EI-(RIS)”过滤器，并单击“存放位置”后面的组合框，选择导入后的题录信息存放位置。单击“开始导入”按钮即可导入题录，如图 9-4 和图 9-5 所示。

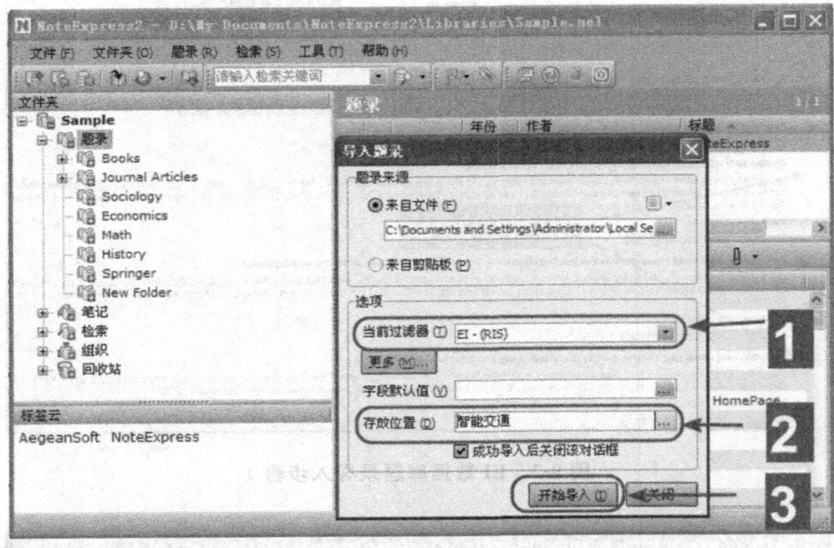

图 9-4 EI 数据库题录导入步骤 3

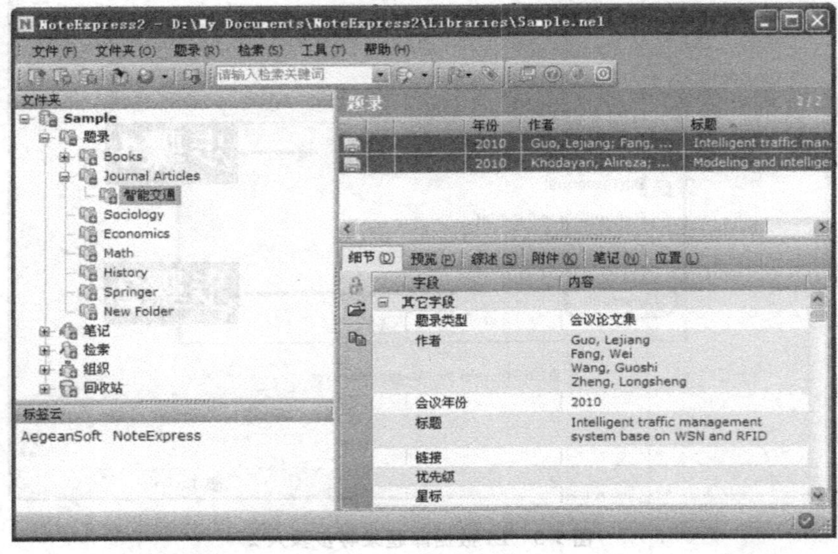

图 9-5 EI 数据库题录导入步骤 5

导入题录前最好先安装过滤器。若系统无所需的过滤器，应先下载过滤器，然后在 NoteExpress 的主页界面“工具”菜单中，选取“过滤器管理器”安装即可，如图 9-5 所示。

3)从在线数据库检索后直接导入

NoteExpress 支持直接从互联网上检索题录，如 Amazon 书店、国家图书馆网站、pubmed、CNKI、维普等上百个在线数据库，允许用户自己管理(增、删、改)在线数据库。

4)从网页中导入

从网页中导入主要运用于各数据库的检索结果页面，在选取所需保存题录数据后，一般在“保存”按钮处使用鼠标右键菜单中的“添加为 NoteExpress 题录”功能，可直接将页面的文献导入库中，而无需先保存到计算机中。

2. 个人信息管理

1)查重

NoteExpress 提供了查重并快速删除的功能。在 NoteExpress 的主界面“工具”菜单中，选择“查找重复题录”，在查找框中选取相关条件并查找。在结果中默认选中查找到的所有重复题录，可以按键盘的“Delete”键一次性删除所有多余题录，也可以解锁后单独选中某些题录进行删除操作。

2)检索与保存检索结果

首先，确定已经选中目录树的“题录”或其下级文件夹。其次，在工具栏的检索栏中输入关键词，敲回车键开始检索，检索后在界面左中位的“检索”项中的“最近检索”文件夹下自动形成以关键词命名的新文件夹，最后，通过鼠标拖拽该文件夹到“保存的检索”文件夹，可以永久保存检索结果。

3)管理参考文献的全文及相关资源

可以将与题录相关的文献全文、电子书或任何格式的文件，通过添加附件的方式与题录关联起来管理。选中某条题录，单击“细节”旁边的“附件”按钮，在附件下方空白处单击鼠标右键，通过弹出的右键菜单“添加”，选择添加附件的类型并添加即可。

4)笔记功能

通过 NoteExpress 的笔记功能进行记录，可以与某个参考文献的题录建立相互的链接，方便管理。新建和添加笔记：选中软件主界面左侧“数据库”目录下的“笔记”文件夹或它的子文件夹，选择主菜单上的“笔记”内的“新建笔记”子菜单，单击即创建一个新的笔记；也可以将笔记链接到题录：在“笔记”或其下级文件夹下选中一条笔记，在选中的笔记上单击右键，选择“链接到题录”，在弹出的题录列表中选择某条题录即可。

3. 利用 NoteExpress 撰写论文

NoteExpress 可将参考文献题录作为文中注释插入文章中，同时可以在文章末尾按照各期刊杂志的格式要求自动生成参考文献列表。安装 NoteExpress 后，如果计算机上安装有 Microsoft Word 文字处理软件，则会自动安装一个 Microsoft Word 插件，如果没有该 Word 插件，可通过 NoteExpress 菜单“工具”中的“选项”中的“扩展”页面，重新安装 NoteExpress Word 插件。

首先将鼠标光标移至想插入文中注释处，选择 NoteExpress Word 插件上的按钮“转到 NoteExpress”按钮，即可打开 NoteExpress 软件，选中某条题录，如图 9-6 所示。

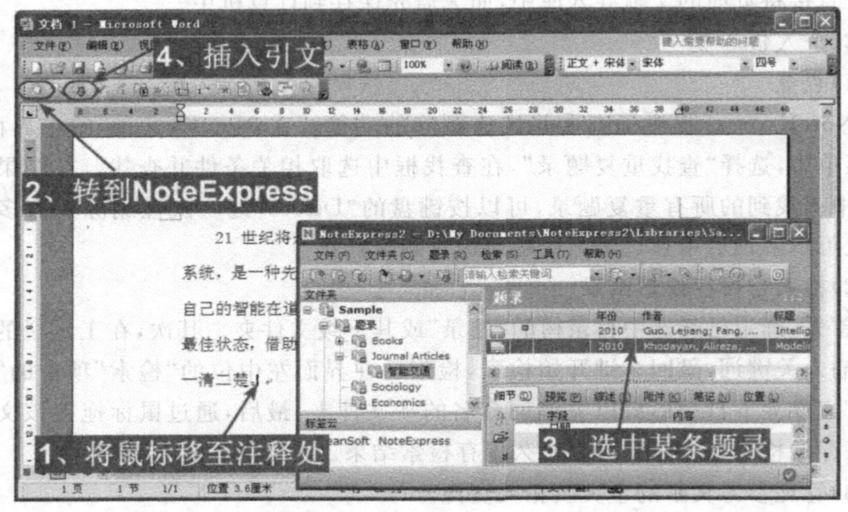

图 9-6　插入参考文献步骤 1

单击 Word 插件列表中的“插入引文”按钮，可插入所引用的参考文献，如图 9-7 所示。

单击 Word 插件上的按钮“格式化参考文献”，在“格式”窗体中单击“浏览”按钮，选择要使用的输出样式，单击“确定”按钮，即可自动完成引文格式化。NoteExpress 内置了 1 600 种国内外著名期刊要求的样式，并且在不断增加。如果希望编辑输出样式，使参考文献的文中标引和文末参考文献列表按照自己需要的方式生成，可以通过 NoteExpress 的菜单“工具”中的“输出样式”中“编辑当前样式”来进行。

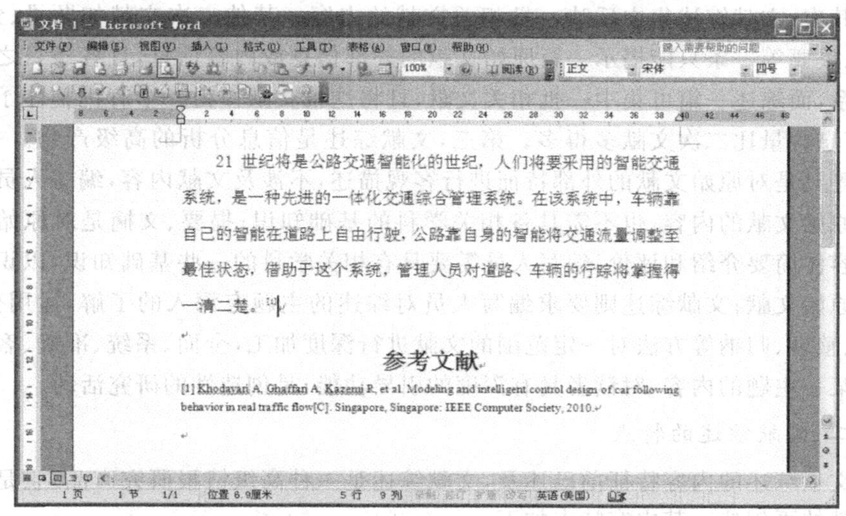

图 9-7　插入参考文献步骤 2

第三节　文献综述

提出了问题及其实际产生的背景后，读者自然就会问，这个问题的研究现状如何，文献综述便是回答。如果说问题提出是对问题的实际背景和价值做出说明，文献综述则是对研究问题理论背景和价值的阐明。人类知识永远达不到顶峰，现在至少可以说还有无数尚看不见、人们未亲历其境的高峰、山峦，任何一项科学研究便是向某个未知的高峰或山峦攀登。然而，任何一次攀登都是在前人攀登的基础上进行的，以前人到达的高度为起点，利用前人的信息再去探索新高峰。文献综述便是分析和描述前人在此研究领域已经作了哪些工作，进展到何程度，描绘本文攀登高峰的起点。

一、文献综述的含义

文献综述，英文称之为“survey”、“overview”、“review”，是作者对某一学科领域在一定时间范围内公开发表的文献，进行广泛搜集和阅读后，就其中的主要观点和结论加以汇总、摘录或摘译，有目的地对大量分散的文献资料分别整理、分类、归纳、综合，撰写出的能阐述该学科专业研究现状和发展动向的一种专题情报研究论文。

文献综述的定义包含三个基本要素。首先，文献综述反映原始文献有一定的时间和空间范围，它反映一定时期内或是某一时期一定空间范围的原始文献的内容。其次,文献综述集中反映一批相关文献的内容。其他二次文献如题录、索引、文摘、提要等一条只能揭示一篇原始文献的外部信息或内容信息,且各条目之间没有联系,而综述一篇可集中一批相关文献,且将这批文献作为一个有机整体予以揭示,信息含量比二次文献多得多。第三,文献综述是信息分析的高级产物。书目、索引等只是对原始文献的外部特征进行客观描述,不涉及文献内容,编写人员不需了解原始文献的内容,也不需具备相关学科的基础知识;提要、文摘是对原始文献的内容作简要介绍和评价,编写人员需要具有相关学科的一些基础知识,以识别和评价原始文献;文献综述则要求编写人员对综述的主题有深入的了解,运用分析、比较、整理、归纳等方法对一定范围的文献进行深度加工,全面、系统、准确、客观地概述某一主题的内容,对读者具有深度的引导功能,是创造性的研究活动。

二、文献综述的特点

文献综述的内容特征前已述及,文献综述是一种高级情报研究产品,它是对原始文献的再创造。其内容特点如下。

1. 内容的综合

这是文献综述最基本的特点,包含两方面的含义。一方面,文献综述首先表现出对大量文献的综合描述。各种类型的综述,其基础都是综合叙述。"必须将每一篇需综述的原始文献置于上下文里,并用某一方面的知识对其进行分析和综合。"另一方面,它综述广泛时空范围内的发展和情况,既有纵向描述,又有横向覆盖。

2. 语言的概括

文献综述对原始文献中的各类理论、观点、方法的叙述不是简单地照抄或摘录,而是在理解原文的基础上,用简洁、精炼的语言将其概括出来。因此文献综述不同于文摘,不是将原文献的中心内容摘录出来;也不同于节录,不必完全按照原文节选下来。而是将文献中有用的理论、观点和方法用最精炼的语言加以概括的描述,提炼出数据,同时舍弃原始文献中的论证、计算、推导过程等细节。

3. 信息的浓缩

文献综述集中反映一定时期内一批文献的内容,浓缩大量信息。一篇综述可以反映几十至上百篇的原始文献,信息密度大。关于一篇综述需要有多少参考文献,国内外的学者们都做过不少研究,有一些不同的意见。评价综述文献的压缩程度可用综述文献正文每页所引用的参考书目平均数或者是被综述的原始文献页数与综述文献页数之比来考查。各学科综述的浓缩度是不同的,要以是否集中足够的原始文献,以全面反映综述主题为依据来确定。

4. 评述的客观

综述性文献的客观性有两方面,一方面叙述和列举各种理论、观点、方法、技术及数据要客观,必须如实地反映原文献的内容,不得随意歪曲,或是断章取义,不顾上下文，同时还要避免因理解不同而出现的误解；另一方面，在分析、比较、评论各种理论、观点、方法时要有一种客观的态度，应基于客观进行分析、评价，不能出于个人的喜好、倾向进行评论，更不能出于个人的感情有意偏袒或攻击。另外，在做出预测时，要以事实、数据为依据，以科学的推导方法为手段，力求客观，而不是凭空想象，出于主观愿望盲目提出。

三、文献综述的撰写

文献综述要求向读者介绍与主题有关的详细资料、动态、进展、展望以及对以上方面的评述，一般都包含以下四部分：前言（引言）、正文、结论和参考文献。

1. 前言的撰写

前言即引言，简要介绍所综述的课题，包括撰写的原因、研究目的及意义，说明有关概念及定义，规定综述的范围，正文的标题及基本内容提要（介绍本课题的基本内容包括研究的历史、现状、前景和争论焦点等）。

2. 正文的撰写

正文包括某一课题研究的历史（寻求研究问题的发展历程）、现状（当前实际工作水平）、基本内容（寻求认识的进步），研究方法的分析（寻求研究方法的借鉴），已解决的问题（成就）和尚存的问题，重点、详尽地阐述对当前的影响及发展趋势（展望）。另外还要把同行对该方面的不同看法也写进去进行分析研究。这样不但可以使研究者确定研究方向，而且便于他人了解该课题研究的起点和切入点，是在他人研究的基础上有所创新。关于写法的格式，可按年代顺序综述，也可按不同的问题进行综述，还可按不同的观点进行比较综述，不论采用哪种格式都要将所搜集到的文献资料归纳、整理及分析比较，阐明有关主题的历史背景、现状和发展方向，以及对这些问题的评述。主体部分应特别注意代表性强、具有科学性和创造性的文献引用和评述。

1）主体部分的内容

主体部分应包括历史发展、现状分析和趋向预测几个方面的内容。

（1）历史发展。要按时间顺序，简要说明这一课题的提出及各历史阶段的发展状况，体现各阶段的研究水平。

（2）现状分析。介绍国内外对本课题的研究现状及各派观点，包括作者本人的观点。将归纳、整理的科学事实和资料进行排列和必要的分析。对有创造性和发展前途的理论或假说要详细介绍，并引出论据；对有争论的问题要介绍各家观点或学说，进行比较，指出问题的焦点和可能的发展趋势，并提出自己的看法；对陈旧的、过时的或已被否定的观点可从简；对一般读者熟知的问题只要提及即可。

（3）趋向预测。在纵横对比中肯定所综述课题的研究水平、存在问题和不同观点，提出展望性意见。这部分内容要写得客观、准确，不但要指明方向，而且要提示捷径，为有志于攀登新高峰者指明方向，搭梯铺路。

2)主体部分的写法

(1) 纵式写法。纵是历史发展纵观。它主要围绕某一专题，按时间先后顺序或专题本身发展层次，对其历史演变、目前状况、趋向预测作纵向描述，从而勾划出某一专题的来龙去脉和发展轨迹。纵式写法要把握脉络，即对某一专题在各个阶段的发展动态作扼要描述，已经解决了哪些问题，取得了什么成果，还存在哪些问题，今后发展趋向如何，对这些内容要把发展层次交代清楚，文字描述要紧密衔接。撰写综述不要孤立地按时间顺序罗列事实，把它写成了大事记或编年体。纵式写法还要突出一个"创"字。有些专题时间跨度大，科研成果多，在描述时就要抓住具有创造性、突破性的成果作详细介绍，而对一般性、重复性的资料就从简从略。这样既突出了重点，又做到了详略得当。纵式写法适合于动态性综述。这种综述描述专题的发展动向明显，层次清楚。

(2)横式写法。横是国际国内横览。它是对某一专题在国际和国内的各个方面，如各派观点、各家之言、各种方法、各自成就等加以描述和比较。通过横向对比，既可以分辨出各种观点、见解、方法、成果的优劣利弊，又可以看出国际水平、国内水平和本单位水平，从而找到差距。横式写法适用于成就性综述。这种综述专门介绍某个方面或某个项目的新成就，如新理论、新观点、新发明、新方法、新技术、新进展等。因为新，所以时间跨度短，但却引起国际、国内同行关注，纷纷从事这方面研究，发表了许多论文，如能及时加以整理，写成综述向同行报道，就能起到借鉴、启示和指导的作用。

(3)纵横结合式写法。纵横结合就是在同一篇综述中，同时采用纵式与横式写法。例如，写历史背景采用纵式写法，写目前状况采用横式写法。通过纵、横描述，才能广泛地综合文献资料，全面系统地认识某一专题及其发展方向，作出比较可靠的趋向预测，方便新的研究工作选择突破口或提供参考依据。

无论是纵式、横式或是纵横结合式写法，都要求做到：一要全面系统地搜集资料，客观公正地如实反映；二要分析透彻，综合恰当；三要层次分明，条理清楚；四要语言简练，详略得当。

3. 结论的撰写

结论主要概括本课题研究的意义并指出自己对该课题的研究意见、存在的分歧及有待解决的问题和发展趋势等。

4. 参考文献的列出

在综述结尾一般须列出参考文献，注明文献综述所依据的资料，为人们核对或作进一步研究用。通过参考文献，还可以看出综述的深度和广度。

四、如何写好文献综述

文献综述顾名思义由“综”和“述”组成。前半部分的“综”不算太难，根据所查阅大量的文献进行综合的归类、提炼、概括即可做到。后半部分的“述”与分析则是评价一篇综述质量高低的依据，这需要融入作者自己理论水平、专业基础、分析问题、解决问题的能力，在对问题进行合情合理的剖析基础上，提出自己独特的见解。

1. 搜集资料要瞄准主流文献

主流文献指课题领域的核心期刊、经典著作、专职部门的研究报告、重要人物的观点和论述等，这是做文献综述的“必修课”。而多数大众媒体上的相关报道或言论，虽然多少有点价值，但时间精力所限，可以从简。怎样摸清某领域的主流呢？建议从以下几条途径入手。一是图书馆的中外学术期刊，找到一两篇经典的文章后“顺藤摸瓜”，留意它们的参考文献。质量较高的学术文章，通常是不会忽略该领域的主流、经典文献的。二是利用学校图书馆的数字资源，如 CNKI 数据库、维普数据库、万方数据库等，能够查到一些较为早期的经典文献。三是利用其他网络资源。

2. 随时整理

做毕业论文有一个比较长的准备时间，有的文献看过了当时不一定有用，事后想起来却找不着了，所以有时记录是很有必要的。因此，做好文献阅读卡片很有必要，特别是对于那些很重要的文献，不妨做一个读书笔记，摘录其中的重要观点和论述。这样一步一个脚印，到真正开始写论文时就积累了大量“干货”，可以随时享用。

3. 要按照问题来组织文献综述

看过一些文献以后，我们有很强烈的愿望要把自己看到的东西都陈述出来，像“竹筒倒豆子”一样，洋洋洒洒，蔚为壮观，仿佛一定要向读者证明自己劳苦功高。其实，文献综述就像是在文献的丛林中开辟道路，这条道路本来就是要指向我们所要解决的问题，当然是直线距离最短、最省事，但是一路上风景颇多，迷恋风景的人便往往绕行于迤逦的丛林中，反而“乱花渐欲迷人眼”，“曲径通幽”不知所终了。因此，在做文献综述时，头脑时刻要清醒：我要解决什么问题，人家是怎么解决问题的，说得有没有道理。

总之，一篇好的文献综述既高屋建瓴，又脚踏实地。

五、撰写文献综述的注意事项

其一，文献综述不应是对已有文献的重复、罗列和一般性介绍，而应是对以往研究的优点、不足和贡献的批判性分析与评论。因此，文献综述应包括综合提炼和分析评论双重含义。

其二，文献综述要文字简洁，尽量避免大量引用原文，要用自己的语言把作者的观点说清楚，从原始文献中得出一般性结论。

文献综述的目的是通过深入分析过去和现在的研究成果，指出目前的研究状态、应该进一步解决的问题和未来的发展方向，并依据有关科学理论、结合具体的研究条件和实际需要，对各种研究成果进行评论，提出自己的观点、意见和建议。应当指出的是，文献综述不是对以往研究成果的简单介绍与罗列，而是经过作者精心阅读后，系统总结某一研究领域在某一阶段的进展情况，并结合本国本地区的具体情况和实际需要提出自己见解的一种科研工作。

其三，文献综述不是资料库，要紧紧围绕课题研究的问题，确保所述的已有研究成果与本课题研究直接相关，其内容应围绕课题紧密组织在一起，既能系统全面地反映研究对象的历史、现状和趋势，又能反映研究内容的各个方面。

其四，文献综述的综述要全面、准确、客观，用于评论的观点、论据最好来自一次文献，尽量避免使用别人对原始文献的解释或综述。

第十章 学术论文写作与规范

学术论文是实现知识的继承、交流和传播的主要方式，也是科研成果的标志。有独到学术见解和科学论证的高质量学术论文，对提高科研水平、推动科技进步起着重要作用。科研人员在有发表价值科研成果时，其学术论文写作规范与否，成为能否及时发表的重要因素。本章主要介绍学术论文的选题、写作方法及学术规范等。

第一节 学术论文概述

学术论文是通用于科学领域内的一种学术文体，撰写学术论文是各行各业专业技术人员的基本功，大学生学一点学术论文的写作方法是很有必要的。另外，尊重知识产权和学术伦理，合理利用文献，严禁抄袭剽窃，也是专业技术人员应遵循的学术道德规范。

一、学术论文的定义

什么是学术论文？中华人民共和国国家标准《学位论文编写规则（GB/T 7713.1—2006）》中指出："学术论文是某一学术课题在实验性、理论性或观测性上具有新的科学研究成果或创新见解和知识的科学记录；或是某种已知原理应用于实际中取得新进展的科学总结，用以提供学术会议上宣读、交流或讨论；或在学术刊物上发表；或作其他用途的书面文件。"

一篇学术论文的结构形式应在层次、段落、开头、结尾、过渡和前后照应诸方面体现出结构的严密、思路的清晰和完整的体系。一般而言，一篇完整的学术论文可归纳为：提出命题，阐明研究方法，得出研究结果，给出明确结论等，具体包括题名、作者、作者单位、摘要、关键词、中图分类号、文献标识码、引言、正文、结论、参考文献、附录及致谢等。

二学术论文的作用

1. 展现和保存科研成果

学术论文记载着广大科研工作者对人类的贡献，展现着科学研究的丰硕成果和已达到的学识水平，并进一步补充、丰富和扩展，增加着人类对自然现象认识深化的成果，将这种成果永久性地保存于人类的科学宝库中，成为人类共同的精神财富。

2. 促进学术交流

在现代科研中，科研的继承性和开放性是紧密相关的，没有前人公示的科研成果，就没有现在人的研究基础，因此每个人的科研成果都要拿来与大家交流。科研成果只有形成学术论文，才能进行学术交流，并通过交流和传播，活跃学术思想，促进学术交流和科技发展。

3. 业务水平考核

一般而言，发表学术论文的多少与科研工作者对社会效益和经济效益的贡献大小有关，是评价他业务和科技成果的重要标准，也是进行业务考核与职称评定的重要依据之一。

第二节　学术论文的选题

选题在学术论文写作中具有头等重要的意义。这是因为，只有研究有意义的课题，才能获得好的效果，对科学事业和现实生活有益处。而一项毫无意义的研究，即使研究得再好，论文写作得再美，也是没有科学价值的。钱学森教授认为："研究课题要紧密结合国家的需要。……在研究方法上要防止钻牛角尖，搞烦琐哲学。目前在社会科学中，有的人就古人的一句话大作文章，反复考证，写一大篇论文，我看没有什么意思。"因此，我们要选择有科学价值的课题进行研究和写作。

一、选题的基本原则

科研工作者在难以计数且纷繁复杂的科学和技术问题面前，如何正确地选择适合自己能力和条件的研究课题显得尤为重要。很显然，在这方面没有固定的模式和套路，但一般来说，必须遵循以下几条基本原则。

1. 科学性原则

科研选题的科学性原则包括三个方面的含义：其一，要求选题必须有依据，其中包括前人的经验总结和个人研究工作的实践，这是选题的理论基础；其二，科研选题要符合客观规律，违背客观规律的课题就不是实事求是，就没有科学性；其三，科研设计必须科学，符合逻辑性。科研设计包括专业设计和统计学设计两个方面，前者主要保证研究结果的先进性和实用性，后者主要保证研究结果的科学性和可重复性。

2. 创新性原则

科研选题必须具有创新性，要选择前人没有解决或没有完全解决的问题，不能只重复前人做过的工作。坚持创新，就是要善于捕捉有价值的线索，勇于探索，不断深化。创新可分为两种类型：根本性创新和增量性创新。判断科研选题的创新性，主要是看选题的内容是否开拓新领域，提出新思想，是否采用了新设计、新工艺、新方法和新材料等。

3. 需要性原则

科学研究旨在解决理论和实践问题，基础理论研究最终也将应用于生产领域。无论是科研选题还是论文选题，都应本着需要性的原则，选择那些对社会和生产有直接或间接效益的课题。当然，有些纯理论的课题暂时还看不出其应用价值，但随着科学发展，其需要性会显示出来。

4. 可行性原则

可行性是指研究课题的主要技术指标实现的可能性。选题的可行性原则除了要求科研设计方案和技术路线科学和可行外，还必须具备一定的条件，如：课题承担者的学术水平，课题组成员的专业结构、知识结构、年龄结构，主要的仪器设备、合格的实验动物和试剂，一定的经费，与本课题有关的基础研究工作，等等。

二、选题的基本方法

1. 在前人研究成果的基础上进行选题

任何新成就的取得都是对前人成果的继承与发展。随着社会前进、条件变化，有必要对前人作过探讨的课题继续研究。首先要弄清楚前人的研究成果、已解决的问题、存在的问题和尚待开拓的领域等基本情况，站在前人的基础上，进行深化、补充和发展原有的研究成果。这样的选题，既意味着继承，又意味着发展，深入一步，往往就意味着创新和突破。

牛顿处理的一些具体问题，如切线问题、求积问题、瞬时速度问题以及函数的极大值和极小值问题等，在牛顿之前已经得到人们的研究了。但牛顿超越了前人，他站在了更高的角度，对以往分散的结论加以综合，将自古希腊以来求解无限小问题的各种技巧统一为两类普通的算法——微分和积分，并确立了这两类运算的互逆关系，从而完成了微积分发明中最关键的一步，为近代科学发展提供了最有效的工具，开辟了数学上的一个新纪元。

2. 从广泛阅读中选题

通过对占有的文献资料快速地、大量地阅读，在比较中来确定题目的方法。在阅读资料的过程中，提出问题，寻找自己的研究课题，这就需要对搜集到的材料作全面的阅读研究，主要的、次要的、不同角度的、不同观点的都应了解。在浩如烟海、内容丰富的资料中吸取营养，反复思考琢磨后，必然会有所发现，这是搞科学研究的人时常会碰到的情形。

为了获得值得研究的线索和问题，在阅读文献中要重点关注论文的引言和讨论部分。因为在这些论述中，作者一是总结了某一学科领域所存在的尚未解决的问题和难题，二是作者根据自己的理解和观点，提出了下一步要研究的内容或课题，这对提炼课题是十分有帮助的。在阅读大量相关资料的基础上，结合实际情况，产生灵感，提出适合自己的新课题，并抓紧实施。如《南方周末》2002年9月6日刊登了一篇“花旗银行中国暗布专利，中资同行何时梦醒?”的文章，该文让刚刚开始攻读中国社会科学院知识产权博士学位的郎贵梅对商业方法专利这个专利领域的新事物产生了浓厚兴趣，于是查阅了大量的与商业方法专利有关的资料，在导师的支持和鼓励下，郎贵梅将商业方法资料保护问题作为自己的博士论文选题。

3.从社会实践中凝练课题

在社会生产和生活中不断形成、出现的新问题，是形成科学研究的最重要源泉，具有重大的科学价值和现实意义。应密切关注实践，与实践部门保持密切联系，了解国内外改革和现代化进程，从中发现新课题。

目前，在我国发展过程中，有一些重大问题，如环境问题、法制建设问题、农民工问题、人口问题等，如果我们能对这些问题进行深入研究，也可以形成有价值的课题，从中获得有关问题的新观点。例如，在多年的果树栽培生产中，人们发现东西行篱壁式栽培的葡萄比南北行的葡萄产量高、品质好。为什么会有此差异？联想到在其他农业措施与土壤环境一致的条件下，光照条件越长、光照强度越高，产量就会越高、品质越好。因此，可以提出“不同行向果树树冠得到光照时间可能不同”的理论假设。考虑到果园受光照时间与地理纬度、太阳时角和高度角、树冠形状等有关，可以设计并计算出不同地理纬度下各种行向不同整形方式树冠所得到的光照时间和最佳光合时间。研究表明，北半球中纬度地区，东西行果园比南北行所得到的光照时间和最佳光合时间长。这就是从社会实践中凝练出来的课题。

4.在交叉学科领域中选题

一部科学发展史就是一部不断开拓新领域、不断产生新学科的历史。现在人们认为风马牛不相及的事物，也许不久科学家们就会揭示它们之间重要的内在关系。要敢于从自己熟知的学科跨入到生疏的学科，特别是从一些边缘学科或交叉学科中寻找新课题。

遗传工程亦称基因工程，是在分子遗传学基础上发展起来的一种新兴技术。它是物理学、化学渗透到传统生物学之中，使生物学的研究推进到分子以下的层次而形成的新学科。在上述学科的交叉地带找到科研的课题，往往容易出成果。当今，科学技术正由专业化向综合化阶段转化，新兴学科、交叉学科和边缘学科不断涌现，有很多新的课题有待研究。

5.借助检索工具选题

查阅有关领域的检索工具，如通过SCI数据库、EI数据库、SciFinder Scholar数据库等检索工具，能对正在开展的工作进行量化分析，了解有关领域研究热点、发展趋势、国际学术研究动态以及某领域杰出专家等信息，从中发现新课题。

以碳纤维课题为例，通过SCI检索工具的分析功能，可以帮助科研人员准确地了解碳纤维领域的相关信息：发表有关碳纤维研究论文最多的作者是谁；发表有关碳纤维研究论文最多的国家；发表有关碳纤维研究论文最多的机构是哪个；碳纤维研究论文在哪一年发表得最多；碳纤维研究论文主要发表在哪些杂志上；碳纤维研究论文主要涉及了哪些研究领域。

6. 在意外中选题

确切的目标和周密的计划在研究过程中，经常会因为某种偶然的启迪而发生偏离或改变。当这种偏离或改变发生时，不要急于去纠正它、排斥它。如果它确实给了我们新的启发和新的想法，可以追踪下去，往往会产生意外的有价值的课题。

X 射线就是在意外中发现的。1895 年 11 月 8 日，当伦琴进行实验时，为了防止紫外线和可见光的影响，并不使管内的可见光线漏出管外，伦琴用黑硬纸板把放电管严密地套封起来，在接通电源后，他意外地发现不远处一块涂有钡铂氰化物的屏上发出了荧光。但伦琴的管子是被包在黑纸板内的，不可能有光或阴极射线从里面射出。房间是暗室，无一点亮光，屏上出现的荧光又来自何处呢？伦琴一切断电源，屏上的荧光就消失了，一接上电源，荧光就出现，这使伦琴大惑不解。伦琴把不远处的荧光板翻转，把没有涂上钡铂氰化物的一面朝向管子，管子接通电源后，屏上仍然有荧光，把屏移得稍远一些，屏上的荧光并不消失。这个新奇现象使伦琴确信，从放电管中发出的肯定不是阴极射线，因为勒纳德和他本人都已经通过实验证实，阴极射线只能在空气中行进几个厘米，绝不可能到达一米外的荧光屏处。还有，阴极射线也不具备穿透玻璃管的能力。

伦琴继续进行他的观察。他在荧光屏与管子之间放上几样东西，竟然发现这几样东西好像是透明的物体。他又把自己的手伸到管子前面，屏上居然出现了他的手骨形象，这更令伦琴大吃一惊。他确信，他已经发现了一种新射线！1895 年 12 月 22 日，伦琴夫人来到实验室，伦琴就请她把手放在用黑纸包严的照相底片上，用这种新奇的射线拍下了伦琴夫人的手骨相，连手指上的结婚戒指都非常清晰。这就是科技史上十分有历史意义的一张照片。由于一时还搞不清楚这种新射线的本质，伦琴就把它称为“X 射线”。

三、选题的注意事项

1. 选题大小适中，不应贪大求全

选题的大小应与论文的篇幅相称，与论文的水平要求、层次高低相适应。若选题定得太宽、太大，则涉及面广，太分散，不容易把握全局，也不可能做深入细致的分析，写起来往往是泛泛而谈，难以说深讲透，写出的文章显得肤浅。一般来说，选题还是小一点、具体一点为好，小选题容易驾驭，有时选一些比较具体的所谓“小”题，进行深入研究、透彻分析，往往能够取得令人满意的效果。

有学者提出论文选题应“一寸宽，一公里深”，就是说科研人员在选题时要注意选某个课题的一个很小很专业的方面，并且把这个问题研究透，挖掘到相当的深度，这样才可能发现研究课题的创新点。

2.扬长避短，结合兴趣，充分发挥自己的知识和能力水平

确定论文选题要尽可能与自己的专业背景、知识结构、所从事的工作和个人兴趣联系起来考虑。要热爱和立足于自己所学的研究方向，发挥自己的专长，这样研究起来才会有实践基础。对研究的内容进行充分的了解，使自己的才能得到最大限度的发挥，研究起来才有热情，才能体会深刻，更容易将论文写好。除非特殊需要，一般来讲，不要去研究自己不懂或不熟悉的东西，也不要见异思迁，研究远离自己所学专业方向的东西。

第三节　学术论文的写作要求

学术论文由于其内容的千差万别，其构成的形式也是多种多样的。然而，国家标准《学位论文编写规则》(GB/T 7713.1—2006)中，对学位论文的基本格式做出了明确规定。根据国家标准，学术论文必须有前置部分和主体部分。前置部分包括题名、作者、作者单位、摘要、关键词；主体部分包括引言、正文、结论、参考文献等。当有需要的时候，还可以有附录部分。

一、学位论文各部分的写作要求

1.题名

题名又称题目或标题。题名是以最恰当、最简明的词语反映论文中最重要的特定内容的逻辑组合。撰写论文题名一定要准确、简洁和鲜明，并对读者产生吸引力。

(1)准确性。要求论文题名能准确表达论文内容，恰当反映所研究的范围和深度，用词要反映实质，不能用笼统的、泛指性很强的词语。

(2)简洁性。力求题名的字数要少，用词需要精选，要字字斟酌，精益求精，一般不超过20个字。若简短题名不足以显示论文内容或反映出属于系列研究的性质，则可利用正、副标题的方法解决。如题名：“关于钢水中所含化学成分的快速分析方法的研究”。在这类题目中，像“关于”、“研究”等词汇如若舍之，并不影响表达。上述题目便可精炼为：“钢水化学成分的快速分析法”。这样一改，读起来觉得干净利落、简短明了。

(3)鲜明性。鲜明性是指使人一看便知其意，不费解，无歧义。

2.作者

作者是论文内容的构思者、研究工作的参与者和撰稿执笔人员。作者署名一是为了表明文责自负，二是记录作者的劳动成果，三是便于读者与作者的联系及文

献检索(作者索引)。

中国作者姓名的汉语拼音采用如下写法:姓前名后,中间为空格。姓氏的字母均为大写,复姓应连写。名字的首字母大写,双名中间加连字符;名字不缩写。

多作者论文按署名顺序列为第一作者、第二作者等。署名顺序重要的是坚持实事求是的态度,对研究工作与论文撰写实际贡献最大的列为第一作者,贡献次之的,列为第二作者,余类推。

3. 作者单位

作者单位包括单位全称、所在省市名及邮政编码。单位名称(不得采用缩写)与省市名之间以逗号分隔。整个数据项用圆括号括起。英文作者工作单位应在省市名及邮编之后加列国名,间以逗号分隔。

不同工作单位的作者,应在姓名右上角加注不同的阿拉伯数字序号,并在其工作单位名称之前加与作者姓名序号相同的数字,各工作单位并列排列。

4. 摘要

摘要是不加注释、不作评论地陈述论文内容的短文,一般300字以内。摘要是全文的缩影,应能独立使用,语言精炼、简明扼要,一般应概括研究的目的、方法、结果和结论四要素,应重点写出具体的研究结果,特别是创新之处。摘要应写得内容充实,不要过分抽象或空洞无物,不作自我评价。摘要应具有以下几个方面的特性。

(1)独立性。摘要是完整的短文,可以独立使用。

(2)全息性。摘要必须反映论文的全部信息,即不读论文全文,即可从摘要中得到必要信息。

(3)简明性。摘要应言简意赅,用字精炼,少则几十字,多则二三百字,不分段,不列式,无图表。

(4)客观性。摘要应从第三人称角度撰写,不得带有具有第一人称意愿的任何评论和解释,不得使用"作者"等之类的主语。

撰写论文摘要的常见毛病,一是照搬论文正文中的小标题(目录)或论文结论部分的文字;二是内容不浓缩、不概括,文字篇幅过长。

5. 关键词

关键词是从论文中选取,最能体现文章内容特征、意义和价值的单词或术语,选编的关键词应注意代表性、通用性和序贯性。关键词一般以3～6个词为宜,词与词之间用分号隔开,中文关键词同时应注明对应的英文关键词。关键词十分重要,读者可以通过对关键词的检索与解读,初步判断论文的技术范围。

关键词宜少而精,关键在于能反映出论文的具体内容。当使用关键词检索时,如果关键词没能反映出文章全部内容,那么有关方面的学者也就不会看到该文章。

除最新科技名词外，关键词的选择应尽可能规范化、大众化。选取关键词时要注意以下几点。

(1)代表性。关键词是从论文的题名、摘要和正文中抽取的表征论文内容特征的技术代表性词汇。

(2)通用性。关键词主要用于标引或检索，必须选用具有通用性的、被同行熟知的专业用词。

(3)序贯性。如何把关键词有序排列，目前尚无明确的规范加以约束，建议将关键词按技术配套关系，自前至后、由大及小或由小及大有序递归排列，使其具有序贯性。

6. 正文

正文是一篇论文的本论，属于论文的主体，它占据论文的最大篇幅。论文所体现的创造性成果或新的研究结果，都将在这一部分得到充分的反映。因此，要求这一部分内容充实，论据充分、可靠，论证有力，主题明确。为了满足这一系列要求，同时也为了做到层次分明、脉络清晰，常常将正文部分分成几个大的段落。这些段落即所谓逻辑段，一个逻辑段可包含几个自然段。每一逻辑段落可冠以适当标题(分标题或小标题)。

7. 结论

结论又称结束语、结语，它是整个课题研究的总结，全篇文章的归纳。结论一般包括：本文研究结果说明了什么问题；对前人有关的看法作了哪些修正、补充、发展、证实或否定；本文研究的不足之处或未予解决的问题；有助解决这些问题的可能的关键点和方向；本研究的意义或实用价值、推广前景等。

结论部分是最终的、总体的结论，应该概括准确，措辞严谨；明确具体，简洁精练；客观评估，浓缩表达，达到“豹尾”的效果。

8. 致谢

必要时可在文末以简短的语言对给研究工作或论文写作给予了资助或帮助等的组织或个人致以谢意。

9. 参考文献

按规定，在科技论文中，凡是引用前人(包括作者自己过去)已发表的文献中的观点、数据和材料等，都要对它们在文中出现的地方予以标明，并在文末列出参考文献表。对于一篇完整的学术论文，参考文献的著录是不可缺少的。文后参考文献反映文中有关内容的科学依据和有关资料的出处，或提供文中提及而没有展开的内容的详尽文本。文后加注参考文献不仅有助于读者了解有关内容，而且是尊重他人研究成果的体现。此外，文后参考文献还是对期刊论文进行统计和分析的重要信息源之一。

二、正文的基本构架

1. 自然科学论文基本构架

19 世纪末、20 世纪初逐步发展起来的 IMRaD 格式的自然科学论文结构已被国际学术界普遍接受和欢迎，日渐成为各类期刊的标准论文格式。IMRaD 即论文的“introduction”(引言)、“materials and methods”(材料与方法)、“results”(结果)和“discussion”(讨论)四部分的综合。

1)引言

引言又称前言、绪论、序言、引论等，是论文的开场白，其作用是向读者揭示论文的主题、目的和总纲。作为论文的开篇之作，引言应包括研究的背景、目的、方法和结果，要向读者交代本研究的来龙去脉，真正体现这个领域发展的历史及本研究的创新之处。引言看似简单，但并不容易写好，好的引言通常包括以下几个部分内容。

(1)介绍研究课题的背景。有针对性地围绕文章内容介绍相关研究的历史和现状，包括国内外研究概况、现状和已达到的水平，使读者了解研究的全貌。

(2)指出前人研究的不足。实事求是地总结前人研究过程中遇到的困难、存在的局限性及尚未解决的问题，以便引出自己研究的内容。

(3)强调本研究的创新点。简明扼要地说明研究中要解决的问题、所采取的方法，特别要强调本研究的创新点，说明与前人研究的区别，提出自己的观点。

(4)指出本研究的现实意义。指出该研究成果达到了怎样的水平，能解决什么问题，有什么现实意义，激发读者阅读正文的愿望。

2)材料与方法

材料与方法部分的重要性是保证他人可以重复研究的结果，这部分的主要内容包括：用了什么，包括实验对象、实验材料和实验设备；实验过程，给出足够的细节信息以便让同行能够重复实验；结果的统计处理。

写好这部分的关键在于把握好“度”，即提供恰到好处的细节。如果方法新颖且不曾发表过，应提供所必需的细节；如果所采用的方法已经公开报道过，引用相关的文献即可；如果有改进，可将改进部分另加说明。衡量标准是看所提供的细节是否足以让感兴趣的专业读者重复论文所述的实验或方法。

3)结果

结果是一篇论文的核心，是表达作者思想观点最重要的部分，总的要求是必须实事求是、客观真实、准确地用说明新材料(图和表)描述主要成果或者发现。

这一部分要求言简意赅，对实验或观察结果的表达要高度概括和提炼，并要客观地评价，不能简单地将实验记录数据或观察事实堆砌到论文中。图和表通常会出现在结果部分，因为它们比文字更具有直观性，且简单明了，避免冗长的文字叙述。读者在阅读一篇论文时，往往看完题目和摘要后就会浏览所有图表，有进一步兴趣才会再读文章的其他部分，所以图表非常重要。

4)讨论

讨论部分是论文的精髓所在，也是普遍感到最难写的部分，因为讨论部分能反映作者对某个学术问题了解和理解的深度和广度。讨论部分的重点在于对研究结果的解释和推断，并说明作者的结果是否支持或反对某种观点、是否提出了新的问题或观点等。讨论的内容主要有以下几点。

(1)回顾研究的主要目的或假设，并探讨所得到的结果是否符合原来的期望，如果没有的话，为什么？

(2)概述最重要的结果，并指出其是否能支持先前的假设以及是否与其他学者的结果相互一致；如果不是的话，为什么？

(3)对结果提出说明、解释或猜测；根据这些结果，能得出何种结论或推论？

(4)指出研究的限制及这些限制对研究结果的影响。并建议进一步的研究题目或方向。

(5)指出结果的理论意义和实际应用价值。

因此撰写讨论时要避免含蓄，尽量做到直接、明确，以便审稿人和读者了解论文为什么值得引起重视，这部分写作要点主要有：对结果的解释要重点突出，简洁、清楚；推论要符合逻辑，避免实验数据不足以支持的观点和结论；观点或结论的表述要清楚、明确；对结果科学意义和实际应用效果的表达要实事求是，适当且留有余地。

结果、讨论与结论各有不同的侧重点。结果侧重于介绍研究结果(必要时应使用图表)；对重要研究结果进行描述和说明。讨论侧重于探讨所得到的结果与研究目的或假设的关系、与他人研究结果的比较与分析；对研究结果的解释(是否符合原来的期望)；重要研究结果的意义(推论)；研究展望。结论侧重于主要认识或论点；概述研究成果可能的应用前景及局限性；建议需要进一步研究的课题或方向。

2.社会科学论文基本构架

一般来讲，社会科学论文的基本构架包括绪论、本论和结论三大部分，往往被称为“三段论式”，也是论文常用的基本型。

1)绪论部分

绪论也叫前言、引言，它是论文的开头部分。一般包括选题的背景、历史研究回顾、意义和目的或研究的目的、范围、方法及所取得的成果。

绪论只能简要地交代上述各项内容，尽管绪论可长可短，因题而异，但其篇幅的份量在整篇论文中所占的比例要小，用几百字即可。绪论部分应开门见山、引人入胜和简洁有力，同时也可以说明在课题研究中使用的研究方法。绪论通常包括以下几个写法。

(1)交代式。开头交代论文写作背景、缘由和目的意义。

(2)提问式。首先提出问题,或在简要交代写作背景之后随即提出本文所要解决的问题。

(3)提示范围式。提示本文的论述范围(作者只是在一个特定的范围内探讨某一问题)。

(4)出示观点式。在绪论中开宗明义,将本文的基本观点或主要内容揭示出来。

(5)阐释概念式。在绪论部分可对题目中和文中出现的基本概念所特有的内涵加以阐释。

2)本论部分

本论是论文的主体部分,是集中表述研究成果的部分。作者在该部分对绪论中提出的问题加以详细分析,展开有效论证,并提出可能的解决问题的方案。本论部分集中反映了作者所要阐述的理论观点、所运用的论证方法和所达到的学术目标,是作者理论功底和创造性才能的综合体现。

本论部分内容主要由作者的论点、论据和论证过程构成。论点和论据的联系,论述的先后顺序,文章的层次、推理,这些都要根据材料和要表达的观点合理组织,精心安排,要做到环环相扣,层层推进,纲举目张,使观点和材料有机地统一起来,以增强论证效果。

由于本论在文章中篇幅长、容量大、层次多、头绪杂,占全文的十之八九,在内容安排和论证层次上尤其要注重严密的逻辑性。这就牵涉到本论的结构层次如何安排的问题。通常地讲,本论部分的结构层次有并列式、递进式和混合式三种类型。

(1)并列式:是指依据事物多角度、多侧面、多因素的特点,将本论中并列地描述总论点的各个层次、各个侧面或各个部分平行并列,分别展开论述,使论文的本论部分呈现出一种齐头并进的格局。

(2)递进式:是指本论的各个层次之间构成一种逻辑递进的深度模式,就论文提出的观点在绪论部分阐明,在本论的各个部分展开系统的论证。通常是由第一段的内容和论证引入第二段,从第二段又推出第三段,各段之间层层推进,揭示事物的本质,归纳出作者的结论。

(3)混合式:是指在并列的过程中,在每一个并列的面上,又展开递进(并列中的递进);或者在递进的过程中,在每一个递进层次上,又展开并列(递进中的并列)。

社会科学学术论文的写作方法有其自身的特点,主要体现在它的学术性和严谨性方面。其写作主要有以下几种方法。

(1)议论。议论就是讲道理、论是非。作者通过事实材料和逻辑推理来阐明自己的观点,表明赞成什么或者反对什么。一段完整的议论文总是由论点、论据和论证构成的。

(2)立论。立论也叫作证明,即正面阐述自己的观点,证明其正确性,从而确立论点的过程。常用的证明方法有例证法、引证法、分析法、推理论等。

(3)驳论。驳论是通过驳斥反面论点,证明它是错误的、荒谬的,从而证明自己观点正确性的一种论证方法。常用的驳论方法有直接反驳、反证法、归谬法等。

3)结论部分

结论是一篇论文的结尾部分,在结构上是绪论的照应,在内容和意义上是本论的归纳、延伸和升华。文章在绪论部分提出了问题,在本论部分进行了充分论证,最后需要在结尾部分对全文作出结论,而且在结论中作者要明确表示对问题的看法或解决问题的思路。

写作结论时要注意与本论紧密衔接,与绪论最好形成前后呼应,使全文思绪贯通,格调一致,形成完整和谐的统一体。结论部分的写作通常包括以下内容。

(1)提出论证结果。要对本论分析、论证的问题加以综合概括,引出基本论点,这是课题解决的答案。结论必须是绪论中提出的,本论中论证的,自然得出的结果。这部分要写得简要具体,使读者能明确了解作者独到见解之所在。

(2)对课题研究的展望。作者不仅要概括自己的研究成果,而且还要指出课题研究中的不足,为他人继续研究指明方向、提供线索。

三、参考文献著录规范

本节根据中华人民共和国国家标准 GB/T 7714—2005《文后参考文献著录规则》中的规定,就文后参考文献著录项目、参考文献类型及其标志和参考文献著录格式等内容进行介绍和说明。

1. 参考文献著录项目

参考文献著录项目一般包括以下几个方面。

(1)主要责任者。若主要责任者多于 3 人,在前 3 人名字之后加“等”(若为英文文献,则加“et al”)即可,多个责任者名字之间以“,”分隔。

(2)文献题名。

(3)文献类型及载体类型标志。

(4)其他责任者(译者、校注、校点、校勘者等)。

(5)版本(初版省略)。

(6)出版项(出版地、出版者、出版年)。

(7)文献出处或电子文献的可获得地址。

(8)文献起止页码。

(9)文献标准编号(ISBN、ISSN 等)。

2. 参考文献类型及其标志

(1)对于一般文献类型的参考文献,以单字母方式标识各种参考文献类型,如表 10-1 所示。

表 10-1　一般文献类型标志

参考文献类型	普通图书	会议论文	报纸文章	期刊文章	学位论文	报告	标准	专利	汇编
文献类型标志	M	C	N	J	D	R	S	P	G

(2)对于其他未说明的文献类型,建议采用单字母"Z"。

(3)对于数据库、计算机程序及电子公告等电子文献类型的参考文献,建议以双字母标识参考文献类型,如表 10-2 所示。

表 10-2　电子文献类型标志

电子参考文献类型	数据库	计算机程序	电子公告
电子文献类型标志	DB	CP	EB

(4)电子文献的载体类型及其标志。对于非纸张型载体的电子文献,当被引用为参考文献时,需在参考文献类型标志中同时标明其载体类型,一般采用双字母标识电子文献载体类型,如表 10-3 所示。

表 10-3　电子文献类型标志

电子文献载体类型	磁带	磁盘	光盘	联机网络
载体类型标志	MT	DK	CD	OL

3. 参考文献的著录格式

作者向刊物投稿时,所撰写论文的参考文献有各种文献类型,其著录格式要按照规定的格式进行标注,具体标注见 GB/T 7714—2005 中华人民共和国国家标准《文后参考文献著录规则》中的规定。本书附录三介绍了几种主要的文献著录格式。

第四节　讲究学术规范

学术规范是人们在长期的学术实践活动中所逐步形成的,并被学术界公认的一些行为规则。学术规范的内涵是指学术活动过程中,尊重知识产权和学术伦理,严禁抄袭剽窃,充分理解、尊重前人及今人已有之相关学术成果,并通过引证、注释等形式加以明确说明，从而在有序的学术对话、学术积累中加以学术创新。学术规范主要由学术道德规范、学术法律规范及学术技术规范三个基本部分组成。

一、学术道德规范

学术道德规范是学术规范的核心部分，具体包括以下方面的内容。

(1)学术研究应坚持严肃认真、严谨细致、一丝不苟的科学态度。不得虚报教学和科研成果，反对投机取巧、粗制滥造、盲目追求数量不顾质量的浮躁作风和行为。

(2)学术评价应遵循客观、公正、准确的原则，如实反映成果水平。在充分掌握国内外材料、数据基础上，作出全面分析、评价和论证，不可滥用"国际领先"、"国内首创"、"填补空白"等词语。

(3)学术论文的写作，应坚持继承与创新的有机统一。应树立法制观念，保护知识产权，要充分尊重前人劳动成果，在论文中应明确交代论文中哪些是借鉴引用前人成果，哪些是自己的发明创见。

二、学术法律规范

学术法律规范是学术活动中必须遵循的国家法律法规及相关要求，主要包括以下几个方面的内容。

1.必须遵守《中华人民共和国宪法》和其他法律

应坚决贯彻执行党的路线、方针和政策，坚持以马列主义、毛泽东思想和邓小平理论为指导，坚持四项基本原则，坚持学术研究为社会主义现代化建设服务的方向。

2.必须遵守《中华人民共和国著作权法》

按照《中华人民共和国著作权法》等有关法律文件的规定，应特别注意做到以下几个方面：合作创作的作品，其版权由合作者共同享有；未参加创作，不可在他人作品上署名；不允许剽窃、抄袭他人作品；禁止在法定期限内一稿多投；合理使用他人作品的有关内容。

3.必须保守党和国家秘密，维护国家和社会利益

遵守《中华人民共和国保守国家秘密法》，对学术成果中涉及国家机密等不宜公开的重大事项，均应严格执行送审批准后才可公开出版(发表)的制度。

4.遵守其他适用的法律法规

《中华人民共和国民法通则》规定，不得借学术研究以侮辱、诽谤方式损害公民法人的名誉。《中华人民共和国统计法》规定，必须对属于国家机密的统计资料保密；在学术研究及学术作品中使用标准、目录、图表、公式、注释、参考文献、数字、计量单位等应遵守国家标准化法、计量法等法律法规的规定。

三、学术技术规范

学术技术规范主要指在以学术论文、著作为主要形式的学术创作中所必须遵守的有关内容及形式规格的要求,包括国内外有关文献编写与出版的标准、法规文件等。

1. 对学术创作内容的相关要求

选题应具有理论研究或实际应用价值;观点要明确,资料要充分,论证要严密;要能提供新的科技信息、研究观点、研究结果等,内容应有所发现、有所发明、有所创造、有所前进,而不是重复、模仿、抄袭前人的工作。

2. 对学术创作形式的相关要求

对学术创作形式的相关要求包括要求达到结构合理、文字正确、图表规范、著录标准、合法出版。

第五节 合理使用文献

一、合理使用文献概述

1. 合理使用的概念

合理使用属于知识产权方面的范畴,是指在特定条件下允许个人和特定组织在未经版权人许可的情况下无偿使用版权作品的法律规范。

合理使用实际上是一种著作权限制制度(另外两种为法定许可使用制度和强制许可使用制度),其目的是:平衡作者与使用者、社会公众之间的利益,消除作品创作者、作品传播者、作品他用者之间的冲突;维护作者权益基础上利益的均衡,从而推动整个社会繁荣与文化进步;满足社会公众对各种信息的大量需求,人类文明发展的大蛋糕不能让版权人独享。

2. 合理使用判断的原则

一般而言,合理使用判断的基本原则包括以下几点。

(1)使用目的。使用目的是合理使用的第一要素,是界定合理使用规则的“灵魂”。该要素要求使用他人作品的目的必须正当。

(2)被使用作品的性质。对不同的作品应有不同的合理使用要求,对于未发表作品的合理使用要严于已发表作品。

(3)使用作品的程度。指同整个有著作权作品相比所使用的部分的数量和内容的实质性。关于被使用作品的数量,许多国家都作出了具体规定。

(4)对被使用作品的影响。考察对著作权作品的市场影响,关键在于有无损害的发生。

3. 合理使用的检验标准

(1)合理使用只能在特定的特殊情况下作出。“特定的”是指国内法规规定的任何一种限制或例外都必须被清楚地界定;“特殊的”指“适用范围或目的是有限的、是个别性的”、“在质上和量上的界限都是狭窄的”。

(2)合理使用不能和作品的正常使用相冲突。

(3)不应不合理地损害版权人的合法利益。

上述三步检验标准缺一不可,否则不能称之为合理使用。

二、传统文献合理使用的相关法规

1. 国际条约关于合理使用的相关法规

(1)《伯尔尼公约》第九条第二款规定,合理使用不得“损害作品的正常使用也不致无故损害作者的合法权益”,但该公约又允许成员国自行立法规定对著作权的限制;不过此规定仅涉及复制权。TRIPS 协议第十三条对著作权的限制扩大到所有的权利:全体成员均应将专有权的限制或例外局限于一定特例中,该特例应不与作品的正常利用冲突,也不应不合理地损害权利持有人的合法利益。

(2)1996 年 12 月,WIPO 日内瓦会议通过的 WCT 第八条规定了“向公众传播权”:在不损害《伯尔尼公约》相关条款规定的情况下,文学和艺术作品作者应享有专有权,以授权将其作品以有线或无线方式向公众传播,包括其作品向公众提供,使公众中的成员在其个人选定的地点和时间可获得这些作品。但在 WCT 第十条版权限制与例外中明确规定:缔约各方在某些不与作品的正常利用相抵触、也不无理地损害作者合法利益的特殊情况下,可在其国内立法中对依本条约授予文学和艺术作品作者的权利规定限制或例外。

根据上述国际条约的规定,为了个人学习和研究的需要 只要不损害作品的正常使用,也不致无故侵害作者的合法利益,都是法律许可的合理使用的范围。

2. 我国关于合理使用的相关法规

现行的《中华人民共和国著作权法》并未直接描述合理使用,而是将“合理使用”纳入“权利的限制”(第二十二条、第四十三条)中,具体内容如下所述。

第二十二条　在下列情况下使用作品,可以不经著作权人许可,不向其支付报酬,但应当指明作者姓名、作品名称,并且不得侵犯著作权人依照本法享有的其他权利:①为个人学习、研究或者欣赏,使用他人已经发表的作品;②为介绍、评论某一作品或者说明某一问题,在作品中适当引用他人已经发表的作品;③为报道时事新闻,在报纸、期刊、广播电台、电视台等媒体中不可避免地再现或者引用已经发表的作品;④报纸、期刊、广播电台、电视台等媒体刊登或者播放其他报纸、期刊、广播电台、电视台等媒体已经发表的关于政治、经济、宗教问题的时事性文章,但作者声明不许刊登、播放的除外;⑤报纸、期刊、广播电台、电视台等媒体刊登或者播放在公众集会上发表的讲话，但作者声明不许刊登、播放的除外；⑥为学校课堂教学或者科学研究，翻译或者少量复制已经发表的作品，供教学或者科研人员使用，但不得出版发行；⑦国家机关为执行公务在合理范围内使用已经发表的作品；⑧图书馆、档案馆、纪念馆、博物馆、美术馆等为陈列或者保存版本的需要，复制本馆收藏的作品；⑨免费表演已经发表的作品，该表演未向公众收取费用，也未向表演者支付报酬；⑩对设置或者陈列在室外公共场所的艺术作品进行临摹、绘画、摄影、录像；⑪将中国公民、法人或者其他组织已经发表的以汉语言文字创作的作品翻译成少数民族语言文字作品在国内出版发行；⑫将已经发表的作品改成盲文出版。

第四十三条　广播电台、电视台播放他人未发表的作品，应当取得著作仅人许可，并支付报酬。广播电台、电视台播放他人已发表的作品，可以不经著作权人许可，但应当支付报酬。

同时该法要求人们合理使用时应遵守三个一般性义务：① 使用的必须是他人已发表的作品；② 使用时必须指明作者姓名、作品的名称和作品的出处；③ 不得侵犯著作权人依法享有的其他合法权益。

《中华人民共和国著作权法实施条例》第二十一条进一步明确："依照著作权法有关规定，使用可以不经著作权人许可的已经发表的作品的，不得影响该作品的正常使用，也不得不合理地损害著作权人的合法利益。"

3.《信息网络传播权保护条例》有关合理使用的规定

目前，我国已经加入《伯尔尼公约》、WCT、WPPT 等国际条约。2006 年 5 月 18 日，我国颁布了《信息网络传播权保护条例》(2006 年 7 月 1 日实施，于 2013 年有修订)，在国内立法上予以了衔接。《信息网络传播权保护条例》第六、第七条、第十二条对信息网络传播的各种合理使用做了规定，第十条则对合理使用的必备条件进行了规定。具体如下所述。

第六条　通过信息网络提供他人作品，属于下列情形的，可以不经著作权人许可，不向其支付报酬：① 为介绍、评论某一作品或者说明某一问题，在向公众提供的作品中适当引用已经发表的作品；② 为报道时事新闻，在向公众提供的作品中不可避免地再现或者引用已经发表的作品；③ 为学校课堂教学或者科学研究，向少数教学、科研人员提供少量已经发表的作品；④ 国家机关为执行公务，在合理范围内向公众提供已经发表的作品；⑤ 将中国公民、法人或者其他组织已经发表的、以汉语言文字创作的作品翻译成的少数民族语言文字作品，向中国境内少数民族提供；⑥ 不以营利为目的，以盲人能够感知的独特方式向盲人提供已经发表的文字作品；⑦ 向公众提供在信息网络上已经发表的关于政治、经济问题的时事性文章；⑧ 向公众提供在公众集会上发表的讲话。

第七条　图书馆、档案馆、纪念馆、博物馆、美术馆等可以不经著作权人许可，通过信息网络向本馆馆舍内服务对象提供本馆收藏的合法出版的数字作品和依法为陈列或者保存版本的需要以数字化形式复制的作品，不向其支付报酬，但不得直接或者间接获得经济利益。当事人另有约定的除外。

第十条　依照本条例规定不经著作权人许可、通过信息网络向公众提供其作品的，还应当遵守下列规定：① 除本条例第六条第一项至第六项、第七条规定的情形外，不得提供作者事先声明不许提供的作品；② 指明作品的名称和作者的姓名（名称）；③ 依照本条例规定支付报酬；④ 采取技术措施，防止本条例第七条、第八条、第九条规定的服务对象以外的其他人获得著作权人的作品，并防止本条例第七条规定的服务对象的复制行为对著作权人利益造成实质性损害；⑤ 不得侵犯著作权人依法享有的其他权利。

第十二条　属于下列情形的，可以避开技术措施，但不得向他人提供避开技术措施的技术、装置或者部件，不得侵犯权利人依法享有的其他权利：① 为学校课堂教学或者科学研究，通过信息网络向少数教学、科研人员提供已经发表的作品、表演、录音录像制品，而该作品、表演、录音录像制品只能通过信息网络获取；② 不以营利为目的，通过信息网络以盲人能够感知的独特方式向盲人提供已经发表的文字作品，而该作品只能通过信息网络获取；③ 国家机关依照行政、司法程序执行公务；④ 在信息网络上对计算机及其系统或者网络的安全性能进行测试。

4. 有关图书馆合理使用的规定

我国现行的著作权法第二十二条的第八款规定了图书馆的一般意义下的合理使用情形。

《信息网络传播权保护条例》的第七条、第十条的规定与图书馆直接相关，其他合理使用的规定则与图书馆间接相关；其中第七条规定对图书馆网络传播服务的合理使用进行了具体的规定。

这些法律法规赋予了图书馆等机构在一定条件下可以不经著作权人的许可将其作品复制并在本馆网上进行传播和非营利模式的文献传递，即赋予图书馆“法定许可”的权限。

三、电子文献合理使用的相关法规

关于传统文献保护的有关法律法规、国际条约同样适用于电子期刊等电子文献。然而，电子数据库的保护应根据其性质而定。从版权法保护的角度来划分，电子数据库有：第一类数据库，不论在主题、创意、结构方式、材料的取舍方面具有著作权法所要求的原创性，且所收集的数据也是享有版权保护的作品或作品的片段；第二类数据库，其所收集的数据资料全部或部分不享有版权，但对其内容的选择或者编排体现独创性；第三类数据库，其所收集的数据不享有版权，结构的原创性也不够。

对数据库的国际保护目前基本上均建立在著作权保护的基础上。1994 年形成的 TRIPS 的第十条至第十四条，对近年来在国际版权与邻接权贸易中的一些焦点问题做了规定，其中第十条第二款规定：数据或其他材料的汇编，无论采用机器可读形式还是其他形式，只要其内容的选择或编排构成智力创作，即应给予保护。WCT 第五条规定：数据或其他资料的汇编，无论采用任何形式，只要由于其内容的选择或编排构成智力创作，其本身即受到保护。这两个条约的内容基本相同，这也说明对数据库的著作权保护在世界范围内已达成共识。

我国还没有对数据库单独立法。但《中华人民共和国著作权法》第十四条规定：汇编若干作品、作品的片段或者不构成作品的数据或者其他材料，对其内容的选择或者编排体现独创性的作品，为汇编作品，其著作权由汇编人享有，但行使著作权时，不得侵犯原作品的著作权。

目前，我国高等院校和科研院所的图书馆对电子期刊、电子数据库等电子文献合理使用的一般性的原则是，授权用户出于个人的研究和学习目的，可以对图书馆的电子文献进行下列的合理使用：检索网络数据库；阅读检索结果（包括文摘索引记录或全文，下同）；打印检索结果；下载并保存检索结果；将检索结果发送到自己的电子信箱里；承担使用单位正常教学任务的授权用户，可以将作为教学参考资料的少量检索结果，下载并组织到本单位教学使用的课程参考资料包，置于内部网络中的安全计算机上，供选修特定课程的学生在该课程进行期间通过内部网络进行阅读。

下列行为超出合理使用范围，是侵犯知识产权的行为，应严格禁止：

(1)对文摘索引数据库中某一时间段、某一学科领域或某一类型的数据进行批量下载；

(2)对全文数据库中某种期刊或它们中的一期或者多期的全部文章进行下载；

(3)利用 netants、flashget 等批量下载工具对网络数据库进行自动检索和下载；

(4)存储于个人计算机的用于个人研究或学习的资料以公共方式提供给非授权用户使用；

(5)把课程参考资料包中的用于特定课程教学的资料以公共方式提供给非授权用户使用；

(6)设置代理服务器为非授权用户提供服务；

(7)有意将自己的用户名和口令在相关人员中散发，或通过公共途径公布；

(8)直接利用网络数据库对非授权单位提供系统的服务；

(9)直接利用网络数据库进行商业服务或支持商业服务；

(10)直接利用网络数据库内容汇编生成二次产品，提供公共或商业服务。

第六节　抄袭和剽窃

一、抄袭和剽窃的定义

抄袭和剽窃是一种欺骗形式，即取用他人思想产品，将其作为自己的产品拿出来的错误行为。在自己的文章中使用他人的思想见解或语言表述，而没有申明其来源。

尽管抄袭与剽窃没有本质的区别，在法律上被并列规定为同一性质的侵权行为，其英文表达也同为 plagiarize，但二者在侵权方式和程度上还是有所差别的：抄袭是指行为人不适当引用他人作品以自己的名义发表的行为；而剽窃则是行为人通过删节、补充等隐蔽手段将他人作品改头换面而没有改变原有作品的实质性内容，或窃取他人的创作（学术）思想或未发表成果作为自己的作品发表。抄袭是公开的照搬照抄，剽窃却是偷偷的、暗地里的。

二、抄袭和剽窃的形式

（1）抄袭他人受著作权保护的作品中的论点、观点、结论 而不在参考文献中列出，让读者误以为观点是作者自己的。

（2）窃取他人研究成果中的调研、实验数据、图表，照搬或略加改动就用于自己的论文。

（3）窃取他人受著作权保护的作品中的独创概念、定义、方法、原理、公式等据为己有。

（4）片段抄袭，文中没有明确标注。

（5）整段照抄或稍改文字叙述，增删句子，实质内容不变，包括段落的拆分合并、段落内句子顺序改变等，整个段落的主体内容与他人作品中对应的部分基本相似。

（6）全文抄袭，包括全文照搬、删减、替换、改头换面、增加。

（7）组合别人的成果，把字句重新排列，加些自己的叙述，字面上有所不同，但实质内容就是别人成果，并且不引用他人文献，甚至直接作为自己论文的研究成果。

（8）照抄或部分袭用自己已发表文章中的表述而未列入参考文献，应视为“自我抄袭”。

三、抄袭和剽窃行为的界定

根据《中华人民共和国著作权法》，抄袭和剽窃侵权与其他侵权行为一样，需具备四个条件：第一，行为具有违法性；第二，有损害的客观事实存在；第三，和损害事实有因果关系;第四,行为人有过错。由于抄袭物在发表后才产生侵权后果,即有损害的客观事实,所以通常在认定抄袭时都指已经发表的抄袭物。

我国司法实践中认定抄袭和剽窃一般来说遵循三个标准:第一,被剽窃(抄袭)的作品是否依法受《中华人民共和国著作权法》保护;第二,剽窃(抄袭)者使用他人作品是否超出了“适当引用”的范围,这里的范围不仅从“量”上来把握,主要还要从“质”上来确定;第三,引用是否标明出处。

对于引用的“量”,国外有些国家做了明确的规定,如有的国家法律规定不得超过1/4,有的则规定不超过1/3,有的规定引用部分不超过评价作品的1/10。目前,我国对自然科学的作品尚无引用量上的明确规定,考虑到一篇科学研究的论文在前言和结果分析部分会较多引用前人的作品,所以建议在自然科学和工程技术学术论文中,引用部分一般不超过本人作品的五分之一。

对于引用的“质”,一般应掌握以下界限:①作者利用另一部作品中所反映的主题、题材、观点、思想等再进行新的发展,使新作品区别于原作品,而且原作品的思想、观点不占新作品的主要部分或实质部分,这在法律上是允许的;②对他人已发表作品所表述的研究背景、客观事实、统计数字等可以自由利用,但要注明出处,即使如此也不能大段照搬他人表述的文字;③著作权法保护独创作品,但并不要求其是首创作品,作品虽然类似但如果系作者完全独立创作的,则不能认为是剽窃。

附　录

附录一　2013 年美国专利授权 TOP 50 排行榜

排名	企业或组织	2013 年美国专利授权数	申请企业所在地
1	IBM	6 809	美国
2	三星公司	4 675	韩国
3	佳能	3 825	日本
4	索尼	3 098	日本
5	微软	2 660	美国
6	松下	2 601	日本
7	东芝	2 416	日本
8	鸿海	2 279	中国台湾
9	高通	2 103	美国
10	LG 电子	1 947	韩国
11	谷歌	1 851	美国
12	富士通	1 806	日本
13	苹果	1 775	美国
14	通用电气	1 739	美国
15	通用汽车	1 626	美国
16	爱普生	1 494	日本
17	理光	1 470	日本
18	因特尔	1 455	美国
19	惠普	1 360	美国
20	黑莓	1 334	加拿大
21	丰田	1 284	日本
22	三星显示	1 270	韩国
23	爱立信	1 149	瑞典

续表

排名	企业或组织	2013年美国专利授权数	申请企业所在地
24	夏普	1 132	日本
25	本田	1 121	日本
26	日立	1 106	日本
27	AT&T	1 101	美国
28	博通	1 083	美国
29	半导体能源研究所	1 034	日本
30	Brother kogyo	1 026	日本
31	美光科技	1 020	美国
32	施乐	1 013	美国
33	西门子	997	德国
34	博世	945	德国
35	台积电	941	中国台湾
36	飞利浦	934	荷兰
37	深圳鸿富锦	922	中国大陆
38	NEC	916	日本
39	韩国电子通信研究所	911	韩国
40	思科	885	美国
41	瑞萨电子	876	日本
42	富士胶片	869	日本
43	富士施乐	800	日本
44	波音	789	美国
45	海力士	761	韩国
46	柯惠医疗	743	美国
47	德州仪器	741	美国
48	三菱	727	日本
49	电装	724	日本
50	福特	707	美国

附录二 ACS 出版期刊(2012 年)

期刊英文名	期刊中文名
Accounts of Chemical Research	化学研究报告
ACS Applied Materials & Interfaces	ACS 应用材料与界面
ACS Catalysis	ACS 催化
ACS Chemical Biology	ACS 化学生物学
ACS Chemical Neuroscience	ACS 化学神经科学
ACS Macro Letters	ACS 高分子快报
ACS Medicinal Chemistry Letters	ACS 药物化学快报
ACS Nano	ACS 纳米
ACS Synthetic Biology	ACS 合成生物学
Analytical Chemistry	分析化学
Biochemistry	生物化学
Bioconjugate Chemistry	结合物化学
Biomacromolecules	生物高分子化学
Chemical & Enigeering News	化学化工新闻
Chemical Research in Toxicology	毒物化学研究
Chemical Reviews	化学评论
Chemistry of Materials	材料化学
Crystal Growth & Design	晶体生长与设计
Energy & Fuels	能源和燃料
Environmental Science & Technology	环境科学和技术
I&EC Research	化工研究
Inorganic Chemistry	无机化学
Journal of Agricultural and Food Chemistry	农业化学和食品化学
Journal of the American Chemical Society	美国化学学会会志
Journal of Chemical & Engineering Data	化工数据
Journal of Chemical Information and Modeling	化学信息建模
Journal of Chemical Theory and Computation	化学理论与计算
Journal of Combinatorial Chemistry	组合化学

续表

期刊英文名	期刊中文名
Journal of Medicinal Chemistry	药物化学
Journal of Natural Products	天然产物
The Journal of Organic Chemistry	有机化学
The Journal of Physical Chemistry A&B&C	物理化学 A、B、C
The Journal of Physical Chemistry Letters	物理化学快报
Journal of Proteome Research	蛋白质组研究
Langmuir	朗缪尔
Macromolecules	高分子
Molecular Pharmaceutics	分子药剂学
Nano Letters	纳米快报
Organic Letters	有机物快报
Organic Process Research & Development	有机物进展研发
Organometallics	有机金属

附录三　文后参考文献著录规则

GB/T 7714—2005

1　范围

本标准规定了各个学科、各种类型出版物的文后参考文献的著录项目，著录顺序、著录用的符号、各个著录项目的著录方法以及参考文献在正文中的标注法。

本标准适用于著者和编辑著录的文后参考文献，而不能作为图书馆员、文献目录编制者以及索引编辑者使用的文献著录规则。

2　规范性引用文件

下列文件中的条款通过本标准的引用而成为本标准的条款。凡是注日期的引用文件，其随后所有的修改单(不包括勘误的内容)或修订版均不适用于本标准，然而，鼓励根据本标准达到协议的各方研究是否可使用这些文件的最新版本。凡是不注日期的引用文件，其最新版本适宜用于本标准。

GB/T 3649　文献类型与文献载体代码

GB/T 7408　数据元和交换格式　信息交换　日期和时间表示法(GB/T 7408—1994,eqv ISO 8601:1988)

ISO 4　信息与文献　出版物题名和标题缩写规则

3　术语和定义

下列术语中和定义适用于本标准。

3.1　文后参考文献　bibliographic references

为撰写或编辑论文和著作而引用的有关文献信息资源。

3.2　主要责任者　primary responsibility

对文献的知识内容或艺术内容负主要责任的个体或团体。主要责任者包括著者、编者、学位论文撰写者、专利申请者或所有者、报告撰写者、标准提出者、析出文献的作者等。

3.3　专著　monographs

以单行本形式或多卷册形式，在限定的期限内出版的非连续性出版物。它包括以各种载体形式出版的普通图书、古籍、学位论文、技术报告、会议文集、汇编、多卷书、丛书等。

3.4　连续出版物　serials

一种载有卷期号或年月顺序号、计划无期限地连续出版发行的出版物。它包括以各种载体形式出版的期刊、报纸等。

3.5　析出文献　contribution

从整本文献中析出的具有独立篇名的文献。

3.6　电子文献　electronic documents

以数字方式将图、文、声、像等信息存储在磁、光、电介质上，通过计算机、网络或相关设备使用的记录有知识内容或艺术内容的文献信息资源，包括电子书刊、数据库、电子公告等。

3.7　顺序编码制　numeric references method

一种文后参考文献的标注体系，即引文采用序号标注，参考文献表按引文的序号排序。

3.8　著者-出版年制　first element and date method

一种文后参考文献的标注体系，即引文采用著者-出版年标注，参考文献表按著者字顺和出版年排序。

3.9　合订题名　title of the individual works

由两种或两种以上的著作汇编而成的无总题名的文献中各部著作的题名。

3.10　并列题名　parallel title

在文献著录信息源中出现的对应于正题名的另一种语言文字的题名。它包括对应于正题名的外文题名、少数民族文字题名等，但不包括汉语拼音题名。

4　著录项目与著录格式

本标准规定文后参考文献设必备项目与选择项目。凡是标注“任选”字样的著录项目系参考文献的选择项目，其余均为必备项目。本标准分别规定了专著、专著中的析出文献、连续出版物、连续出版物中的析出文献、专利文献以及电子文献的著录项目和著录格式。

4.1　专著

4.1.1　著录项目

主要责任者

题名项

　题名

　其他题名信息

　文献类型标志（电子文献必备，其他文献任选）

其他责任者（任选）

版本项

出版项

　出版地

　出版者

　出版年

　引文页码

　引用日期（联机文献必备，其他电子文献任选）

获取和访问路径（联机文献必备）

4.1.2　著录格式

主要责任者．题名：其他题名信息［文献类型标志］．其他责任者．版本项．出版地：出版者，出版年：引文页码［引用日期］．获取和访问路径．

示例：

［1］余敏．出版集团研究［M］．北京：中国书籍出版社，2001：179-193.

［2］昂温 G，昂温 P S．外国出版史［M］．陈生铮，译．北京：中国书籍出版社，1988.

［3］全国文献工作标准化技术委员会第七分委员会．GB/T 5795—1986　中国标准书号［S］．北京：中国标准出版社，1986.

［4］辛希孟．信息技术与信息服务国际研讨会论文集：A 集［C］．北京：中国社会科学出版社，1994.

［5］孙玉文．汉语变调构词研究［D］．北京：北京大学出版社，2000.

［6］顾炎武．昌平山水记：京东考古录［M］．北京：北京古籍出版社，1982.

［7］王夫之．宋论［M］．刻本．金陵：曾氏，1845（清同治四年）．

［8］赵耀东．新时代的工业工程师［M/OL］．台北：天下文化出版社，1998［1998-09-26］．

http://www.ie.nthu.edu.tw/info/ie.newie.htm(Big5).

[9] PIGGOT T M. The cataloguer's way through AACR2: from document receipt to document retrieval[M]. London: The Library Association, 1990.

[10] PEEBLES P Z, Jr. Probability, random variable, and random signal principles[M]. 4th ed. New York: Mcgraw Hill, 2001.

[11] YUFIN S A. Geoecology and computers: proceedings of the Third International Conference on Advances of Computer Methods in Geotechnical and Geoenvironmental Engineering, Moscow, Russia, February 1-4, 2000[C]. Rotterdam: A. A. Balkema, 2000.

4.2 专著中的析出文献

4.2.1 著录项目

析出文献主要责任者

析出文献题名项

析出文献题名

文献类型标示(电子文献必备,其他文献任选)

析出文献其他责任者(任选)

出处项

专著主要责任者

专著题名

其他题名信息

版本项

出版项

出版地

出版者

出版年

析出文献的页码

引用日期(联机文献必备,其他电子文献任选)

获取和访问路径(联机文献必备)

4.2.2 著录格式

析出文献主要责任者.析出文献题名[文献类型标志].析出文献其他责任者//专著主要责任者.专著题名:其他题名信息.版本项.出版地:出版者,出版年:析出文献的页码[引用日期].获取和访问路径.

示例

[1] 程根伟.1998年长江洪水的成因与减灾对策[M]//许厚泽,赵其国.长江流域洪涝灾害与科技对策.北京:科学出版社,1999:32-36.

[2] 陈晋镳,张惠民,朱士兴,等.蓟县震旦亚界研究[M]//中国地质科学院天津地质矿产研

究所. 中国震旦亚界. 天津:天津科学技术出版社,1980:56-114.

[3] 白书农. 植物开花研究[M]//李承森. 植物科学进展. 北京:高等教育出版社,1998:146-163.

[4] 马克思. 关于《工资、价格和利润》的报告札记[M]//马克思,恩格斯. 马克思恩格斯全集:第44卷. 北京:人民出版社,1982:505.

[5] 钟文发. 非线性规划在可燃毒物配置中的应用[C]//赵玮. 运筹学的理论与应用:中国运筹学会第五届大会论文集. 西安:西安电子科技大学出版社,1996:468-471.

[6] WEINSTEIN L, SWERTA M N. Pathogenic properties of invading microorgamism [M]//SODEMAN W A, Jr., SODEMAN W A. Pathologic physiology: mechanisms of disease. Philadelphia: Saunders, 1974:745-772.

4.3 连续出版物

4.3.1 著录项目

主要责任者

题名项

题名

其他题名信息

文献类型标志(电子文献必备,其他文献任选)

卷、期、年、月或其他标志(任选)

出版项

出版地

出版者

出版年

引用日期(联机文献必备,其他电子文献任选)

获取和访问路径(联机文献必备)

4.3.2 著录格式

主要责任者. 题名:其他题名信息[文献类型标志]. 年,卷(期)-年,卷(期). 出版地:出版者,出版年[引用日期]. 获取和访问路径.

示例:

[1] 中国地质学会. 地质论评[J]. 1936,1(1)-. 北京:地质出版社,1936-.

[2] 中国图书馆学会. 图书馆学通讯[J]. 1957(1)-1990(4). 北京:北京图书馆,1957-1990.

[3] American Association for the Advancement of Science. Science [J]. 1883, 1 (1)-. Washington, D. C.: American Association for the Advancement of Science, 1883-.

4.4 连续出版物中的析出文献

4.4.1 著录项目

析出文献主要责任者

析出文献题名项

析出文献题名

文献类型标志(电子文献必备,其他文献任选)

出处项

连续出版物题名

其他题名信息

年卷期标志与页码

引用日期(联机文献必备,其他电子文献任选)

获取和访问路径(联机文献必备)

4.4.2 著录格式

析出文献主要责任者.析出文献题名[文献类型标志].连续出版题名:其他题名信息,年,卷(期):页码[引用日期].获取和访问路径.

示例:

[1] 李晓东,张庆红,叶瑾琳.气候学研究的若干理论问题[J].北京大学学报:自然科学版,1999,35(1):101-106.

[2] 刘武,郑良,姜础.元谋古猿牙齿测量数据的统计分析及其在分类研究上的意义[J].科学通报,1999,44(23):2481-2488.

[3] 傅刚,赵承,李佳路.大风沙过后的思考[N/OL].北京青年报,2000-04-12(14)[2005-07-12].http://www.bjyouth.com.cn/Bqb/20000412/GB/4216%5ED0412B1401.htm.

[4] 莫少强.数字式中文全文文献格式的设计与研究[J/OL].情报学报,1999,18(4):1-6[2011-07-08].http://periodical.wanfangdate.com.cn/periodical/qbxb/qbxb99/qbxb9904/990407.ht.

[5] KANAMORI H. Shaking without quaking[J]. Science,1998,279(5359):2063-2064.

[6] CAPLAN P. Cataloging internet resources[J]. The Public Access Computer Systems Review,1993,4(2):61-66.

4.5 专利文献

4.5.1 著录项目

专利申请者或所有者

题名项

专利题名

专利国别

专利号

文献类型标志(电子文献必备,其他文献任选)

出版项

公告日期或公开日期

引用日期(联机文献必备,其他电子文献任选)

获取和访问路径(联机文献秘备)

4.5.2　著录格式

专利申请者或所有者.专利题名:专利国别,专利号[文献类型标志].公告日期或公开日期[引用日期].获取和访问路径.

示例:

[1] 姜锡洲.一种温热外敷药制备方案:中国,88105607.3[P].1989-07-26.

[2] 西安电子科技大学.光折变自适应光外差探测方法:中国,01128777.2[P/OL].2002-03-06[2002-05-28].http://211.152.9.47/sipoasp/zljs/hyjs-yx-new.asp?recid=01128777.2&leixin=0.

[3] TACHIBANA R, SHIMIZU S, KOBAYSHI S, et al. Electronic watermarking method and system: US, 6,915,001[P/OL]. 2002-04-25[2002-05-28]. http://patftuspto.gov/netacgi/nph-Parser? Sect1=PTO2&Sect2=HITOFF&p=1&u=/netahtml/search-bool.html&r=1&f=G&l=50&col=AND&d=ptxt&sl='Electronic+watermarking+method+system'.TTL.&OS=TTL/.

4.6　电子文献

凡属电子图书、电子图书中的析出文献以及电子报刊中的析出文献的著录项目与著录格式分别按4.1、4.2和4.4中的有关规则处理。除此而外的电子文献根据本规则处理。

4.6.1　著录项目

主要责任者

题名项

　题名

　其他题名信息

　文献类型标志(含文献载体标志)

出版项

　出版地

　出版者

　出版年

　更新或修改日期

　引用日期

获取和访问路径

4.6.2　著录格式

主要责任者.题名:其他题名信息[文献类型标志/文献载体].出版地:出版者,出版年(更新或修改日期)[引用日期].获取和访问路径.

示例：

[1] PACS-L：the public-access computer systems forum[EB/OL]. Houston，Tex：University of Houston Libraries，1989[1995-05-17]. http://info. lib. uh. edu/pacsl. html.

[2] Online Computer Library Center，Inc. History of OCLC[EB/OL]. [2000-01-08]. http://www. oclc. org/about/history/default. htm.

[3] HOPKINSON A. UNIMARC and metadate：Dublin Core[EB/OL]. [1999-12-08]. http://www. ifla. org/IV/ifla64/138-161e. htm.

5 著录信息源

文后参考文献的著录信息源是被著录的文献本身. 专著、论文集、学位论文、科技报告、专利文献等可依据书名页、版本记录页、封面等主要信息源著录各个著录项目；专著、论文集中析出的篇章与报刊上的文章依据参考文献本身著录析出文献的信息，并依据主要信息源著录析出文献的出处；缩微制品可依据题名帧、片头、容器上的标签、附件等著录；光盘依据标签、附件著录；网络信息依据特定网址中的信息著录。

6 著录用文字

6.1 文后参考文献原则上要求用文献本身的文字著录。

6.2 著录数字时，须保持文献原有的形式，但卷期号、页码、出版年、版次等用阿拉伯数字表示。外文书的版次用序数词的缩写形式表示。

6.3 个人著者，其姓全部著录，而名可以缩写为首字母(见 8.1.1)；如用首字母无法识别该人名时，则用全名。

6.4 出版项中附在出版地之后的省名、州名、国名等(见 8.4.1.1)以及作为限定语的机关团体名称可按国际公认的方法缩写。

6.5 西文期刊刊名的缩写可参照 ISO 4《信息与文献——出版物题名和标题缩写规则》的规定。

6.6 著录外外文献时，大写字母的使用要符合文献本身文种的习惯用法。

7 著录用符合

7.1 本标准中的著录用符号为前置符。参考文献中的第一个著录项目，如主要责任者、析出文献主要责任者、专利申请者或所有者前不使用任何标志符号(按顺序编码制组织的参考文献表中的各篇文献序号可用方括号，如[1]、[2]……)。

7.2 参考文献使用下列规定的标志符号：

. 用于题名项、析出文献题名项、题名、其他责任者、析出文献其他责任者、连续出版物的“卷、期、年、月或其他标志”项、版本项、出版项、出处项、专利文献的“公告日期或公开日期”项、获取和访问路径以及“著者-出版年”制中的出版年前。每一条参考文献的结尾可用“. ”号。

; 用于其他题名信息、出版者、引文页码、析出文献的页码、专利国别前。

, 用于同一著作方式的责任者、"等"或"译"字样、出版年、期刊年卷期标志中的年或卷号、专利号、科技报告号前。

; 用于期刊后续的年卷期标志与页码以及同一责任者的合订题名前。

// 用于专著中的析出文献的出处项前。

() 用于期刊年卷期标志中的期号、报纸的版次、电子文献更新或修改日期以及非公元纪年。

[ ] 用于文献序号、文献类型标志、电子文献的引用日期以及自拟的信息。

/ 用于合期的期号间以及文献载体标志前。

- 用于起讫序号和起讫页码间。

8 著录细则

8.1 主要责任者或其他责任者

8.1.1 个人著者采用姓在前名在后的著录形式。欧美著者的名可以用缩写字母,缩写名后省略缩写点。欧美著者的中译名可以只著录其姓;同姓不同名的欧美著者,其中译名不仅要著录其姓,还需著录其名。用汉语拼音书写的中国著者姓名不得缩写。

示例 1:李时珍　　(原题:李时珍)

示例 2:韦杰　　(原题:付尔特·韦杰)

示例 3:昂温 P S　　(原题:P. S. 昂温)

示例 4:EINSTEIN A　　(原题:Albert Einstein)

8.1.2 著作方式相同的责任者不超过 3 个时,全部照录。超过 3 个时,只著录前 3 个责任者,其后加",等"或与之相应的词。

示例 1:马克思,恩格斯

示例 2:YELLAND R L,JONES S C,EASTON K S,et al

8.1.3 无责任者或者责任者情况不明的文献,"主要责任者"项应注明"佚名"或与之相应的词。凡采用顺序编码制排列的参考文献可省略此项,直接著录题名。

示例:Anon. 1981. Coffee drinking and cancer of the pancreas[J]. Br Med,j,283:628.

8.1.4 凡是对文献负责的机关团体名称通常根据著录信息源著录。用拉丁文书写的机关团体名称应由上至下分级著录。

示例 1:中国科学院物理研究所

示例 2:贵州省土壤普查办公室

示例 3:American Chemical Society

示例 4:Stanford University. Department of Civil Engineering

8.2 题名

题名包括书名、刊名、报纸名、专利题名、科技报告名、标准文献名、学位论文名、析出的文献名等。题名按著录信息源所载的内容著录。

示例 1:化学动力学和反应器原理

示例 2:Gases in sea ice 1975-1979

示例 3:J Math & Phys

示例 4:袖珍神学,或,简明基督教辞典

8.2.1 同一责任者的多个合订题名,著录前 3 个合订题名。对于不同责任者的多个合订题名,可以只著录第一个或处于显要位置的合订题名。在参考文献中不著录并列题名。

示例 1:自己的园地;雨天的书(原题・自己的园地 雨天的书 周作人著)

示例 2:美国十二名人传略(原题:美国十二名人传略 Twelve Famous Americans)

8.2.2 文献类型标志依据 GB/T 3469《文献类型与文献载体代码》著录;对于电子文献不仅要著录文献类型标志,而且要著录文献载体标志。本标准根据文献类型及文献载体的发展现状作了必要的补充,参见附录 B。

8.2.3 其他题名信息可根据文献外部特征的揭示情况决定取舍,包括副题名,说明题名文字,多卷书的分卷书名、卷次、册次等。

示例 1:地壳运动假说:从大陆漂移到板块构造

示例 2:世界出版业:美国卷

示例 3:ECL 集成电路:原理与设计

示例 4:北京大学学报:哲学社会科学版

示例 5:中国科学:D 辑 地球科学

8.3 版本

第 1 版不著录,其他版本说明需著录。版本用阿拉伯数字、序数缩写形式或其他标志表示。古籍的版本可著录"写本"、"抄本"、"刻本"、"活字本"等。

示例 1:3 版　　(原题:第三版)

示例 2:新 1 版　　(原题:新 1 版)

示例 3:5th ed.　　(原题:Fifth edition)

示例 4:Rev. ed.　　(原题:Revised edition)

示例 5:1978 ed　　(原题:1978 edition)

8.4 出版项

出版项按出版地、出版者、出版年顺序著录。

示例 1:北京:科学出版社,1985

示例 2:New York:Academic Press,1978

8.4.1 出版地

8.4.1.1 出版地著录出版者所在地的城市名称。对同名异地或不为人们熟悉的城市名,应在城市名后附省名、州名或国名等限定语。

示例 1:Cambridge,Eng.

示例 2:Cambridge,Mass.

8.4.1.2　文献中载有多个出版地,只著录第一个或处于显要位置的出版地。

示例 1:北京:科学出版社,2000

（原题:科学出版社　北京　上海　2000)

示例 2:London:Butterworths,1978

(原题:Butterworths London Boston Sydney Wellington Durban Toronto 1978)

8.4.1.3　无出版地的中文文献著录"出版地不详",外文文献著录"S.l.",并置于方括号内。如果通过计算机网络存取的联机电子文献无出版地,可以省略此项。

示例 1:[出版地不详]:三户图书刊行社,1990

示例 2:[S.l.]:MacMillan,1975

8.4.2　出版者

8.4.2.1　出版者可以按著录信息源所载的形式著录,也可以按国际公认的简化形式或缩写形式著录。

示例 1:科学出版社(原题:科学出版社)

示例 2:Elsevier Science Publishers(原题:Elsevier Science Publishers)

示例 3:IRRI(原题:International Rice Research Institute)

示例 4:Wiley (原题:John Wiley and Sons Ltd.)

8.4.2.2　著录信息源载有多个出版者,只著录第一个或处于显要位置的出版者。

示例:Chicago:ALA,1978

(耕牛题:American Library Association/Chicago　Canadian Library Association/Lttawa 1978)

8.4.2.3　无出版者的中文文献著录"出版者不详",外文文献著录"s.n.",并置于方括号内。如果通过计算机网络存取的联机电子文献无出版者,可以省略此项。

示例:Salt Lake City:[s.n.],1964

8.4.3　出版日期

8.4.3.1　出版年采用公元纪年,并用阿拉伯数字著录。如有其他纪年形式时,将原有的纪年形式置于"( )"内。

示例 1:1947(民国三十六年)

示例 2:1705(康熙四十四年)

8.4.3.2　报纸和专利文献需详细著录出版日期,其形式为"YYYY-MM-DD"。

示例:2002-02-15

8.4.3.3　出版年无法确定时,可依次选用版权年、印刷年、估计的出版年。估计的出版年需置于方括号内。

示例1:c1988

示例2:1995印刷

示例3:[1936]

8.5 页码

专著或期刊中析出文献的页码或引文页码,要求用阿拉伯数字著录(见8.6、10.1.3、10.2.4)。

8.6 析出文献

8.6.1 从专著中析出有独立著者、独立篇名的文献按4.2的有关规定著录,其析出文献与源文献的关系用"//"表示。凡是从报刊中析出具有独立著者、独立篇名的文献按4.4的有关规定著录,其析出文献与源文献的关系用"."表示。关于引文参考文献的著录与标注参见10.1.3与10.2.4。

示例1:林穗芳.美国出版业概况[M]//陆本瑞.世界出版概观.北京:中国书籍出版社,1991,1-23.

示例2:张传喜.论面向知识经济时代科技期刊编辑的知识积累[J].中国科技期刊研究,1999,10(2);89-90.

示例3:TENOPIR C. Online databases: quality control[J]. Library Journal, 1987, 113(3): 124-125.

8.6.2 凡是从期刊中析出的文献,应在刊名之后注明其年份、卷、期、部分号、页码。

示例1:2001,1(1):5-6

年 卷期 页码

示例2:1999(9/10):36-39

年 合期号 页码

8.6.2.1 对从合期中析出的文献,按8.6.2的规则著录,并在圆括号内注明合期号。

示例1:1999(9/10):36-39

年 合期号 页码

8.6.2.2 凡是在同一刊物上连载的文献,其后续部分不必另行著录,可在原参考文献后直接注明后续部分的年份、卷、期、部分号、页码等。

示例:1981(1):37-44;1981(2):47-52

年 期 页码 年 期 页码

8.6.2.3 凡是从报纸中析出的文献,应在报纸名后著录其出版日期与版次。

示例:2000-03-14(1)

年 月日 版次

9 参考文献表

参考文献表可以按顺序编码制组织，也可以按著者-出版年制组织。

9.1 顺序编码制

参考文献表按顺序编码制组织时，各篇文献要按正文部分标注的序号依次列出（参见 10.1.3）。

示例：

[1] BAKER S K，JACKSON M E. The future of resource sharing[M]. New York：The Haworth Press，1995.

[2] CHERNIK B E. Introduction to library services for library technicians[M]. Littleton，Colo.：Libraries Unlimited，Inc.，1982.

[3] 尼葛洛庞帝. 数字化生存[M]. 胡泳，范海燕，译. 海口：海南出版社，1996.

[4] 汪冰. 电子图书馆的现实模型[J]. 中国图书馆学报，1996(2)：24-29.

[5] 杨宗英. 电子图书馆的现实模型[J]. 中国图书馆学报，1996(2)：24-29.

[6] DOWLER L. The research university's dilemma：resource sharing and research in a trans institutional environment[J]. Journal Library Administration，1995，21(1/2)：5-26.

9.2 著者-出版年制

参考文献表采有著者-出版年制组织时，各篇文献首先按文种集中，可分为中文、日文、西文、俄文、其他文种5部分；然后按著者字顺和出版年排列。中文文献可以按汉语拼音字顺排列（参见 10.2.4），也可以按笔画笔顺排列。

示例：

尼葛洛庞帝. 1996. 数字化生存[M]. 胡泳 ，范海燕，译. 海口：海南出版社.

汪洋. 1997. 电子图书馆理论与实践研究[M]. 北京：北京图书馆出版社.

杨宗英. 电子图书馆的现实模型[J]. 中国图书馆学报，1996(2)：24-29.

BAKER S K，JACKSON M E. 1995. The future of resource sharing[M]. New York：The Haworth Press.

CHERNIK B E. 1982. Introduction to library services for library technicians[M]. Littleton，Colo.：Libraries Unlimited，Inc.

DOWLER L. 1995. The research university's dilemma：resource sharing and research in a transinstitutional environment[J]. Journal Libary Administration，21(1/2)：5-26.

10 参考文献标注法

正文中引用的文献的标注方法可以采用顺序编码制，也可以采用著者-出版年制。

10.1 顺序编码制

10.1.1 顺序编码制是按正文中引用的文献出现的先后顺序连续编码，并将序号置于方括号中。

示例：引用单篇文献

……德国学者 N. 克罗斯研究了瑞士巴塞尔市附近侏罗山中老第三纪断裂对第三系褶皱的控制[235]；之后，他又描述了西里西亚第 3 条大型的近南北向构造带，并提出地槽是在不均一的块体的基底上发展的思想。[236]。

…………

10.1.2　同一处引用多篇文献时，只须将各篇文献的序号在方括号内全部列出，各序号间用“，”。如遇连续序号，可标注起讫序号。

示例：引用多篇文献

裴伟[570,83]提出……

莫拉德对稳定区的节理格式的研究[255-256]

10.1.3　多次引用同一著者的同一文献时，在正文中标注首次引用的文献序号，并在序号的“[ ]”外著录引文页码。

示例：多次引用同一著者的同文献

主编靠编辑思想指挥全局已是编辑界的共识[1]，然而对编辑思想至今没有一个明确的界定，故不妨提出一个构架……参与讨论。由于“思想”的内涵是“客观存在反映在人的意识中经过思维活动而产生的结果”[2]1194，所以“编辑思想”的内涵就是编辑实践反映在编辑工作者的意识中，“经过思维活动而产生的结果”。……《中国青年》杂志创办人追求的高格调——理性的成熟与热点的凝聚[3]，表明其读者群的文化的品位的高层次……“方针”指“引导事业前进的方向和目标”[2]354。……对编辑方针，1981 年中国科协副主席裴丽生曾有过科学的论断——“自然科学学术期刊必须坚持以马列主义、毛泽东思想为指导，贯彻为国民经济发展服务，理论与实践相结合，普及与提高相结合，‘百花齐放，百家争鸣’的方针。”[4]它完整地回答了为谁服务，怎样服务，如何服务得更好的问题。

…………

参考文献：[1] 张忠智. 科技书刊的总编（主编）的角色要求[C]//中国科学技术期刊编辑学会健全十周年学术 研讨会论文汇编. 北京：中国科学技术期刊编辑学会学术委员会，1997：33-34.

[2] 中国社会科学院语言研究所词典编辑室. 现代汉语词典[M]. 修订本. 北京：商务印书馆，1996.

[3] 刘彻东. 中国的青年刊物：个性特色为本[J]. 中国出版，1998(5)：38-39.

[4] 裴丽生. 在中国科协学术期刊编辑工作经验交流会上的讲话[C]//中国科协学术期刊编辑工作经验交流会资料选. 北京：中国科学技术协会学会工作部，1981：2-10.

…………

10.2　著者-出版年制

10.2.1　正文引用的文献采用著者-出版年制时，各篇文献的标注内容由著者姓氏与出版年构成，并置于“（ ）”内。倘若只标注著者姓氏无法识别该人名时，可标注著者姓名，例如中国人著者、朝鲜人著者、日本人用汉字姓名的著者等。集体著者著述的文献可标注机关团体名称。倘若正文中已提及著者姓名，则在其后的“( )”内只须著录出版年。

示例：引用单篇文献

The notion of an invisible college has benn expolred in the sciences (Rrane，1972). Its absence among historians is notes by Stieg(1981)…

参考文献：

CRANE D. 1972. Invisible college[M]. Chicago：Univ. of Chicago Press.

STIEG M F. 1981. The information needs of historians[J]. College and Research Libraries，42(6)：549-560.

10.2.2　在正文中引用多著者文献时，对欧美著者只需标注第一个著者的姓，其后附“et al”；对中国著者应标注第一著者的姓名，其后附“等”字，姓氏与“等”之间留适当空隙。

10.2.3　在参考文献表中著录同一著者在同一年出版的多篇文献时，出版年后应用小写字母 a，b，c…区别。

示例：引用同一著者同年出版的多篇文献

KENNEDY W J，GARRISON R E. 1975a. Morphopogy and genesis of nodular chalks and hardground in the Upper Cretaceous of southern England[J]. Sedimentology，22：311-386.

KENNEDY W J，GARRISON R E. 1975b. Morphology and genesis of nodular phosphates in the Cenomanian of South-east England[J]. Lethaia，8：339-360.

10.2.4　多次引用同一著者的同一文献，在正文中标注著者与出版年，并在“( )”外以角标的形式著录引文页码。

示例：多次引用同著才的同一文献

主编靠编辑思想指挥全局已是编辑界的共识(张忠智，1997)，然而对编辑思想至今没有一个明确的界定，故不妨提出一个构架……参与讨论。由于“思想”的内涵是“客观存在反映在人的意识中经过思维活动而产生的结果”(中国社会科学院语言研究所词典编辑室，1996)[1194]，所以“编辑思想”的内涵就是编辑实践反映在编辑工作者的意识中，“经过思维活动而产生的结果”。……《中国青年》杂志创办人追求的高格调——理性的成熟与热点的凝聚(刘彻东，1998)，表明其读者群的文化的品位的高层次……“方针”指“引导事业前进的方向和目标”(中国社会科学院语言研究所词典编辑室，1996)[354]。……对编辑方针，1981 年中国科协副主席裴丽生曾有过科学的论断——“自然科学学术期刊必须坚持以马列主义、毛泽东思想为指导，贯彻为国民经济发展服务，理论与实践相结合，普及与提高相结合，‘百花齐放，百家争鸣’的方针。”(裴丽生，1981)它完整地回答了为谁服务，怎样服务，如何服务得更好的问题。

…………

参考文献：

裴丽生. 1981. 在中国科协学术期刊编辑工作经验交流会上的讲话[C]//中国科协学术期刊编辑工作经验交流会资料选. 北京：中国科学技术协会学会工作部：2-10.

刘彻东. 1998. 中国的青年刊物：个性特色为本[J]. 中国出版(5)：38-39.

张忠智. 1997. 科技书刊的总编(主编)的角色要求[C]//中国科学技术期刊编辑学会建会十周年学术研讨会论文汇编. 北京：中国科学技术期刊编辑学会学订委员会，33-34.

中国社会科学院语言研究所词典编辑室. 1996. 现代汉语词典[M]. 修订本. 北京：商务印书馆.

…………

参考文献

［1］ 冯瑞华.发达国家信息素质教育的成功经验［J］.继续教育研究，2008（10）：153-154.

［2］ 袁润，沙振江.大学生信息素质初级教程［M］.镇江：江苏大学出版社，2007.

［3］ 叶鹰.信息素质教育之教材建设探讨［J］.高校图书馆工作，2006，26（3）：13-15，68.

［4］ 杨飏，吴长江.大学生信息检索与利用［M］.武汉：华中科技大学出版社，2011.

［5］ 燕今伟，刘霞.信息素质教程［M］.武汉：武汉大学出版社，2008.

［6］ 储开稳.文理信息检索与利用［M］.武汉：华中科技大学出版社，2010.

［7］ 唐永林，葛巧珍.网络时代信息基础与检索［M］.上海：华东理工大学出版社，2003.

［8］ 朱小平.关键词检索技术与应用技巧［J］.咸宁学院学报，2006（4）：206-207.

［9］ 夏立新.网络信息检索的失误分析及扩检与缩检措施的选择［J］.现代图书情报技术，2003（3）：55-57.

［10］ 信息检索中主体法和分类法是如何进行信息存储和检索［EB/OL］.（2009-10-14）.［2010-01-15］.http://zhidao.baidu.com/question/121440386.html.

［11］ 谢德体，陈蔚杰，徐晓琳.信息检索与分析利用［M］.北京：清华大学出版社，2007.

［12］ 杜慰纯，宋爽，李娜，等.信息获取与利用［M］.北京：清华大学出版社，2009.

［13］ 唐永林，葛巧珍.网络时代信息基础与检索［M］.上海：华东理工大学出版社，2003.

［14］ 叶继元.信息检索导论［M］.北京：电子工业出版社，2003.

［15］ 何丽梅，喻萍，严而清，等.实用文献信息资源检索［M］.北京：化学工业出版社，2002.

［16］ 张红梅.SciFinder Scholar 数据库检索技巧［J］.沈阳药科大学学报，2008，25（6）：498-452.

［17］ 吴长江，朱丽君，黄克文.现代信息资源检索案例化教程［M］.武汉：华中科技大学出版社，2011.

［18］ 柯平.信息素养与信息检索概论［M］.天津：南开大学出版社，2005.

[19] 蔡志勇. 教你免费查专利[M]. 北京:化学工业出版社,2008.

[20] 虞颖映,辛均益,杜娟. 学位论文数据库在科技查新中的作用分析[J]. 医学信息学杂志,2008(5):56-58.

[21] 陈勤. 网络免费资源的类型与检索策略[J]. 晋图学刊 2008(2):40-43.

[22] 唐杰波,徐晶. 免费获取网络英文科技文献资源[J]. 重庆图情研究 2009(2):36-38.

[23] 贺晓利. 信息资源网络检索的特点、问题及对策[J]. 现代情报,2007(5):72-73.

[24] 李双燕. 医学文献检索应注意的一些问题[J]. 中国卫生事业管理,2007(2):141-142.

[25] 赵乃瑄,冯新. 化工化学电子文献检索与分析策略[M]. 北京:化学工业出版社,2007.

[26] 陈荣. 有机化学物质检索方法探讨[J]. 福建图书馆学刊,2002(2):25-26,21.

[27] 冯白云,林佳. 化学及相关学科信息源——信息检索、分析与管理[M]. 北京:清华大学出版社,2003.

[28] 罗敏. 现代信息检索与利用[M]. 重庆:西南师范大学出版社:2006.

[29] 郎贵梅. 资料客体的确定与商业方法的资料保护[M]. 北京:知识产权出版社,2008.

[30] (法)J. L. 利伯恩. 科技英文写作进阶[M]. 任胜利,莫京,安瑞,译. 北京:科学出版社,2009.

[31] 陈延斌,张明新. 高校文科科研训练与论文写作指导[M]. 北京:中央编译出版社,2004.

[32] 顾飞荣,彭少兵. SCI论文撰写与发表[M]. 济南:山东教育出版社,2009.

[33] 吉家凡,杨连珍,李明,等. 网络信息检索[M]. 武汉:华中科技大学出版社:2010.

[34] GB/T 7714—2005,中华人民共和国国家标准文后参考文献著录规则[S].

[35] 学术论文的写作及发表之正文的写作方法和技巧[EB/OL]. (2009-12-16)[2010-11-15]. http://blog. sina. com. cn/s/blog _ 627b608d0100g28z. html.

[36] 学术论文的写作及发表之正文的写作方法和技巧[EB/OL]. (2010-10-11)[2010-12-24]. http://yjs. njfu. edu. cn/UploadFiles/200818481156358. doc.

[37] 赵秀珍,杨小玲. 科技论文写作教程[M]. 北京:北京理工大学出版社,2005.

[38] 乔光健. 科技论文写作与实例[M]. 北京:中国水利水电出版社,2008.

[39] 罗伯特. 科技论文写作与发表教程[M]. 曾剑芬,译. 6 版. 北京:电子工业出版社,2006.

[40]赵秀珍,杨小玲. 科技论文写作教程[M]. 北京:北京理工大学出版社:2005.

[41]顾飞荣,彭少兵. SCI 论文撰写与发表[M]. 济南:山东教育出版社, 2009.

[42] 如何撰写英文科技论文[EB/OL]. http://www.360doc.com/content/08/1019/16/74146_1789499.shtml.

[43] 搜索引擎未来发展的 8 种趋势[EB/OL]. (2010-10-11) [2014-05-05]. http://lusongsong.com/reed/536.html.